Marivaux : jeu et surprises de l'amour

Vif

Vivre libre et écrire
Anthologie des romancières de la période révolutionnaire (1789-1800)
Préface de Henri Coulet
Textes choisis, présentés et annotés par Huguette Krief

Le « Dictionnaire philosophique » de Voltaire
Christiane Mervaud

PIERRE FRANTZ (dir.)

Marivaux : jeu et surprises de l'amour

VOLTAIRE FOUNDATION, OXFORD
PRESSES DE L'UNIVERSITÉ PARIS-SORBONNE
2009

La Voltaire Foundation est un département de l'université d'Oxford

Les PUPS sont un service général de l'université Paris-Sorbonne

ISBN 978-0-7294-0996-4

ISBN 978-2-84050-671-3

Maquette et réalisation : Lettres d'Or
lettresdor.fr / mail@lettresdor.fr / 01 78 54 41 96

PUPS
Maison de la recherche
Université Paris-Sorbonne
28, rue Serpente – 75006 Paris
France

pups@paris-sorbonne.fr
http://pups.paris-sorbonne.fr
Tel. (33) 01 53 10 57 60
Fax. (33) 01 53 10 57 66

Voltaire Foundation Ltd
University of Oxford
99 Banbury Road
Oxford OX2 6JX
Angleterre

email@voltaire.ox.ac.uk
www.voltaire.ox.ac.uk

Introduction

Pierre Frantz

Le théâtre de Marivaux exerce un pouvoir de fascination singulier. En témoignent les représentations brillantes auxquelles le spectateur peut assister régulièrement, tant à Paris qu'en province. Les plus grands comédiens de théâtre, les plus grands metteurs en scène se confrontent à lui, très souvent avec bonheur. Tout récemment encore, la mise en scène du *Jeu de l'amour et du hasard* par Michel Raskine et celle de la seconde *Surprise de l'amour* par Luc Bondy nous ont proposé un regard neuf sur des pièces si célèbres et si souvent étudiées qu'on avait peine à imaginer un renouvellement. L'épreuve de la scène contraint en effet les artistes à cet effort d'interprétation qui traduit la décision du comédien et celle du metteur en scène. Si Marivaux nous attire avec une telle force de séduction, c'est parce que, comme les grands textes classiques, il nous assigne tous à cet effort d'interprétation, cette herméneutique dont aucune science ne peut nous dispenser. Pour ce livre, nous avons choisi délibérément de passer par les propylées de la représentation. Celle du XVIIIe siècle d'abord : le souvenir des traditions de la Comédie-Italienne, sa vie elle-même doivent être rappelés (François Moureau). Car le théâtre de Marivaux peut se comprendre d'abord dans ce qui est le plus loin, le plus étranger, la représentation et ses premiers interprètes, sa première actualité. Cet effort d'intelligence est d'autant plus nécessaire que le théâtre de Marivaux naît dans un milieu d'artistes dramatiques tout à fait différent de celui qui a vu la naissance du théâtre de Molière ou de celui de Racine. Un milieu que les lecteurs et les spectateurs d'aujourd'hui ne devinent qu'à travers Marivaux ou les tableaux merveilleux de Watteau, de Lancret ou de Pater. Marivaux est, en effet, parmi les auteurs qui ont fait la gloire de la seconde Comédie-Italienne, le seul qui soit encore lu et joué. La troupe que dirigeait Lélio et qui avait renoué, après une interruption de vingt ans, avec des traditions dont le public gardait le souvenir pratiquait en effet un jeu et un répertoire plus proches de ceux des théâtres de la Foire – autre tradition, autre répertoire que seules les études universitaires ont remis en lumière – que de ceux du Théâtre-Français. Sans doute des légendes se sont-elles formées autour des Comédiens-Italiens. Au fil des modes, on a ressuscité telle ou telle page de la légende. Le pire, ce fut la prolifération de motifs décoratifs, destinés aux bourgeois du Second Empire ou aux couvercles des boîtes de chocolat. Le pire encore, la nostalgie d'un marivaudage chic. Le meilleur, l'ouverture d'un arrière-plan nostalgique, chez Musset, Verlaine ou Apollinaire. Il fallait donc restituer dans sa vérité historique la troupe italienne pour laquelle Marivaux a composé la première *Surprise de l'amour* et *Le Jeu de l'amour et du hasard*. C'était aussi le meilleur moyen d'approcher la seconde *Surprise*, que l'auteur avait destinée aux Français et qui « importait » dans la tradition de la comédie élevée un style de théâtre qui a participé de son renouvellement. L'étude consacrée ici à la représentation de la seconde *Surprise de l'amour* dans la mise en scène de Luc Bondy ouvre la seconde porte à notre volume (Christian Biet). Ce spectacle, qui a connu, en 2007 et 2008, un succès remarquable raconte quelques-unes des histoires qui forment la fable, apparemment si simple, qui donne sa trame à la comédie. Scénographie, mise en scène, jeu des acteurs, tous les aspects du spectacle entrent ici dans le jeu qui produit du sens. Histoires d'autrefois, liées à une société disparue (encore que…), comme celle du philosophe crotté, mais histoires d'aujourd'hui aussi, comme celle du désir, qui surgit avant les mots, que disent, à chaque représentation, uniquement, de façon unique, les corps des comédiens, et celle de cet arrière monde qu'il ouvre et que rien ne peut atteindre.

Le théâtre de Marivaux nous laisse devant des choix d'interprétation, également défendables. Une étude rigoureuse de cette forme dramaturgique si originale s'imposait. Maniement des structures formelles, rôles (Jean-Paul Sermain, Pierre Frantz, Maria-Grazia Porcelli), types de scène (Marie-Emmanuelle Plagnol), ces études correspondent à des choix herméneutiques variés. La reprise de la structure si caractéristique du double registre, mise en évidence jadis dans un essai célèbre de Jean Rousset prouve qu'on peut encore poursuivre le travail dans cette direction. Loin de transformer leur supériorité en savoir ou d'ouvrir la possibilité d'une théorie de la manipulation des êtres, le fonctionnement du double registre analysé ici laisse le spectateur devant un doute interprétatif capital (Christophe Martin). La réflexion approfondie sur certains personnages et certaines scènes (la scène unique où apparaît le baron de la première *Surprise de l'amour*) conduit à identifier, par-delà les schèmes allégoriques, dont on sait que Marivaux les prisait suffisamment pour avoir écrit deux comédies allégoriques, quelque chose de l'ordre de la pensée. Car c'est bien de *pensée* qu'il s'agit dans ce théâtre, comme le démontrent plusieurs de ces études (Jean Dagen, Jean-Paul Sermain, Pierre Frantz). Non pas d'une pensée du théâtre seulement, ni d'une pensée qui s'établirait seulement dans un métathéâtre : Marivaux est un grand maître de la mise en abyme à des fins de réflexion autant que d'agencement et de direction de l'action. Il était du reste indispensable de replacer l'esthétique de Marivaux dans le cadre de références qui était le sien (autre aspect de l'étude de Jean Dagen). Quelque chose d'autre se pense dans ce théâtre, au plus profond d'une esthétique et d'une philosophie, assez puissantes pour rester implicites. Sans doute, l'identification de la pensée, autrement dit, peu ou prou, sa réification par l'activité critique, sa réduction en « idées » relève-t-elle d'un acte d'interprétation mais, comme il s'agit bien de théâtre, c'est du « penser » qu'il s'agit plutôt, dont le spectateur suit la « réalisation » dans les actes, les décisions, les mots des personnages. Dans leurs gestes. C'est cette activité de la pensée, partagée avec le spectateur et tous ceux qui font le théâtre que les approches dramaturgiques ici présentées abordent.

Dans l'ensemble des réflexions qu'on va lire, on peut, me semble-t-il, distinguer deux voies interprétatives, qui, tantôt s'éloignent l'une de l'autre, tantôt se rapprochent jusqu'à se confondre ou s'entrelacer. Est-ce un hasard si, sans toujours en avoir conscience, chacun rejouait le débat insoluble qui avait jadis divisé Georges Poulet et Léo Spitzer[1] ? Autant le dire tout de suite : aucune de ces études n'est toute d'un côté ou toute de l'autre. À suivre la première, on va dans le sens d'un mouvement *euphorique*. Avec la comédie, et dans le sens d'un dénouement heureux, réglementairement heureux, si j'ose dire. Le théâtre va vers la conquête d'une forme supérieure de raison. L'amour trouve, avec la société, un arrangement, un compromis qu'on espère durable. Un ordre s'établit au terme d'une aventure qui n'a de sens qu'à lui permettre de triompher. Sur cette voie, les bouffons sont les bouffons, et les maîtres des gens sérieux. L'amour est enfin reconnu dans ses droits, mais le miracle du théâtre est de lui faire rencontrer les heureux desseins d'un père bienveillant

1. Georges Poulet, *Études sur le temps humain*, II, *La Distance intérieure*, Paris, Plon, 1952, p. 1-34. Léo Spitzer, « À propos de *La Vie de Marianne*. Lettre à Georges Poulet », *Romanic Review*, t. XLIV, avril 1953, p. 102-126, repris dans *Études de style*, Paris, Gallimard, 1970.

et aimé dont l'opposition n'était qu'apparence. Les masques tombent au terme de ce parcours « à la recherche de l'amour et de la vérité », comme l'écrivait jadis Bernard Dort dans un essai suggestif. Au terme d'une crise initiatique, le sujet advient en accédant à la fois à sa raison et à son désir. Une morale humaniste se dessine, en accord profond avec une foi catholique et une acceptation *malgré tout* de l'ordre social. Ce dernier se trouve en quelque sorte conforté par le désordre qu'il a subi et par une rencontre avec la nature, ses exigences et ses droits, auxquels il fait allégeance désormais. « Enfin j'en suis venue à bout ; [...] Quel bonheur ! [...] venez voir votre fille vous obéir avec plus de joie qu'on n'en eut jamais ».

Si l'on suit l'autre voie, on se laisse entraîner par le scepticisme subtil de la comédie de Marivaux. Point de certitude alors qu'il ne soit possible de retourner, de bonheur qu'on ne puisse interroger, d'accord qui ne soit révisable peut-être. Comme Marianne qui, après une si éclatante victoire sur la société et sur la mauvaise fortune, voit Valville tombé devant d'autres pieds que les siens mais qui, avec le recul du temps, finit par rire de son aventure, comme le narrateur de l'histoire de la belle au miroir du *Spectateur français*, qui ramasse son gant en riant, le spectateur de Marivaux est invité à entendre aussi un désenchantement comique. « Vous allez devenir philosophe, et non pas misanthrope », nous promet-il dans *Le Cabinet du Philosophe*[2]. C'est que, derrière toutes les belles certitudes, on devine des théâtres d'ombres. Les murs les plus solides comportent des interstices d'où filtrent des passées de lumière plus louches que ne le permettent les joyeuses cabrioles d'Arlequin. Le regard porté par la haute société sur les êtres étranges qui la servent se retourne, et avec lui le rire, privé de son orgueil et libéré de toute légitimation sociale. La civilité exquise de ce théâtre dissimule à peine la violence et la cruauté. On y lit l'empreinte de la violence, de la loi des pères (René Démoris), des stratégies et chausse-trappes (Christophe Martin). L'acte accompli par la parole vient la miner secrètement, inscrit en son cœur une menace qui la détourne (Élisabeth Lavezzi et Christophe Martin). L'amour le plus solide, l'Éros le plus joufflu, à peine a-t-il battu les mains de joie devant son triomphe, à peine exulte-t-il de plaisir, qu'il se blesse et que le désir vient rappeler ses lois qui sont bien plus cruelles (Christian Biet). Rien de dramatique pour autant : on reste dans le cadre

2. *Le Cabinet du Philosophe*, septième feuille, dans *Journaux et œuvres diverses*, éd. F. Deloffre et M. Gilot, Paris, Garnier, coll. « Classiques Garnier », 1988, p. 391.

de la comédie, mais on choisit aussi d'entendre quelque chose qu'on ne fait que deviner derrière le brouillard des mots : paradoxe de la langue la plus extraordinairement précise et claire que ce siècle ait vu naître. Sur ce chemin encore, les sujets se laissent décontenancer jusqu'au trouble, jusqu'à la discontinuité, contraints de se ressaisir ou de ressaisir quelque chose d'un moi nouveau dans chaque expérience nouvelle. Il n'est là aucun arrêt. Par là encore, on touche à ce « sublime » de Marivaux sur lequel s'achève le parcours proposé par ce livre.

Note éditoriale :

Dans le volume, les titres des trois pièces de Marivaux sont abrégés de la manière suivante : S1, pour *La Surprise de l'amour*, S2 pour *La Seconde Surprise de l'amour* ; J, pour *Le Jeu de l'amour et du hasard*.

I. Représentations

Marivaux et le jeu italien

François Moureau
Université Paris-Sorbonne

L'habitude fut prise à la Comédie-Française, dès la fin du XVIIIe siècle, de franciser les « types » comiques pour la représentation des pièces « italiennes » de Marivaux[1]. Ce non-sens dramaturgique ne fut pas sans conséquence sur l'interprétation du texte, voire, avec l'édition de Pierre Duviquet[2], la source d'une véritable trahison de l'auteur du *Jeu de l'amour et du hasard.* Si Marivaux donna aux Italiens puis aux Français telle comédie, comme *La Surprise de l'amour*, dont les titres se répondaient en miroir, c'est qu'il avait la conscience que chacune des deux scènes parisiennes, celle de la rue des Fossés-Saint-Germain – les Français – et l'antique Hôtel de Bourgogne – les Italiens revenus à Paris en 1716 – avait une coloration dramatique particulière et non transposable. Dès le siècle précédent, pour des raisons variées où la publicité des troupes avait certes sa part, l'Ancienne Comédie-Italienne avait critiqué le jeu des Français ; dans la comédie des *Chinois* de Jean-François Regnard et Charles Dufresny créée en 1692, les comédiens transalpins s'étaient moqués des « perroquets » de la troupe française « qui ne disent que ce qu'on leur apprend par cœur », alors qu'eux, maîtres de l'improvisation contrôlée, faisaient du « théâtre italien [...] le centre de la liberté, la source de la joie, l'asile des chagrins domestiques »[3]. Et les Italiens

1. Dans la distribution du *Jeu de l'amour et du hasard*, l'Arlequin italien devint un Pasquin français et, dans *Les Fausses Confidences*, un Lubin de même origine. Voir Henri Lagrave, *Marivaux et sa fortune littéraire*, Bordeaux, Ducros, 1970, p. 78 et Frédéric Deloffre, éditeur du *Théâtre complet*, Paris, Garnier, coll. « Classiques Garnier », t. I, 1989, p. 789, qui note, cependant, que cette francisation eut lieu chez les Italiens eux-mêmes à partir de 1779, quand la Troupe se francisa.

2. *Œuvres complètes de Marivaux*, Paris, Haut-Cœur et Gayet jeune, 1825-1830, 10 vol., les 5 premiers pour le théâtre.

3. *Les Chinois*, IV, 2. François Moureau, *Dufresny auteur dramatique (1657-1724)*, Paris, Klincksieck, 1979, p. 166-168.

parodiaient volontiers, comme Molière naguère, le jeu ampoulé des tragédiens et leurs poses ridicules.

Au cours de l'année 1720, Marivaux, alors connu comme un romancier au baroquisme « moderne »[4] un peu désuet et hors normes pour les partisans des « anciens » et comme un journaliste « rocaille » à la mode[5], confia assez naturellement ses premières œuvres dramatiques à une Comédie-Italienne où ne régnait pas l'académisme post-moliéresque que de jeunes écrivains un peu rebelles lui attribuaient. Plus tard, D'Alembert, qui dut rédiger, par nécessité de fonction, un éloge de Marivaux (1785) pour l'Académie française, se scandalisait encore du fait qu'« il avait le malheur de ne pas estimer beaucoup Molière, et le malheur plus grand de ne pas s'en cacher »[6]. C'est ainsi que, le 3 mars 1720, Marivaux donna aux Italiens une comédie en trois actes, *L'Amour et la Vérité*, dont ne subsistent plus qu'un dialogue entre les deux personnages-titres et un « divertissement » à mettre en musique. Elle tomba à la première représentation. Cette pièce allégorique et poétique qui devait certainement beaucoup au journalisme « moral » que pratiquait Marivaux était totalement étrangère aux canons esthétiques de la Comédie-Française, qui oscillaient alors entre les « dancourades »[7], petites pièces réalistes sur les vices parisiens du temps, et la « grande comédie » en cinq actes et en vers où perçaient, à travers les dernières comédies de caractère, les formes nouvelles de la comédie « sérieuse » à la manière de Philippe Néricault Destouches. En octobre 1720, Marivaux revint aux Italiens avec *Arlequin poli par l'amour*, sa première « arlequinade », qui, elle, eut du succès. Deux mois plus tard, la tragédie d'*Annibal*, sujet romain à la manière de Pierre Corneille – pour lequel il avait autant d'admiration qu'il était retenu comme les écrivains « modernes » à l'égard de Racine –, n'alla pas au-delà de sa première

4. Voir l'édition des *Œuvres de jeunesse*, éd. Frédéric Deloffre et Claude Rigault, Paris, Gallimard, coll. « Bibliothèque de la Pléiade », 1972. « Moderne » s'entend ici au sens que lui donne la seconde Querelle des Anciens et des Modernes (Marc Fumaroli, *La Querelle des Anciens et des Modernes XVIIe-XVIIIe siècles*, Paris, Gallimard, coll. « Folio classique », 2001).

5. François Moureau, « Journaux moraux et journalistes au début du *XVIIIe siècle* : Marivaux et le libertinage rocaille », dans *Études sur les « Journaux » de Marivaux*, dir. Nicholas Cronk et François Moureau, Oxford, Voltaire Foundation, coll. « Vif », 2001, p. 25-45.

6. *Éloge de Marivaux*, dans Marivaux, *Théâtre complet*, éd. cit., t. II, 1992, p. 991.

7. Du nom du comédien-auteur Florent Carton Dancourt (André Blanc, *F. C. Dancourt (1661-1725). La Comédie-Française à l'heure du Soleil couchant*, Tübingen/Paris, Gunter Narr/Jean-Michel Place, 1984).

représentation à la Comédie-Française. Marivaux renonça à cette scène pour plusieurs années. Il n'y revint que quatre ans après, le 2 décembre 1724, avec *Le Dénouement imprévu,* suivi le 31 décembre 1727 par la seconde *Surprise de l'amour.* Entre-temps, il avait donné toutes ses pièces à la Nouvelle Comédie-Italienne.

La décision de Marivaux de travailler avec les Italiens fut donc la conséquence d'un choix raisonné. Parisien depuis 1710, très lié au milieu littéraire « moderne » et à son porte-voix journalistique, le *Mercure*[8], Marivaux fréquente les théâtres parisiens : la Comédie-Française, évidemment, dans son nouveau théâtre situé en face de la rédaction du *Mercure* et du Café Procope où se réunissent les amateurs, les siffleurs professionnels et les auteurs. Il peut aller aussi à l'Opéra, sur la rive droite au Palais Royal ; mais, à deux pas des Français, dans la Foire Saint-Germain, il assista au développement de nouvelles scènes privées, dont l'une portait déjà le nom d'opéra-comique (1708). C'est là qu'il rencontra pour la première fois les « types » comiques italiens que Watteau fixait sur la toile à la même époque[9]. Qu'y faisaient-ils dans la ville où s'était illustré Molière ? Résumons, en quelques mots, l'histoire des troupes italiennes en France. C'est la reine Catherine de Médicis qui, au milieu du XVIe siècle, avaient fait venir à Paris les premières troupes italiennes[10]. Sous des noms divers, elles furent toujours présentes, jusqu'à ce que Louis XIV créât, en parallèle avec la Comédie-Française, une seconde troupe officielle, dite des Comédiens-Italiens du Roi, qui, comme sa rivale, représenta à Paris et à la Cour[11]. Elle joua un temps avec celle de Molière au théâtre du Palais Royal[12], et l'on dit même alors que le Sganarelle français se souvenait un peu trop du Scaramouche italien, Tiberio Fiorilli[13]. En 1680, ils s'installèrent, aux Halles, dans

8. François Moureau, *Le « Mercure galant » de Dufresny (1710-1714) ou le Journalisme à la mode*, *SVEC* 206, 1982.

9. François Moureau, *De Gherardi à Watteau. Présence d'Arlequin sous Louis XIV*, Paris, Klincksieck, 1992.

10. Armand Baschet, *Les Comédiens-Italiens à la Cour de France sous Charles IX, Henri III, Henri IV et Louis XIII*, Paris, Plon, 1882.

11. Delia Gambelli, *Arlecchino a Parigi*, Roma, Bulzoni editore, 1993-1997, 3 vol.

12. Delia Gambelli, « Molière e Biancolelli al Palais Royal overo i doppi sensi dell'invenzione », dans *La commedia dell'arte tra cinque e seicento in Francia e in Europa*, dir. E. Mosele, Fasano, Schena editore, 1997, p. 267-275.

13. Voir le célèbre frontispice du graveur Laurent Weyen pour *Élomire hypocondre* de Le Boulanger de Chalussay qui montre « Scaramouche enseignant » et « Élomire [Molière] étudiant » sur la scène du Palais Royal (Paris, Charles de Sercy, 1670).

l'illustre Hôtel de Bourgogne, ancienne salle des Grands Comédiens, dont Molière s'était tant moqué, et ils y prospérèrent jusqu'à ce que le pouvoir royal décide, un jour de mai 1697, de la fermer et d'interdire Paris aux comédiens.

Leurs spectacles attiraient les jeunes auteurs et un public avide de nouveautés dramatiques, car leur répertoire tranchait dans le paysage théâtral parisien[14]. Si, comme l'Opéra, ils aimaient les décors multiples avec changement à vue et la musique, si, comme les Comédiens-Français, ils offraient leurs propres « dancourades » en satirisant les mœurs du temps et la vie mondaine parisienne, les Italiens y ajoutaient toujours un esprit de dérision cynique et une violence verbale dissimulée sous les fleurs du spectacle. Cela peut expliquer la fermeture de 1697. Plusieurs comédiens allèrent jouer en province, et les théâtres parisiens se repartirent leurs dépouilles dramatiques. L'Opéra multiplia les « types » italiens dans ses divertissements musicaux et ses carnavals à l'italienne[15]. Mais ce furent surtout les deux Foires parisiennes qui bénéficièrent de cet héritage. Saint-Germain sur la rive gauche et Saint-Laurent sur la rive droite étaient des foires dépendant d'institutions religieuses et des espèces de zones franches. On y vendait un peu de tout dans des boutiques appelées « loges » ; dès le XVIIe siècle, l'habitude de présenter un petit spectacle sur une estrade devant les boutiques pour attirer le chaland amena la création de petites troupes, qui parfois s'installèrent indépendamment des « loges ». La fermeture de 1697 fut une bénédiction pour les spectacles forains : ils s'emparèrent des « types » comiques italiens, parfois du répertoire joué à l'Hôtel de Bourgogne, toujours du ton à la fois satirique et poétique que les Italiens avaient donné à leurs spectacles. Pour un jeune intellectuel « moderne » comme Marivaux, qui y voyait aussi, avec plaisir, les travestissements comiques de la mythologie « classique » et des ouvrages à l'antique[16], les Foires furent une magnifique leçon de théâtre.

14. Ce répertoire de divers auteurs fut publié de 1694 (1 vol.) à 1700 (6 vol.) sous le nom d'Évariste Gherardi, l'Arlequin de la troupe.

15. *Le Carnaval de Venise* (1699) de Regnard, mis en musique par André Campra, etc.

16. Dans la tradition du burlesque du siècle précédent qu'il admire, le jeune écrivain donne un *Télémaque travesti* (publié en 1736, mais composé en 1714-1715) et *L'Homère travesti ou l'Iliade en vers burlesques* (1717), dont l'illustration par Dubercelle présente deux personnages importants de la *commedia dell'arte* : Pierrot et Mezzetin dans leurs costumes parodiant le Berger Pâris et Mercure.

En 1716, le paysage théâtral parisien revint à la situation antérieure à 1697. Le Régent, qui était en charge depuis l'année précédente du gouvernement pendant la minorité de Louis XV, était un grand amateur de théâtre ; sa mère, Madame Palatine, avait été en 1700 la dédicataire de l'édition en six volumes du répertoire des Anciens Italiens. On appela de Parme une troupe de comédiens dirigée par Luigi Riccoboni, le futur Lélio des pièces de Marivaux[17].

De 1716 à 1729, le répertoire de la Nouvelle Troupe fut donc le « théâtre de Lélio », pour reprendre le titre de l'ouvrage que lui a consacré Ola Forsans[18]. La carrière italienne de Riccoboni était déjà longue quand il s'installa à l'Hôtel de Bourgogne. Cultivé et grand amateur de la tragédie française et de Molière auquel il consacra un livre[19], Lélio n'avait aucun goût pour la tradition de la *commedia dell'arte*, même francisée par l'Ancienne Troupe[20]. Sur la recommandation formelle du Régent, il dut composer lui-même des pièces ou retrouver dans des collections de *scenari* anciens et faire jouer des canevas italiens qui donnèrent lieu à l'édition d'un « Nouveau Théâtre-Italien » en voie de constitution[21]. Les premières années de la Nouvelle Troupe à Paris furent donc une suite de tentatives, marquée par des échecs et par quelques demi-réussites. Riccoboni se convainquit de renoncer à jouer en italien des tragédies pour un public qui attendait une continuation de l'Ancien Répertoire. Il recruta de jeunes auteurs. Marivaux fut l'un d'eux.

17. Xavier de Courville, *Un apôtre de l'art du théâtre au XVIIIe siècle, Luigi Riccoboni dit Lélio*, II *1716-1731 : L'Expérience française*, Paris, E. Droz, 1945.

18. *Le Théâtre de Lélio : étude du répertoire du Nouveau Théâtre italien de 1716 à 1729*, *SVEC* 2006:08. L'expression est celle du libraire parisien Antoine Briasson en 1733 – « Le Théâtre de Monsieur Lélio » – pour désigner les trois premiers volumes en recueil du *Nouveau Théâtre-Italien.*

19. *Observations sur la comédie et le génie de Molière*, Paris, Veuve Pissot, 1736, où il pointe les sources latines et italiennes de l'auteur comique.

20. Il renonça rapidement à jouer la tragédie en italien sur la scène de l'Hôtel de Bourgogne, bien qu'il ait rédigé pour elle, entre autres, une traduction d'*Andromaque* (*Andromaca, trageda del sign. Racine transportata dal francese in versi italiani*, Paris, Lamesle, Delormel, Flahaut, 1725) jouée en Italie vers 1708.

21. Dans le canevas intitulé *L'Italiano marito a Parigi* (Paris, Antoine Urbain Coustelier, 1717), la préface « Au lecteur » de Riccoboni en témoigne sans ambiguïté : il y qualifie les comédies de zannis d'« assemblage confus d'inventions et de déguisements, sans règles et sans conduite » (p. 9), mais il s'est résolu de « contribuer au délassement du Grand Prince qui fait aujourd'hui le bonheur de ce puissant État » (p. 5) en proposant « des pièces purement de spectacle » (p. 13) où les « types fixes » ont la part belle.

En 1720, Marivaux est intégré dans une troupe qui cherche encore en partie sa voie. Dans son *Histoire du Théâtre-Italien*[22], Riccoboni fit plus tard l'éloge de la comédie sérieuse de la grande tradition italienne depuis la Renaissance, comédie raffinée et littéraire, contre des arlequinades indignes de la scène et, dans ses *Réflexions historiques et critiques sur les différents théâtres de l'Europe*, il parla dédaigneusement encore, après sa retraite de la scène, de la tradition de la *commedia dell'arte* comme d'une « farce » et d'une « comédie ancienne et mercenaire que l'on jouait à l'impromptu »[23]. Il préférait le « naturel » à la Molière et « la noble simplicité de sa diction »[24]. Mais les « types » comiques italiens de la *commedia all'improvviso*, que connaissait seuls son public parisien, totalement ignorant de la « *commedia erudita* », étaient ce qu'il demandait à la Nouvelle Troupe. Riccoboni s'y plia d'abord : « Le goût du plus grand nombre doit l'emporter en cette occasion »[25]. Puis, avec d'autres, Marivaux fut chargé de fournir un habile compromis qui pût satisfaire Lélio et son public. Ce nouveau style « italien » puisait ses sources dans la tradition *all'improvviso* de la *commedia dell'arte* revisitée par l'Ancienne Troupe expulsée de Paris en mai 1697, transposée en partie dans les théâtres des deux Foires parisiennes, rénovée par l'expérience italienne propre à Riccoboni, adaptée à la réalité sociale et théâtrale française. Ce mélange complexe a contribué à former le style « italien » propre au génie de Marivaux.

Les principes de la *commedia dell'arte*, où le terme « *arte* » désigne la technique, sont relativement simples. On l'appelait plus souvent *commedia all'improvviso*, comédie à l'impromptu, pour reprendre la formulation de Riccoboni. C'était fondamentalement une comédie d'acteurs. Chacun d'eux occupait toujours le même « emploi » pour parler la langue de la comédie à la française, le même « *tipo fisso* » (type fixe) pour les Italiens. Ces *tipi fissi* étaient répartis par fonctions dramatiques et par statuts sociaux. Ils fonctionnaient en couples faisant contraster leur jeu : deux *zannis* (équivalents en partie des valets français, mais plus indépendants et souvent simples aventuriers) ; deux servantes, deux vieillards, deux amoureux et deux amoureuses. Les troupes étaient

22. *Histoire du Théâtre-Italien depuis la décadence de la comédie latine*, Paris, Cailleau, 1730-1731, 2 vol. et une collection de planches gravées représentant des « types » comiques.

23. Paris, Jacques Guérin, 1738, p. 32-33.

24. *Observations sur la comédie et le génie de Molière*, *op. cit.*, p. 65.

25. Préface au canevas *Il Liberale per forza* (1716) dans le *Nouveau Théâtre-Italien*, Paris, Briasson, 1729, t. I, p. XCV.

composées de dix à douze membres, plus quelques « utilités » (danseurs, musiciens et chanteurs). Le spectacle était donné à l'impromptu, c'est-à-dire qu'il était improvisé par chaque « type fixe » à partir d'un canevas écrit non dialogué appelé *scenario*[26]. Certains de ces « types » paraissant masqués en scène, dont le zanni Arlequin avec son demi-masque de cuir sombre retenu par une mentonnière et Pantalon, ils devaient compenser le défaut d'expression du visage par une gestuelle appropriée. Les amoureux et les personnages féminins jouaient à visage découvert. Interprétant toujours le même « type fixe », le comédien possédait une réserve de « tirades à faire »[27] adaptées à des situations particulières (*zibaldone*) et, pour les plus lestes, une collection de *lazzi*, jeux de scène physiques allant du plus simple au plus complexe. L'Ancienne Troupe avait pratiqué cet exercice en italien jusqu'au début des années 1680, quand elle y avait inséré des « scènes françaises » explicatives rédigées pour un public parisien ignorant de la langue et des dialectes parlés par certains « types fixes ». En 1697, les Italiens de Paris jouaient en français, à la réserve de rares représentations de canevas[28]. Une bonne partie d'entre eux étaient en France depuis longtemps et certains même, comme l'Arlequin Évariste Gherardi, y étaient nés.

Ce ne fut pas le cas de la troupe de Lélio transplantée directement d'Italie en 1716 avec des comédiens liés le plus souvent par une expérience commune et de solides liens familiaux. La troupe était très fortement marquée par la tradition de la *commedia dell'arte*, dont témoigne la liste des « types fixes » qui s'y employaient : trois *zannis* (Arlequin, Scapin et Scaramouche), une servante (Violette), deux amoureux (Lélio et Mario)[29], deux amoureuses (Flaminia et Silvia), deux pères ou

26. On connaît les canevas rassemblés par Dominique Biancolelli, le directeur de la troupe à l'époque de Molière, dont un fort intéressant *Don Juan* (« Le Festin de pierre »)… Ils ont été récemment republiés en français par Delia Gambelli, *Arlecchino a Parigi*, *op. cit.*, 1997, 2 vol.

27. Tirades toute faites rédigées pour des situations particulières et conservées dans les *zibaldone* manuscrits.

28. En particulier à la Cour (F. Moureau, *De Gherardi à Watteau, op. cit.*, p. 17-35).

29. Lélio était premier amoureux. Habitué à jouer les rôles tragiques dans la « *commedia erudita* », Riccoboni avait la réputation d'avoir « dans la physionomie un air sombre, propre à peindre les passions tristes » ([Nicolas Boindin], *Lettres historiques à M. D*** sur la Nouvelle Comédie-Italienne*, Paris, Pierre Prault, 1717, lettre I, p. 8). Boindin note encore dans la même page que Lélio acteur « manque des grâces françaises : mais on espère qu'il pourra les acquérir ».

vieillards (Pantalon et le Docteur), plus une « cantatrice »[30]. On notera la surreprésentation des *zannis* et le déficit en emplois de servantes. Leur connaissance de la langue française était, en général, très limitée[31]. En 1720, la composition de la troupe avait notablement changé avec le départ et l'arrivée de divers comédiens[32]. En 1717, Pierre-François Biancolelli, fils du grand Arlequin du siècle précédent, Dominique Biancolelli, comédien expérimenté[33] et parfaitement francophone[34], entra dans la troupe pour jouer le « type » de Pierrot, puis de Trivelin[35], recréant ainsi avec l'Arlequin Thomaso Vicentini, dit Thomassin[36], le fameux couple contrasté de la tradition. Contrairement à Arlequin, le

30. O. Forsans, *Le Théâtre de Lélio*, *op. cit.*, p. 18.

31. En 1718, N. Boindin en fait un inventaire assez contrasté : « Flaminia et Silvia sont celles qui parlent le mieux le français ; pour Violette, comme on a remarqué qu'elle n'en sait encore qu'un mot, il est à présumer que cette langue ne lui sera pas sitôt familière. Lélio parle à peu près comme un Suisse, Mario se fait entendre à force de tâtonner. Pantalon s'en tient à son langage vénitien [...]. Le Docteur sera un de ceux qui parlera le mieux français pour peu qu'il veuille s'y appliquer. Scapin, dit-on, fait son unique étude de cette langue, mais sans y faire un grand progrès ; on s'aperçoit seulement qu'il oublie insensiblement la sienne [...] ; et plut à Dieu que Scaramouche puisse tomber dans le même inconvénient. À l'égard d'Arlequin, il faut qu'il s'en tienne au bergamasque jusqu'à ce qu'il se soit rendu intelligible en notre langue » (*Lettres historiques*, *op. cit.*, 1718, lettre IV, p. 8).

32. Voir la liste complétée d'une courte biographie rédigée par Thomas-Simon Gueullette, historien des Italiens et l'ami de Riccoboni, dans les *Notes et souvenirs sur le théâtre italien au XVIIIe siècle*, éd. J.-E. Gueullette, Paris, E. Droz, 1938, p. 33-48, pour notre période.

33. Il avait longtemps joué en province puis à la Foire, dans le « type » de Pierrot.

34. Selon Th.-S. Gueullette (*Notes et souvenirs*, éd. cit., p. 30), l'Arlequin Vicentini fut « extrêmement mécontent » de l'arrivée de ce Trivelin « parlant bon français ».

35. « Type » interprété avec succès dans l'Ancienne Troupe, de 1644 à 1671, par Dominique Locatelli.

36. Il existe de nombreuses gravures représentant Arlequin et son costume « typique ». Voir notre essai « Iconographie théâtrale » du cat. expo. *Watteau 1684-1721*, Paris, RMN, 1984, p. 509-510. Riccoboni en a fourni une description pour Thomassin : « Ce sont des morceaux de drap rouge, bleu, jaunes et verts coupés en triangle et arrangés l'un près de l'autre depuis le haut jusqu'en bas ; un petit chapeau qui couvre à peine sa tête rasée ; de petits escarpins sans talons, et un masque noir écrasé qui n'a point d'yeux, mais seulement deux trous fort petits pour voir » (*Histoire du Théâtre-Italien*, *op. cit.*, 1731, t. I, p. 4-5) ; il y a ajouté un portrait psychologique du « type » (t. II, p. 309). Un « Habit d'Arlequin moderne », gravé d'après Charles-Antoine Coypel, est annexé à l'ouvrage de Riccoboni. Le texte des comédies italiennes fait souvent allusion au demi-masque de cuir noir d'Arlequin en le traitant de « more » ou autre formule qui désigne son visage. Ce masque est visible dans le pastel de Maurice Quentin de la Tour gravé par T. Bertrand de l'Arlequin Thomassin.

Trivelin de Biancolelli fut joué à visage découvert[37], ce qui ne fut pas sans effet sur son jeu. Dans les couples, la hiérarchie était le fondement dramaturgique de leurs rapports. Il y avait toujours un « type » dominant. Par exemple, Flaminia jouait le rôle de première amoureuse et Silvia celui de seconde ; il en était de même de Lélio et de Mario. Pendant une bonne partie du siècle précédent, Arlequin avait occupé l'emploi de second *zanni*, très proche de son origine rustique de paysan près à tout pour survivre, mais Dominique Biancolelli, l'Arlequin de la Troupe royale sous Louis XIV, avait créé ce que l'on appela l'« Arlequin moderne », qui s'arrogea l'emploi de premier *zanni*, intrigant et rusé, reléguant au second rang l'ancien *zanni* dominant, qui fut, jusqu'en 1697, Mezzetin, l'un des personnages fétiches de l'Ancienne Troupe et une silhouette assez poétique de musicien. L'arrivée du *zanni* Trivelin en 1717 était l'une des clés nécessaires dont Marivaux allait amplement se servir.

Dans sa première pièce à l'italienne, *Arlequin poli par l'amour*, en 1720, la structure de la *commedia dell'arte* est encore nettement visible. Cette féerie fait le lien avec la dernière comédie jouée en 1697 par l'Ancienne Troupe, *Les Fées* de Charles Dufresny[38]. On y trouve des « types fixes » constitués par couple : Arlequin-Trivelin, la Fée (Flaminia)-Silvia. Conscient que l'Arlequin Thomassin était encore peu délié en français, Marivaux lui confie de nombreux « lazzis » muets et spectaculaires, en particulier dans la scène 5 de la comédie, où le *zanni* découvre l'amour en même temps que Silvia[39]. Même si elle est inspirée d'un conte de fées de Catherine Bédacier Durand[40], l'intrigue

37. Dont le costume « était composé d'étoffes de quatre couleurs d'étoffe comme celui d'Arlequin. Il était par bandes et non par pièces » (Th.-S. Gueullette, *Notes et souvenirs*, éd. cit., p. 31). Biancolelli supprima le masque traditionnel du « type » et la batte à la manière d'Arlequin qu'il portait aussi à la ceinture. Le seul portrait certain du Trivelin Biancolelli est un pastel de Louis Vigée daté de 1730 qui le représente en costume à mi-corps (Vente Drouot, 4 juin 1986, n° 41, avec reproduction).

38. F. Moureau, *Dufresny auteur dramatique*, *op. cit.*, p. 186-190.

39. Dans ses *Lettres historiques* (*op. cit.*, 1717, lettre I, p. 9), Nicolas Boindin décrit ainsi l'Arlequin Thomassin : « […] il joue de source. […] il a des grâces naïves qui sont inimitables ; enfin c'est un pantomime parfait qui excelle surtout dans tout ce qui s'appelle balourdise ». Auparavant, Riccoboni l'avait souvent distribué dans des rôles à « lazzis », dont un emploi de sourd et muet dans le canevas d'*Arlequin bouffon de Cour* joué le 20 mai 1716, deux jours après le début des Italiens à l'Hôtel de Bourgogne.

40. « Le prodige d'amour », dans *Les Petits Soupers de l'été de l'année 1699 ou aventures galantes, avec l'origine des fées*, Paris, J. Musier et J. Rolin, 1702. Ouvrage dédié à Madame Palatine.

de la comédie est l'une des variantes des *scenari* traditionnels : l'amour des jeunes gens troublé par les vieillards et la rivalité amoureuse. Curieusement, Arlequin occupe ici encore, malgré le titre de la pièce, un emploi de second *zanni*, un peu rustre et naïf. Il est dominé par Trivelin, sans doute à cause des capacités évidentes de Biancolelli à interpréter un texte français. D'ailleurs, Pierre-François Biancolelli, auteur dramatique lui-même et ancien élève des jésuites, avait publié en 1712 son propre *Nouveau Théâtre-Italien*[41] en français, pour partie versifié, qui était un recueil de quatre de ses comédies, dont deux titres, *Le Prince généreux ou le Triomphe de l'amour* et *La Femme fidèle*[42] ne durent pas être indifférents à Marivaux.

Au total, de 1720 à 1746, Marivaux fournit vingt comédies aux Italiens – à peu près une par an – et seulement neuf au Théâtre-Français. Il participa aussi à l'évolution du répertoire voulu par Luigi Riccoboni, très attentif à faire de la scène italienne autre chose qu'une copie des Forains, ses rivaux les plus actifs dans les années 1720. Lélio, en qualité de chef de troupe, avait le pouvoir de « distribuer à son plaisir les rôles aux acteurs, selon leur habileté, sans qu'il y ait personne qui puisse lui contredire »[43] : l'auteur évidemment, mais aussi les acteurs sur lesquels il avait pleine autorité pour leur attribuer un emploi différent de leur « type » d'origine. Il ne s'en priva pas, comme nous allons le voir.

La Surprise de l'amour fut créée à l'Hôtel de Bourgogne le 3 mai 1722, un an et demi à peine après *Arlequin poli par l'amour*. On y mesure le progrès de la dramaturgie de Marivaux chez les Italiens et, en même temps, on peut comparer cett « surprise de l'amour » à la « seconde » qu'il donna au Théâtre-Français, le 31 décembre 1727. Dans la *Surprise* italienne, l'ordre des « types fixes » est encore présent, mais nettement « francisé » : un seul amoureux (Lélio), une amoureuse (la Comtesse), un *zanni* (Arlequin), une « suivante » (Colombine) complétés par deux emplois typiquement français, le jardinier Pierre et la servante

41. Paris, Jacques Édouard, 1712. Outre les deux comédies citées plus loin, on y trouvait *Arlequin gentilhomme par hasard* et *L'École galante*.

42. C'est le titre d'une comédie de Marivaux jouée chez le comte de Clermont à Berny en 1755.

43. Article 2 du Règlement dit du Régent (1716) cité par X. de Courville, *Un apôtre de l'art du théâtre au XVIIIe siècle*, *op. cit.*, p. 36.

Jacqueline[44], qui patoisent dans la tradition du théâtre français depuis Molière[45]. Pierre est la francisation d'un type italien (Pedrolino) interprété par l'Ancienne Troupe sous le nom de Pierrot – Molière s'en souvient dans *Dom Juan* – et repris avec succès à la Foire, en particulier par Pierre-François Biancolelli, au point d'en devenir l'emblème dramatique[46]... et l'autoportrait mythique de Watteau[47]. On notera la réapparition d'un « type » célèbre de l'Ancienne Comédie-Italienne, Colombine[48], qui y formait, jusqu'en 1697, avec l'Arlequin Évariste Gherardi[49] un couple d'intrigants particulièrement actifs : l'emploi fut rempli dans la *Surprise* par Flaminia, la première amoureuse, qui avait cédé à Silvia le rôle de la Comtesse[50]. Cette entorse à la hiérarchie implicite, mais strictement observée en général, des rangs en faveur de la jeune Silvia – elle avait 21 ans – suggérait que Lélio cherchait à reconstituer le couple-vedette de l'ancienne troupe avec Flaminia, son épouse, et l'Arlequin Thomassin. Ce fut sans lendemain. Frédéric Deloffre pense que le rôle de Jacqueline était joué par Margarita Rusca dite Violette, la femme de Thomassin, qui devait baragouiner un français patoisant assez singulier pour une Italienne. Le même critique estime que le rôle du Baron fut confié au Pantalon de la Troupe, Pietro Alborgheti, assez peu employé dans son

44. Jacqueline est un nom récurrent dans la comédie française du temps pour l'emploi de paysanne. La première réplique de Pierrot renvoie à son « himeur ». Les contemporains connaissaient une chanson : « Ton himeur est, Cathereine », utilisée comme vaudeville dans *Les Parodies du Nouveau Théâtre-Italien* (Paris, Briasson, 1731, t. II, air n° 7) dont l'héroïne était une espèce de double de Jacqueline. *Cf.* le « Divertissement » final de la comédie : Mathurine, Margot, autres paysannes des chansons « à boire » publiées en recueil par l'éditeur parisien Ballard.

45. Pour toutes ces questions de langue, on se reportera naturellement à la somme de Frédéric Deloffre, *Une préciosité nouvelle. Marivaux et le marivaudage*, seconde édition revue et mise à jour, Paris, Armand Colin, 1967 (p. 175-185, pour le patois).

46. François Moureau, « Naissance du type de Pierrot en France : des Italiens aux Foires parisiennes du XVIIIe siècle », dans *Pierrot Lunaire. Albert Giraud – Otto Erich Hartleben – Arnold Schoenberg*, dir. Mark Delaere et Jan Herman, Louvain/Paris, Peeters, 2004, p. 9-23.

47. Le « Gilles » du Louvre, œuvre ultime du peintre, représente en fait Pierrot comme nous l'avons documenté dans les essais : « Watteau dans son temps » et « Iconographie théâtrale » du cat. expo. *Watteau 1684-1721*, *op. cit.*, p. 489-490 et 513. Aujourd'hui, le tableau a pris sa véritable identité : « Pierrot dit Gilles ».

48. Type tiré de la tradition (Colombina) et recréé par Catherine Biancolelli, fille de l'Arlequin Dominique et l'actrice la plus brillante de l'Ancienne Troupe.

49. Voir la n. 14.

50. La distribution est donnée dans le compte rendu du *Mercure de France* de mai 1722, p. 150.

« type » habituel de vieux marchand vénitien et d'amoureux ridicule[51], mais qui était selon un familier de la troupe, Thomas-Simon Gueullette, « un grand homme maigre, de bonne humeur »[52]. Cette distribution, qui n'avait rien d'idéal avec des comédiens articulant difficilement le français et parfois hors de leur emploi « typique », montre la difficulté que rencontra Lélio et, sans doute, Marivaux à faire interpréter « en perfection »[53] un texte dont le raffinement était sans commune mesure avec le dialogue d'*Arlequin poli par l'amour*.

La Surprise de l'amour conserve certains des aspects traditionnels de la *commedia all'improvviso* et des « types fixes ». Acteur très physique, Arlequin a encore un peu de la naïveté et du goût pour les plaisirs simples du second *zanni* qu'il a été : « [...] je cours, je saute je chante, je danse » (S1, I, 2)[54]. S'il joue dans le costume habituel du « type », demi-masque compris, ceinture sur les reins (selon la nouvelle mode)[55] et batte au côté, il fait partie des « types » que le public attend dans les travestis, parfois féminins quand il est en couple avec un autre *zanni* : dans la *Surprise*, son apparition en costume de chasseur[56] et le dialogue comique qui va avec (S1, I, 10) sont, de toute évidence, une faveur faite au public des habitués. Lélio, parfaitement à son aise dans son rôle d'amant « agité » (S1, II, 6) et mélancolique, « triste » (S1, I, 2) et « distrait » (S1, II, 5) avait, enfin, ces « grâces françaises », qui, selon la critique, lui

51. Dans les canevas italiens anciens ou nouveaux joués au cours des premiers mois du séjour parisien de la Troupe, dont *L'Italiano marito a Parigi* de Riccoboni, qui fut créé le 25 juillet 1716, trois jours après que Pantalon eut interprété un vieux canevas *Gli tre penti Turchi* ou *Pantalon cherche-trésor et Arlequin cru marchand* (Th.-S. Gueullette, *Notes et souvenirs*, éd. cit., p. 76).

52. *Ibid.*, p. 34.

53. Le compte rendu du *Mercure de France* de mai 1722 affirme que « le sieur Lélio à qui la langue française ne devrait pas naturellement être familière, a joué son rôle qui est tout français en perfection » (cité par F. Deloffre dans le *Théâtre complet*, éd. cit., t. I, p. 184-185).

54. Dans ses *Lettres historiques* (*op. cit.*, 1717, lettre I, p. 9), Nicolas Boindin décrit ainsi l'Arlequin Thomassin : « [...] il joue de source. [...] il a des grâces naïves qui sont inimitables ; enfin c'est un pantomime parfait qui excelle surtout dans tout ce qui s'appelle balourdise ». *Cf.* « Arlequin, *sautant*. – Je me sens plus léger qu'une plume » (S1, III, 1).

55. Th.-S. Gueullette, *Notes et souvenirs*, éd. cit., p. 28.

56. Dans *Les Chinois* (1692) (I, 6) du *Théâtre-Italien de Gherardi* (1700) cité plus haut, il faisait une apparition « en baron de la Dindonnière, en habit de chasseur, avec une corne de vacher, un poulet d'Inde sur le poing, et deux valets de chiens avec des cors » (éd. : Amsterdam, Michel Charles Lecène, 1721, t. IV, p. 170). Sur les travestis d'Arlequin, voir notre *Dufresny auteur dramatique*, *op. cit.*, p. 151. On connaît aussi une gravure d'Arlequin en Diane chasseresse (F. Moureau, *De Gherardi à Watteau*, *op. cit.*, pl. 8).

manquaient dans les premières années de son séjour à Paris[57]. Marivaux joue même d'une réplique à double entente de Colombine – « Oh, notre amour se fait grand ! il parlera bientôt bon français » (S1, II, 8) – pour exprimer cette acculturation de Riccoboni-Lélio dans l'univers de la scène parisienne.

La Seconde Surprise de l'amour créée cinq ans et demi plus tard, le 31 décembre 1727, à la Comédie-Française nous intéresse ici uniquement par son contraste et ses éventuels rapports avec un « style italien » dont les Comédiens-Français s'inspiraient d'ailleurs plus ou moins discrètement depuis le siècle précédent. Il était assez habituel que leurs pièces se répondissent : un *Opéra de village* français à un *Opéra de campagne* italien, des *Fées* sur les deux scènes[58], etc. Dans le cas des *Surprises*, l'auteur est identique sur les deux scènes concurrentes. Si l'on reprenait les schémas italiens, on pourrait y trouver un ensemble de « types fixes » – une amoureuse, deux amoureux, un *zanni* (Lubin), une « suivante » (Lisette) et une variante du Docteur, le « pédant » Hortensius[59]. Mais seul ce dernier, dont le modèle italien avait eu peu de succès dans la Troupe de Riccoboni[60], serait assez proche du « type fixe » d'origine. *Hapax* dans l'œuvre dramatique de Marivaux, Hortensius lui permit de régler quelques comptes littéraires[61]. Pour le reste, la distribution a été resserrée au maximum afin de mettre en valeur l'essentiel, « la surprise de l'amour ».

Quand *Le Jeu de l'amour et du hasard* fut créé à l'Hôtel de Bourgogne le 23 janvier 1730, Marivaux avait pleinement intégré dans son système dramaturgique les contraintes et les avantages du jeu italien. Une série de chefs-d'œuvre plus ou moins bien reçus par le public étaient nés sur la scène de l'Hôtel de Bourgogne, dans ce quartier parisien des Halles, où le théâtre était, depuis un siècle, le lieu d'éclosion des nouveautés dramatiques et où Molière et Regnard, enfants des rues avoisinantes, avaient ressenti leur première émotion théâtrale. De *La Double Inconstance* en avril 1723 à *La Nouvelle Colonie* en juin 1729, Marivaux

57. Voir la n. 29.

58. Comédies de Dufresny pour les Italiens et de Dancourt pour les Français en 1692 et 1697-1699 (F. Moureau, *Dufresny auteur dramatique*, *op. cit.*, p. 51, 65).

59. Rôle crée par Jean-Pierre Duchemin spécialisé dans les rôles de père. Il débuta en décembre 1717 dans celui d'Harpagon.

60. Francesco Matterazzi, « un gros homme court, ayant de l'esprit », selon Th.-S. Gueullette (*Notes et souvenirs*, éd. cit., p. 37).

61. Voir la notice de F. Deloffre dans le *Théâtre complet*, éd. cit., t. I, p. 658.

avait diversifié son génie dramatique par une comédie romanesque, où le souvenir des goûts de Lélio n'était pas absent[62] – *Le Prince travesti* (1724) –, une comédie d'intrigue à travestissement[63] où intervenait encore le couple vedette de *zannis*[64] – *La Fausse Suivante* (1724) –, une comédie satirique à coloration utopique – *L'Île des esclaves* (1725) –, une comédie rustique très influencée par le style français et ses thèmes – *L'Héritier de village* (1725) –, une comédie allégorique à la grecque, dont l'initiateur paradoxal avait été le chef du parti « moderne » lui-même, Fontenelle[65], pour lequel Marivaux avait une particulière admiration – *Le Triomphe de Plutus* (1728).

Même si les « types italiens » continuaient d'irriguer, sinon de diriger, la dramaturgie de Marivaux – Trivelin en Plutus et Pantalon[66] en Orsmidas dans cette dernière pièce, par exemple –, les comédiens s'étaient francisés et Lélio lui-même s'était de plus en plus désintéressé de la direction de la Troupe et, sans doute, de sa programmation. Il fit seul deux longs séjours en Angleterre (1727, 1728), rédigea et publia son *Histoire du Théâtre-Italien* (1728)[67], qui est une magnifique élégie

62. Diverses comédies héroïques ou canevas, dont *Le Prince jaloux* (1717) et *La vie est un songe* (1717) d'après Calderón. Lélio était un amateur très éclairé du théâtre espagnol du siècle d'Or qu'il tenta d'acclimater en France (X. de Courville, *Un apôtre de l'art du théâtre au XVIIIe siècle, op. cit.*, ch. V : « À l'école de l'Espagne », p. 79-96). *Le Prince travesti*, dont la scène est à Barcelone, est nimbé de ces souvenirs.

63. Le couple d'amoureux est composé de Lélio et d'un rôle en travesti, le Chevalier, la fausse suivante, jouée par Silvia, ce qui donne du piquant équivoque aux situations. Ici, le romanesque est roi ; mais, dans la tradition italienne, les jeux amoureux du travesti avaient moins de délicatesse. Il y en a quelques souvenirs dans les rapports des *zannis* avec le Chevalier.

64. Trivelin et Frontin, en particulier dans la scène d'ouverture (I, 1) qui appartient aux canevas classique des retrouvailles de deux *zannis*. Dans la pièce, Arlequin sert de faire-valoir aux autres *zannis* pour des scènes à faire (II, 5) ou pour des *lazzis* (II, 7).

65. *Abdonolyme, roi de Sidon* ; *Pygmalion, prince de Tyr* ; *Macate*, etc. François Moureau, « Fontenelle auteur comique », dans *Fontenelle*, dir. Alain Niderst, Paris, PUF, 1989, p. 191-205.

66. Pietro Paghetti avait débuté en 1720 chez les Italiens ; il avait repris le « type » de Pantalon à la retraite de Pietro Alborgheti (Th.-S. Gueullette, *Notes et souvenirs*, éd. cit., p. 38, 61-62).

67. Republié en deux volumes (Paris, P. Cailleau, 1731), avec un tome II nouveau concernant la polémique autour de la première édition. Par ailleurs, il avait publié en « *terza rima* » le poème *Dell'Arte rappresentativa*, Londra, 1728. Voir Sarah di Bella, *L'Expérience théâtrale dans l'œuvre théorique de Luigi Riccoboni : contribution à l'histoire du théâtre au XVIIIe siècle suivi de la traduction et l'édition critique de « Dell' Arte rappresentativa »*, Paris, Champion, 2009.

sur la décadence du goût et sur son échec à faire connaître la véritable littérature dramatique de son pays. Il y évoquait la carrière du comédien Lélio avec une mélancolique modestie[68]. Le 25 avril 1729, il obtint l'ordre de retraite qu'il avait sollicité du roi ; sa femme Flaminia et son fils François[69], qui avait repris ses emplois de Lélio depuis janvier 1726, étaient associés à ce document. Lélio quitta aussitôt le théâtre[70]. Quand, l'année suivante, le *Jeu* fut donné à l'Hôtel de Bourgogne la première génération des comédiens qui avait accueilli Marivaux avait presque entièrement disparue[71].

Paradoxalement, *Le Jeu de l'amour et du hasard* marque la renaissance du style italien traditionnel. Peut-être était-ce parce que la configuration nouvelle de la Troupe inspirait ce retour aux sources. Silvia jouait, enfin seule, les premières amoureuses à la suite de la retraite, tant espérée par elle, de Flaminia ; il en était de même pour Mario[72], le second amoureux, qui occupait maintenant dans la Troupe l'emploi de Lélio. Si la scène était « à Paris » et si des emplois étaient francisés dans leur intitulés – Monsieur Orgon[73], Dorante[74] ou Lisette[75], « femme de chambre de Silvia » –, on y retrouvait, simplifiés, les « types » de la *commedia all'improvviso* avec l'amoureuse (Silvia), l'amoureux (Mario) et le *zanni*

68. « [...] je suis assez éclairé pour sur mon compte pour m'en tenir à la réputation de n'être pas tout à fait un mauvais comédien » (*Histoire du Théâtre-Italien,* Paris, Chaubert, 1728, Avis au lecteur, p. VII).

69. François Riccoboni, ancien élève des jésuites comme le Trivelin Biancolelli, fut aussi un écrivain dans la lignée critique de son père, dont *L'Art du théâtre*, Paris, C.-F. Simon et Giffard fils, 1750.

70. Sur ces années 1726-1729, voir X. de Courville, *Un apôtre de l'art du théâtre au* XVIII*e siècle, op. cit.*, p. 315. Lélio, Flaminia et leur fils avaient obtenu des lettres de naturalité françaises en juin 1723 (Émile Campardon, *Les Comédiens du Roi de la Troupe italienne*, Paris, Berger-Levrault, 1880, t. II, p. 87).

71. Venus de Parme avec Riccoboni, le Pantalon Alborgheti et Violette, Margarita Rusca, femme de l'Arlequin Thomassin, moururent en janvier-février 1731

72. Antoine-Joseph Balletti, en dehors de la scène époux de Silvia – Giovanna Benozzi – et frère de Flaminia – Helena Balletti – elle-même épouse de Lélio – Luigi Riccoboni ! (Th.-S. Gueullette, *Notes et souvenirs*, éd. cit., p. 27, 45-48, 56-60).

73. Sans doute interprété par le Pantalon Paghetti (voir la n. 65).

74. Vraisemblablement Jean-Antoine Romagnesi, qui jouait le rôle d'Apollon dans *Le Triomphe de Plutus.* Petit- fils du Cinthio, premier amoureux de l'Ancienne Troupe, il avait débuté dans ce « type » à la Foire avant d'être reçu en 1725 à la Comédie-Italienne. À la date du *Jeu*, il avait 40 ans. Th.-S. Gueullette a fourni une biographie copieuse de ce personnage (*Notes et souvenirs*, éd. cit., p. 39-43).

75. Jouée par Marie-Thérèse Delalande, ancienne actrice de la Comédie-Française, reçue aux Italiens en 1721 et épouse de la main gauche du Trivelin Biancolelli.

(Arlequin), mais la disparition du système des couples contrastés dans cette distribution réduite était ce que l'on remarquait le plus. Marivaux l'avait remplacé par « un double travestissement »[76]. Nous avions signalé plus haut que le travesti était l'un des exercices favoris d'Arlequin et nous n'y reviendrons pas. Ce procédé était évidemment pour Marivaux autre chose qu'une pratique de théâtre ; il lui permettait de mettre en lumière, une fois encore, les ambiguïtés et les contradictions du sentiment amoureux.

À la date du *Jeu*, l'Arlequin Thomassin, créateur, dix ans plus tôt, d'*Arlequin poli par l'amour*, n'avait plus, à 48 ans, ni la prestance ni l'agilité de ses débuts[77]. Et Mario, frère de Silvia dans la vie réelle, n'avait plus qu'un rôle atypique, puisque l'amoureux en titre de l'intrigue était Dorante, ce que remarqua d'ailleurs le chroniqueur du *Mercure de France*, un habitué de la scène de l'Hôtel de Bourgogne qui critiqua, pour cela, le rôle de « Mario […] dont, comme on l'a remarqué, la pièce n'avait presque que faire »[78]. Le même journaliste pointa aussi le fait qu'« il n'est pas vraisemblable que Silvia puisse se persuader qu'un butor tel qu'Arlequin soit ce même Dorante dont on lui a fait une peinture si avantageuse »[79], ce qui était faire peu de cas de l'illusion théâtrale. Car, dans ces scènes traditionnelles de travestissement si communes au siècle précédent chez les Italiens, Arlequin portait toujours son travesti sur son habit multicolore d'origine, plus le demi-masque de cuir noir, ce qui ne gênait nullement « l'illusion » du public. Au début des années 1730, où l'on s'acheminait vers plus de « réalisme » scénique, ce « jeu » commençait à déranger au nom du « vraisemblable ». C'était faire peu de cas, encore, de la fantaisie théâtrale décalée tant appréciée des générations précédentes. Le discours amoureux burlesque d'Arlequin dans la pièce (J, II, 3 à 5 et III, 6) n'avait pas davantage de vraisemblance,

76. Le compte rendu du *Mercure de France* de janvier 1730 emploie cette expression et parle plus loin de « scène [qui] contraste parfaitement » dans l'utilisation du procédé (cité par Frédéric Deloffre dans sa notice du *Jeu* : *Théâtre complet*, éd. cit., t. I, p. 790-793).

77. Th.-S. Gueullette remarque obligeamment qu'il avait l'habitude « de se trop livrer au plaisir » (*Notes et souvenirs*, éd. cit., p. 33). Les *lazzis* physiques des premières comédies semblent plus rares, si l'on en juge par les didascalies imprimées. Mais, au moment de représenter, le *zanni* en ajoutait volontiers comme supplément.

78. Compte rendu reproduit par F. Deloffre, *Théâtre complet*, éd. cit., t. I, p. 793.

79. *Ibid.*

mais il appartenait à la même tradition scénique[80]. Il s'agissait de vestiges de pratiques théâtrales venant du plus loin de la *commedia dell'arte*, auxquelles appartenaient encore les répliques sur le mot. On sait que cette technique était un moyen mnémotechnique utilisé par les « comédiens de l'art » interprétant des « tirades à faire » dans les canevas. Le dernier élément verbal de la tirade avertissait l'acteur donnant la réplique de commencer la sienne propre, qui débutait par une reprise des termes de la précédente. Comme l'a remarquablement analysé Frédéric Deloffre[81], ce procédé simple ou complexe est habituel chez Marivaux, et le *Jeu* fait hommage dans les scènes d'exposition de la pièce à cette antique pratique de la *commedia all'improvviso*[82]. Trente ans plus tard, un écrivain de théâtre aussi avisé que Jean-François Marmontel y voyait l'une des marques de « M. de Marivaux, qu'on peut citer pour exemple d'un dialogue vif et pressé, plein de finesse et de saillies, [qui] sait toujours répondre à la chose, quand même il semble jouer sur le mot »[83].

Si le théâtre « italien » de Marivaux est le fruit de l'environnement dramatique d'un écrivain qui sut prendre son bien des diverses scènes de la capitale, la tentation « italienne » ne fut pas de circonstance. Le jeune romancier et journaliste « moderne » qui se convainquit à l'aurore des années 1720 de se consacrer à l'art dramatique avait, certes, l'ambition, comme d'autres écrivains débutants, ses contemporains – un certain Arouet de Voltaire par exemple –, de briller sur la scène des successeurs de Molière. Marivaux sentit vite, à ses dépens, que l'heure n'était pas encore venue pour lui de grossir leur répertoire. Le « Nouveau Théâtre-Italien »[84] fut d'abord un lieu d'apprentissage. La solide tradition de la *commedia dell'arte* rénovée – des « types fixes » et de leur jeu aux

80. W. John Kirkness, *Le Français du Théâtre-Italien d'après le Recueil de Gherardi, 1681-1697*, Genève, Droz, 1971, p. 163-166 et F. Moureau, *De Gherardi à Watteau, op. cit.*, ch. 2 : « L'amour à l'Ancien Théâtre-Italien », p. 37-43.

81. *Une préciosité nouvelle. Marivaux et le marivaudage, op. cit.*, p. 138-139, 199-206, où le critique présente une conception élargie de la réplique sur le mot.

82. I, 1 (Silvia et Lisette) : « Le *non* n'est pas naturel / Le *non* n'est pas naturel » ; « D'union plus délicieuse / Délicieuse ! » ; « et c'est presque tant pis / Tant pis, tant pis » ; I, 2 (Monsieur Orgon, Silvia, Lisette) : « et c'est presque tant pis / Tant pis, tant pis ! » (répétition de la scène précédente) ; I, 4 (Monsieur Orgon, Mario) : « nous ne le verrons que déguisé /Déguisé ! ».

83. *Poétique française*, Paris, Lesclapart, 1763, t. II, p. 94.

84. Titre du recueil de la production du « théâtre de Lélio » à partir de 1716. On y trouve les pièces de Marivaux, de Lélio et des autres collaborateurs de la scène italienne de Paris (Paris, Briasson, 1733, 8 vol.).

fantaisies poétiques – était un laboratoire parfait : elle lui accordait une liberté de plume que le modèle prétendument « moliéresque » de la Comédie-Française lui interdisait et elle lui fournissait une série de personnages- « types » interprétés par des acteurs spécialisés mis en scène dans une intrigue originale. « Arlequin toujours Arlequin », prétendait l'Ancien Théâtre-Italien. Mais les *zannis* qui allaient de comédie en comédie étaient à la fois les mêmes et d'autres : ils se retrouvaient, et tout recommençait sur nouveaux frais[85]. Soutenu par le professionnalisme des « comédiens de l'art », le jeune écrivain perfectionna son propre génie. Cela lui permit, paradoxalement, de revenir mieux armé plus tard à la Comédie-Française. Peut-on comme Gustave Attinger parler d'« esprit de la *commedia dell'arte* dans le théâtre français »[86] ? C'est indéniable, et Marivaux représente, après Molière – comme le prétendait Lélio[87] – et certains de ses successeurs (Regnard, Dufresny), l'un des maillons d'une chaîne qui de l'Italie de la Renaissance aux mimes des Boulevards au XIXe siècle[88] trace la ligne d'un théâtre dont la technicité (« *arte* ») n'était pas contraire à l'analyse la plus fine des sentiments humains. Dans le « marivaudage », il y a une espèce d'écho assourdi de ce « jeu italien » transplanté sur la scène française[89].

85. Retrouvailles de Frontin et d'Arlequin dans *La Fausse Suivante* (I, 1), voir n. 64.

86. *L'Esprit de la « commedia dell'arte » dans le théâtre français*, Paris/Neuchâtel, Librairie théâtrale/la Baconnière, 1950.

87. Voir la n. 19.

88. Le Pierrot Deburau dit Baptiste et bien d'autres, dont *Les Enfants du paradis* (1945) de Marcel Carné ont donné une image animée inoubliable.

89. Compléments bibliographiques : *Marivaux e il teatro italiano*, dir. Mario Matucci, [Ospedaletto], Pacine editore, 1992 et *Masques italiens et comédie moderne. Marivaux, « La Double Inconstance » ; « Le Jeu de l'amour et du hasard »*, dir. Annie Rivara, Orléans, Paradigme, 1996 (avec l'édition de divers textes critiques de Lélio, de son fils et de Boindin, p. 41-68).

La surprise du désir.
Marivaux/Bondy

Christian Biet
Université Paris-Ouest

Comment surprendre ? Comment faire en sorte que l'attente des spectateurs soit comblée et que, simultanément, ces mêmes spectateurs soient surpris afin qu'ils s'intéressent à ce qu'ils voient et qu'ils ne s'ennuient pas ? Ce sont là des questions qu'un auteur de comédie se pose lorsqu'il doit donner au spectateur ce qu'il attend : une répétition qui ne se répète pas tout à fait. Or, dans le cas de *La Seconde Surprise de l'amour* de Marivaux, ces questions s'amplifient, se compliquent et se redoublent.

En 1727, Marivaux fait jouer cette pièce par les acteurs français, cinq ans après *La Surprise de l'amour*, comédie jouée par les Italiens et ayant remporté, en 1722, un franc succès. Cependant, la première *Surprise* ne doit pas apparaître *a posteriori* comme un brouillon ou une esquisse de la seconde ; de même, *La Seconde Surprise* doit être à la fois un retour sur la première et une œuvre autonome, et en principe plus prestigieuse que la première, puisqu'elle est donnée à une troupe dont la cote culturelle est *a priori* plus élevée. Ainsi, à quelques années de distance et selon un contexte différent, Marivaux re-monte, ré-écrit sa *Surprise* à succès pour les Comédiens-Français, et pour qu'un nouveau succès, plus estimable sur l'échiquier culturel, advienne.

Il s'agit ici d'une sorte d'auto-parodie, ou de *self-remake*, comme il y en a peu dans l'histoire des spectacles (la parodie ou le *remake* sont généralement le fait d'un autre auteur), ce qui tend à montrer que Marivaux se présente ici, ostensiblement, en dramaturge suffisamment reconnu pour ne céder le soin à personne d'autre que lui de se copier, de se recycler, de se réécrire, de se parodier, et de s'élever lui-même. Par cette auto-parodie, Marivaux surprend grâce à un coup de force qui prend comme objet, source de son travail de dramaturge, son propre succès vieux d'à peine cinq ans. Dès lors, l'auteur s'introduit en majesté dans le bâtiment des Français en considérant lui-même son œuvre comme un répertoire qu'on peut imiter et réécrire, et qui peut ainsi, à bon droit, être différemment joué et mis en scène avec d'autres acteurs au registre distinct, conformément à ce que ces autres acteurs sont en droit d'exiger. Et pour mieux commenter, en abyme, cette attitude, il place, à partir d'un personnage parodié et au centre de sa réécriture, une réflexion sur la modernité et l'innovation « moderne », comme pour bien montrer qu'il est nécessaire de remettre sur le métier tous les plus grands textes et les plus grands succès, dont, de fait, le sien. Avec la charge d'Hortensius, qui refuse qu'on touche aux textes anciens, si respectables, si moraux, si philosophiques, si vertueux et si ennuyeux, Marivaux autorise et s'autorise alors cette *Seconde Surprise* qui, elle, en pièce française moderne, s'intéresse à l'amitié, aux sentiments des jeunes gens et sait, de manière si surprenante, les mettre en œuvre et en scène.

C'est, très directement donc, que Marivaux compose deux *Surprises*, comme s'il s'agissait de créer une série, un sous-genre, une topique : l'une redoublant l'autre et la retranscrivant selon des canons différents. Les personnages italiens (Lélio, la Comtesse, Arlequin, Colombine), déjà, certes, approfondis, mais encore bien proches des « types fixes », cèdent leur place à « la Veuve » (personnage très en vogue) – une Marquise ne sachant plus où elle en est –, au Chevalier délaissé, mélancolique et instable, au Comte, rival déloyal et malheureux, aux deux valets – Lubin, le naïf et benêt serviteur du Chevalier, et Lisette, la brillante servante de la Marquise, qui tente d'assurer la dynamique de la pièce et du remariage de sa maîtresse –, enfin à Hortensius. Ce dernier, personnage de pédant caricatural (la critique a longtemps pensé que Sorel avait pris pour cible Guez de Balzac) vient directement de l'*Histoire comique de Francion* de Charles Sorel (1623, chapitre IV) : « maître de chambre » de Francion au collège de Lisieux, ridicule cause des principaux désordres du lieu, individu cynique, ce personnage est encore fort connu au début du XVIIIe siècle et Marivaux n'a aucune difficulté à faire de son personnage un vrai-faux lettré qui refuse, par principe, qu'on touche aux textes anciens, si respectables, si moraux, si philosophiques, si vertueux et si ennuyeux. Lettré sentant son collège et Tartuffe au petit pied, ce « pédant » installé, sorte de directeur de conscience laïque entiché de la morale, de la philosophie et des grands textes des Anciens, est ainsi prêt à tout pour continuer à diriger, à défaut de son âme (ou de son corps), les lectures de la Marquise. On le voit, pour que la comédie corresponde aux acteurs français, Marivaux a développé, en les rendant moins schématiques que dans la pièce « italienne », la convention de répétition des séquences et des situations, la symétrie des rapports entre maîtres et valets et le système de références parodiques qui plaît tant à l'époque. Il a aussi supprimé le mariage des fermiers et, sans surprise cette fois, ralenti le rythme de la déclamation, du jeu, des enchaînements pour donner, semble-t-il, plus de place à l'expression ciselée des hésitations des cœurs et à l'approfondissement des sentiments. Et, pour que le dénouement traditionnel apparaisse, Marivaux a forgé une surprise de convention : une lettre-déclaration bien commode et donc plus qu'attendue, transmise, cachée, puis retrouvée, et enfin lue, oralement. Grâce à cette surprise conventionnelle, ou à cette séquence romanesque recyclée, les deux amants de *La Seconde Surprise*, pourront *apparemment* cesser de répéter leur jeu d'affliction mélancolique et morbide pour s'épouser. Fin heureuse.

Tout cela pour que, à partir d'une même thématique (deux maîtres déçus par l'amour, ne souhaitant pas tomber à nouveau amoureux et, malgré leurs valets, renonçant au monde, sont surpris par leurs sentiments et doivent s'avouer qu'ils [s']aiment, à nouveau), les mêmes spectateurs, à cinq années de distance, puissent s'amuser à la transcription d'un genre italien à un genre français, à la différence de jeu des deux troupes, donc à la répétition-recyclage qui produit de la parodie (à ceci près que la parodie va en général des Français aux Italiens). Et le divertissement viendra ainsi de la reproduction d'éléments anciens, de leur variation, mais aussi de la découverte d'autres personnages (le Comte, Hortensius) qui, eux-mêmes, ne sont pas forcément nouveaux, et des circonvolutions dramatiques toutes nouvelles en matière de calcul psychologique et de manifestation des passions. Répétition, recyclage, réécriture, variation, surprise dans l'agencement de la combinatoire, mais aussi, parfois, surprise par l'adjonction de situations qui tranchent avec l'ensemble de la production comique des années 1720, Marivaux écrit sa *Seconde Surprise* à l'époque où la parodie, le recyclage, la circularité sont d'actualité : tout le monde parodie tout le monde, et tout cela divertit. Conséquemment, les jeux de métathéâtralité s'inscrivent complaisamment dans les œuvres théâtrales afin de bien marquer que personne, ni public, ni acteurs et ni dramaturges, n'est dupe de rien et que, dans cet univers du cycle, de la circularité, du flux, de l'échange de tout contre tout, chacun aime piétiner. Plaisir du piétinement, où l'on n'avance qu'à regret, et joie de piétiner les autres, grâce au ridicule, là est la marque d'une époque infiniment parodique qui a bien du mal à s'ouvrir à autre chose qu'au doute absolu sur toute valeur morale, philosophique ou esthétique.

Reste que, dans cette course à la répétition divertissante, Marivaux se distingue. Car si, à la manière de cette époque circulaire, Marivaux recycle, répète et reproduit en variant, en parodiant et en déplaçant, et si une partie de l'intérêt consiste à surprendre les spectateurs en ne recyclant pas, en ne répétant pas, en ne variant pas et en ne reproduisant pas exactement, et là où on les attend, les éléments déplacés et recombinés, un autre intérêt consiste, à partir de cas et de conduites enchaînées, à définir ce qu'est *la surprise*. Toute la pièce, en effet, représente la surprise des personnages et engage les spectateurs à être surpris de leur conduite. Derrière la répétition, ou la duplication, ou le recyclage, et derrière la surprise elle-même, autre chose se cache, de plus grand, de surprenant en permanence, d'infiniment constant. Car non seulement, dans l'ordonnance de la pièce, chaque personnage surprend tous les autres, mais aussi chacun se surprend généralement lui-même et, lorsqu'il se surprend lui-même sur le fait, ou qu'il est surpris à tricher ou à laisser filtrer ce que, confusément, il souhaitait cacher, ce même personnage a bien du mal à se comprendre.

Réitération et innovation donc, effet de répertoire et effet de création, mais aussi, surtout, répétition et surprise sont les constantes de la comédie, les principes du contentement et de l'intérêt des spectateurs. Répéter et surprendre en passant des Italiens aux Français, en jouant sur les variantes d'une même thématique (de *La Matrone d'Éphèse* et de La Fontaine à la première *Surprise*, et de la première *Surprise* à la seconde), *se* récrire *soi-même* selon les conventions du lieu, suivant les manières, les habitudes et peut-être les injonctions des comédiens français, développer les situations autrement, les ornementer et les approfondir de façon plus savante, plus « moderne » (doublement), plus narcissique ou plus ambitieuse, et parallèlement, recycler et surprendre avec et malgré l'attente, pour que les besoins de surprise, de nouveauté et de reconnaissance du public soient satisfaits.

Mais comment re-monter, ou réécrire cette surprise qui a eu du succès, cette intrigue fort connue, pour qu'elle surprenne encore ? C'est la question que pose Marivaux : celle d'un écrivain-dramaturge, certes, et celle d'un comédien, d'un dramaturge (au sens moderne du terme) ou d'un metteur en scène, puisque la réitération de cette surprise-là engage qu'on reconnaisse et qu'on innove, qu'on déplace et qu'on répète, qu'on parte du texte-référence-répertoire pour l'actualiser, ou pour lui faire dire simultanément ce qu'on convient qu'il disait avant la mise en scène et quelque chose de neuf, de différent, et qui légitime la nécessité d'une nouvelle mise en scène. Comment re-monter cette seconde *Surprise* qui a eu tant de succès, cette intrigue si connue, pour qu'elle surprenne encore ? C'est la question que Luc Bondy se pose, à 280 années de distance, comme en abyme de la proposition de Marivaux, lorsqu'il s'autorise à occuper le plateau de la salle transformable du Théâtre des Amandiers[1].

Et pour bien pénétrer les mécanismes du théâtre, et plus particulièrement les paradoxes à plusieurs fonds que nous venons de rappeler, Bondy surprend et laisse reconnaître, conforte et innove. Il produit une dramaturgie suffisamment discrète qui accompagne le texte et en accentue les traits, et suffisamment visible pour donner à comprendre le(s) sens contenus dans la distance et le rapprochement des temps (eux/nous, leurs questions/les nôtres, leurs sentiments en 1727/nos réactions en 2007). Il donne à lire les lieux concrets, tels qu'ils apparaissent sur le plateau, et les espaces dramatiques qu'ils forgent, pour donner à voir, enfin, ce que les corps peuvent dire lorsqu'ils sont saisis par le temps, le lieu, le texte, et toute l'intrigue[2].

Or, on le constate d'emblée lorsque la faible lumière bleue découvre le plateau, cette dramaturgie est cadrée, construite, architecturale et ne

1. *La Seconde Surprise de l'amour* a été représentée du 17 au 30 novembre 2007 et du 1er au 22 décembre 2007, au CDN Amandiers à Nanterre. Mise en scène Luc Bondy, avec Pascal Bongard, Audrey Bonnet, Roger Jendly, Clotilde Hesme, Roch Leibovici, Micha Lescot. Dramaturgie : Dieter Sturm. Collaborateur artistique : Goeffrey Layton. Décors et lumières : Karl-Ernst Hermann. Assistanat aux décors et à la lumière : Claudia Jenatsch et Jean-Luc Chanonat. Maquillages, coiffures : Cécile Kretschmar. Costumes : Moidele Bickel. Collaboration aux costumes : Amelie Haas. Coordination technique : Éric Proust. Son : Andre Serre. Assistante à la mise en scène : Sophie Lecarpentier.

2. On consultera, pour quelques développements sur l'opération dramaturgique et ses liens avec la mise en scène, le numéro spécial de la revue *Critique*, « Le théâtre sans l'illusion », dir. Ch. Biet et Pierre Frantz, n° 699-700, août-septembre 2005. Et pour les notions employées, en particulier à propos des lieux scéniques et des espaces dramatiques, Christian Biet et Christophe Triau, *Qu'est-ce que le théâtre ?*, Paris, Gallimard, coll.« Folio Essais », 2006.

demande qu'à être perturbée, comme s'il s'agissait, à partir d'un système bâti en trois parties (à la française), d'expérimenter l'insertion du doute, de faire en sorte que les lieux, devenus espaces de fiction, se brouillent pour que les personnages qui les traversent se demandent où ils sont (« Où suis-je ? Qu'est-ce qui m'arrive ? Je ne sais où j'en suis. Mais qu'est-ce que c'est que cet état-là ? »). Par ricochet, ce système engage les spectateurs à ne plus savoir ni où ils sont, ni ce qu'ils voient, ni ce qu'ils comprennent de ce/ceux qu'ils voient, mais aussi d'eux-mêmes. Comme si, la raison triomphante, celle qu'on met au fronton du XVIIIe siècle, jusques et y compris la raison théâtrale, avait cédé devant « on ne sait quoi », avant de revenir sur le plateau, *in extremis* et par convention, mais sans convaincre. Comme si la surprise avait érodé l'architecture raisonnable, en avait brouillé les lignes, et, une fois la chose faite, avait laissé cette architecture reprendre ses droits, son cadre, sa tradition pour que la pièce se termine.

Certes, la pièce débute lorsque la salle est encore éclairée et que la scène est dans le noir. Les spectateurs sont interrompus dans leur bavardage, surpris d'entendre le « Ah ! » de la Marquise, et le « Ah ! », en écho, de Lisette. Ils ne peuvent que s'étonner de *voir* que Marivaux et Bondy inversent la chronologie conventionnelle (noir de la salle, silence, lumière du plateau, début du dialogue). Pas de prologue non plus, pas d'encadrement critique, un système *in medias res* si radical qu'il piège tout le monde : déjà, les spectateurs ont compris que la belle ordonnance du bel animal aura toujours un temps de retard sur les mots et les corps, que quelque chose de surprenant se dira toujours avant qu'on ne le voie et qu'on ne le comprenne. Mais la tradition revient vite, les spectateurs se sont tus, la lumière éclaire maintenant la scène pour qu'apparaisse le lieu des comédiens : un lieu fortement architecturé pour que se réalise une expérience spectaculaire et discursive. Et puisqu'on est au théâtre, et même dans un théâtre de la répétition et du répertoire, on ne rechignera pas devant l'idée qu'il faut un cadre et un tréteau, bien visible.

Double cadre, cadre blanc dans un cadre noir : le cadre n'est en effet pas seulement le cadre de la scène des Amandiers. Le cadre de cette scène-ci vient en plus, dans l'encadrement habituel du théâtre. Il est figuré sur ce plateau à égale distance des deux coulisses latérales, du fond de scène et de l'avant-scène. Il est au centre, marqué au néon par les trois lignes blanches d'un rectangle, à la manière d'une cage de buts, au football. Du point de vue (frontal) des spectateurs, les personnages pourront ainsi rester dans le cadre, s'échapper sur les côtés du cadre, jouer dans la profondeur du cadre, ou, inversement, sortir sur le devant du cadre, à l'avant-scène.

Le tréteau, lui aussi, est blanc. Ce praticable figure une sorte de ruban qui barre le fond de scène, au lointain, juste devant le le « cyclo » (ou « cyclorama », la toile de fond de scène éclairée) bleu sombre. C'est un lieu classique, théâtral, surplombant, sur lequel les comédiens jouent, au coin duquel ils sont présents sans y être, plus ou moins cachés. C'est encore un praticable sous lequel ils peuvent ramper, un espace où ils peuvent déposer de respectables livres (anciens), enfin, une scène de laquelle les personnages peuvent descendre pour vivre leur fiction, sur le plateau noir des Amandiers, ou sur laquelle ils peuvent monter pour rompre un moment avec cette fiction, parfois si terrible, et se replacer en comédiens. Le tréteau n'est pas le seul lieu où l'on paraît, mais il constitue la lecture de fond de cette histoire, avec, on le verra, deux maisons qui, sur lui, coulissent.

Reste qu'à partir de ce cadre et devant ce tréteau, plusieurs autres espaces de jeu apparaissent. D'abord le lieu qui se situe entre le tréteau et le cadre, relié au tréteau par trois marches blanches, qui est une sorte d'espace dramatique intermédiaire apte à introduire ou à soutenir la fiction. Il y a ensuite l'ample lieu qui est devant le cadre. Il dessine l'espace réservé aux moments les plus cruciaux : espace de la valse-hésitation, de la réflexion, de la passion, du jeu de l'amour. C'est le lieu, aussi, des adresses aux spectateurs. Sur le plancher noir de ce lieu-là sont dessinés, d'une part, un chemin de fins graviers blancs (partant en biais du devant à jardin, pour s'élargir au milieu, faire une sorte de double boucle et repartir en s'amenuisant à cour) qui, au fur et à mesure du jeu et des passages des comédiens, aura tendance à se brouiller – car dans cette pièce, les chemins les plus balisés se brouillent –, et, d'autre part, une ligne blanche qui, exactement, croise le chemin sablonneux blanc (qui est donc en biais de jardin à l'avant-scène côté cour) et finit par deux chevrons blancs peints, et tournés vers le plateau, devant lesquels les comédiens, ainsi soulignés, peuvent parfois se mettre en valeur et que quelque chose d'important puisse se dire, là, aux confins du plateau.

Blanc, noir, bleu sombre, les lumières ne vont pas vers cette joie que Lubin appelle en fin de pièce : elles en resteront là, dans l'affliction. C'en est au point que le valet naïf, c'est son rôle, semble presque désespéré à vouloir que tout finisse bien. Bondy a donc choisi l'ombre froide, le bleu nuit des orages dramatiques, et le contraste tranchant du noir et blanc : le gris du costume ample (façon années 1950) de Lubin, les hautes jambes sombres de Lisette recouvertes d'une courte robe blanche, elle-même surmontée d'une veste noire et blanche réversible en fonction des scènes et des sentiments, la robe de deuil de la Marquise, jusqu'aux chevilles, la grisaille des vêtements d'Hortensius, le bleu pâle du pantalon du Comte. Et sur tout cela, tranche le pantalon jaune du Chevalier, d'une extrême excentricité, comme pour dire que, si la couleur canari enveloppe des jambes maladroites, hésitantes, désynchronisées, révélatrices, quelque chose est peut-être possible, qui irait vers une lumière chaude.

On pourra ainsi voir évoluer ces personnages dans leurs costumes modernes (vêtements des années 1940-1950, voire un peu plus tôt, pour Lubin, le Chevalier et le Comte ; vêtements qui nous sont contemporains pour la Marquise et surtout pour Lisette), à l'intérieur de trois principaux espaces : le lieu théâtral par excellence et l'espace de la convention, le tréteau ; le lieu intermédiaire où *ça* joue, l'entre-deux dans le cadre ; et l'arène, là où il y a le sable caillouteux, là où sont les espaces de l'émotion, de la fiction, de la complexité, du drame, là où les chemins se croisent et se brouillent, là où l'on sort du cadre et des cadres, à pied, à vélo, sur l'avant-scène, dans les coulisses, dans la salle même, exceptionnellement, là où ça finit bien, ou mal, là où c'est fini quand on ne sait plus où l'on a abouti.

Il y aura donc dans cette mise en scène de Bondy, à partir du texte de Marivaux, la présence de plusieurs histoires, simultanément racontées sur plusieurs lieux, comme il est d'usage lorsqu'on propose une mise en scène construite à partir d'une réelle dramaturgie. Et celle qui est racontée sur le lieu du fond, c'est, finalement, l'histoire la plus claire, la plus simple et la plus banale, car elle figure, spatialement, topiquement et même socialement le rapprochement et l'éloignement plusieurs fois répétés, puis l'emboîtement, de *deux maisons*.

L'une, prise à l'évidence par la viduité du veuvage et ostensiblement recouverte de crêpe, celle de la Marquise, glisse à jardin. L'autre, celle du Chevalier, glisse à cour et contient peu elle aussi : un manteau et un chapeau pour le voyage, un carton de livres modernes pour que la vie vaille un peu quelque chose. Deux maisons aristocratiques, à peu près vides, mais qui hésitent à venir l'une vers l'autre ou à se séparer tout à fait. Elles sont liées par la machine du théâtre, par les rails invisibles qui les guident sur un plan : sur fond bleu sombre, de jardin vers cour, de cour vers jardin, sur un tréteau blanc, sur des planches comme à Deauville, tant ces maisons sont petites, schématiques, presque des cabines de bain – où l'on se change ? où l'on change ? –, deux petites loges mouvantes qui dominent le plateau. Ainsi, au fond de la scène, dans le lointain spatial et temporel, se raconte l'histoire de ces deux maisons qui dansent, glissent, lors d'un pas de deux très linéaire (gauche/droite, droite/gauche), se séparent ou vont l'une vers l'autre au gré des mots et des revirements de situation, jusqu'à ce qu'à la fin de l'acte II la maison à jardin, celle de la Marquise, perde son crêpe et le laisse en coulisse. Première surprise. Seconde surprise scénographique : lorsque la cabine de la Marquise, débarrassée des voiles noirs qui lui pesaient tant, tourne sur elle-même, et offre alors son ouverture à la maison du Chevalier qui s'en rapproche à la toucher et qui la rejoindra vraiment, on le verra, à l'acte III. Car la (maison de la) Marquise, à la fin de l'acte II, est déjà prête à être investie, c'est en tout cas ce que, littéralement, nous voyons lorsque les deux amants encore un peu timides s'étreignent au milieu du cadre. Enfin, à l'acte III, après une ultime séparation qui scande la dernière offensive bien peu chevaleresque (ou anti-chevaleresque) du Comte, et au moment de la lecture de la lettre révélatrice, la maison du Chevalier, scénographiquement parlant, pénètre celle de la Marquise et s'encastre : les deux maisons, en fond de scène, sont alors parfaitement emboîtées.

La première histoire, celle des amoureux, celle qui finit bien et qui donne de la joie, est donc figurée par le fond de scène, sur le tréteau : on se croit loin, on se rapproche, on s'éloigne, on revient l'un vers l'autre, on s'écarte et l'on s'unit.

Et perpendiculairement à cette première ligne dramaturgique, il est une autre narration qui mobilise les personnages : celle des livres, objets théâtraux extrêmement efficaces. Lorsqu'elle est seule, veuve, éplorée, la Marquise a besoin d'un lecteur : elle a employé à cet effet Hortensius qui, on l'a dit, vient de chez Sorel et intervient en épigone de Tartuffe (personnage qu'on ne cesse de remettre en scène et de recycler au

XVIIIe siècle). Il est à la fois pédant-type, directeur de conscience, maître de grammaire, donneur de leçons en philosophie et en littérature, lecteur et répétiteur. Mais il est aussi employé : un rapin sans envergure content de gagner quelque argent, entendant bien rester le plus longtemps possible au service de la Marquise, toutefois incapable de modifier son jugement pour lui donner à entendre d'autres livres que ceux qu'il estime, et suffisamment persuadé de la valeur morale et esthétique des Anciens pour ne faire entendre qu'eux. Sorte de Mentor dégradé qui soutient des leçons de vertu dans son propre intérêt (c'est ainsi qu'il se maintient dans sa charge médiocre), il est *derrière* ses livres. La mise en scène, qui ne peut convoquer toutes ces références, mais qui s'en nourrit, fait qu'il ne quitte jamais « ses » livres, qu'il les porte devant lui, empilés, ce qui le rend aveugle, puis qu'il les dispose devant la maison de la Marquise, sur le praticable, et qu'il les consulte régulièrement. Jusqu'à ce qu'il soit congédié et chassé par les valets, les ouvrages des Anciens trôneront, là, comme un réservoir d'*exempla* qu'Hortensius sait utiliser pour les lectures, la conversation, les argumentations et les disputes. Ces références livresques perdront la partie, mais Hortensius, bien que pauvre Mentor, peut être dangereux lorsqu'il est en furie, quand il se met en état de convoquer les Enfers pour provoquer l'orage de l'acte II (que Bondy, théâtralement, fera gronder). Comme si les Anciens avaient encore un peu de pouvoir : celui de nuire.

En opposition, la bibliothèque moderne – que le Chevalier prête à la Marquise et que Lubin vient livrer – joue la complémentarité, s'invite et séduit. Le Chevalier, décidé à rester, propose de mêler ses livres à ceux de la Marquise (« les mettr[e] tout ensemble », I, 7), la Marquise accepte, enthousiaste, et c'est un premier pas amoureux. Sur le praticable transversal le valet pousse alors la maison de son maître vers le centre du tréteau (et donc vers la maison de la Marquise), maison dans laquelle sont empilés plusieurs cartons de livres. Lubin prend ensuite trois cartons (sur les quatre) pour les apporter à Hortensius qui l'attend à l'avant-scène. Or, si la Marquise et le Chevalier sont séduits par l'idée de mélanger leurs livres et, sans se l'avouer, à terme de se mélanger, Hortensius ne voit dans tout cela, et à bon droit, que du danger. C'est à cet endroit que Luc Bondy intervient pour raconter sa version de l'histoire des livres. Lubin rate une marche et tombe (acte II, scène I : « Ah ! je n'aurais jamais cru que la science fût si pesante »), et, contrairement à ce que propose l'indication scénique de Marivaux (« *Lubin, chargé d'une manne de livres, et s'asseyant dessus* »), le jeu de scène consiste à renforcer la balourdise farcesque du valet par une cabriole et surtout à jouer plastiquement sur le principe de dissémination : dissémination des cartons et des livres sur la scène, brouillage du chemin blanc sur lequel, très exactement, Lubin tombe – ce qui rend la trace confuse et fait que la tache blanche est en extension sur le proscenium –, explosion de la matière littéraire et philosophique moderne qui jaillit sur Hortensius pour s'installer dans un désordre nouveau. Dès lors, face aux ouvrages bien rangés (sur le praticable du fond) du maître de morale et de philosophie prêchant la vertu et pratiquant la catharsis, surgiront, en situation et dans les mains du Chevalier, des livres modernes qui ne purgent pas les passions. Des livres que la Marquise cautionne ou, mieux, dont elle demande qu'on les lui lise au détriment des ouvrages des Anciens. Des livres sur l'amitié, et qui ont de l'esprit.

C'est donc à partir de la fin de l'acte I et durant tout l'acte II, fort orageux, que les deux bibliothèques s'opposent et que les livres ouverts, lus, déployés, fournissent les prétextes et la matière des querelles. C'est autour d'eux, et cela depuis la dissémination sur l'avant-scène de la bibliothèque moderne, que la mise en scène se dispose ; c'est à partir d'eux que la conversation-lecture (quatre chaises pliables et destructibles) s'établit et s'envenime ; c'est sur leur choix et leur contenu que le Chevalier prend la mouche, se met en colère contre Hortensius et finalement se dévoile ; c'est grâce à eux que la Marquise perce à jour le jeu et l'amour du Chevalier et qu'elle peut *littérairement* le manipuler, jouer avec sa souffrance, ses contradictions et ses passions. Comme si ce que disaient les livres modernes répandus sur scène sortait de leurs pages pour s'actualiser dans les gestes, dans les mots et les situations de l'acte II. Comme on l'a dit plus tôt, Marivaux déploie ainsi, en abyme, une réflexion sur la nouvelle esthétique « moderne » en la représentant en action : elle plaît, elle correspond à ses lecteurs, elle est utile à leur vie et à leurs passions. À peine sortie des livres, elle se diffuse alors et s'illustre par son efficacité à traiter directement des véritables questions que se posent les individus (nobles de statut et d'esprit, et sachant lire) : l'amitié, les passions, les sentiments que les jeunes gens ont bien du mal à maîtriser. On comprendra qu'au moment où il perd la partie, Hortensius, dépité, dos au public, pisse sur les trois cartons modernes : lamentable petite vengeance et vulgarité de celui qui, si l'on suit la mise en scène, n'a pas réussi à parvenir – ni même à se maintenir en un petit état de petit lettré.

Cependant, dans la mise en scène de Luc Bondy, cette deuxième histoire, celle des livres, anciens *et* modernes, se termine par leur exclusion du plateau. Au début de l'acte III, les valets, passablement éméchés et heureux de pouvoir être unis, prennent à cœur le travail qu'on leur a confié : chasser Hortensius. Cette scène pouvait, le plus simplement du monde, donner lieu à la répétition classique de l'exclusion du pédant-prédateur, ou à la mise au ban du Tartuffe de médiocre qualité, mais ici elle gêne, comme si les valets, redevenus bestiaux et illettrés comme à leur origine française et italienne, en faisaient trop, se vengeaient de leur inculture ou de leur exclusion d'une culture plus ou moins savante, ancienne *et* moderne, en jetant sauvagement par-dessus bord (hors de l'avant-scène, donc sur les premiers rangs du public) le lecteur, les ouvrages anciens, les livres modernes, qui sont pour eux les marques d'une domination dont il faut s'affranchir. Du fond de scène, de l'étagère-tréteau, les livres anciens sont balancés hors du lieu dramatique, et de l'avant-scène et du chemin maintenant brouillé par leur présence, les livres modernes les rejoignent, violemment lancés par Lisette et Lubin. Pas d'autodafé, mais quand même, une mise à la décharge, un renvoi au public, pour mieux passer à autre chose (au mariage, à la fin de l'intrigue, au monde concret sans passé ni culture ?), en tout cas pour faire table rase.

Si, à l'acte II, lorsqu'il s'est agi de se défaire de l'autorité sans partage des textes anciens, Marivaux a bien inscrit dans son texte que les souffrances disposées dans sa comédie ne sont pas là pour engendrer une quelconque catharsis, de même ici, la mise en scène annonce que la fin de cette intrigue ne se fera pas à coups de références livresques, même modernes, mais que le dénouement sera plus complexe qu'il n'y paraît. Après avoir fait entrer les livres et les avoir (dé)rangés en ordre de bataille, après avoir répandu la science et l'esprit moderne sur toute la scène, après avoir conçu le livre comme le prétexte des querelles et des sentiments, la pièce exclut maintenant le livre, pour en revenir aux deux éléments qui, toujours dans cette comédie, ont présidé à tout : le corps et le désir.

Comment surprendre l'autre ? En ayant un coup, ou plusieurs coups d'avance sur son partenaire (ou son public). On aboutit à la surprise de l'autre en l'ayant conforté, en ayant fait en sorte qu'il ait partagé, avec soi, des conventions, des informations, un langage communs, puis en ayant interrompu cet échange de sens et ce partage par une rupture plus ou moins forte du code commun, puis en ayant posé une sorte d'énigme à même d'être résolue par le partenaire. Surpris par la transgression du code préalablement et réciproquement établi, le partenaire n'a plus qu'à résoudre l'énigme – il en a les moyens –, à triompher du sens qu'il peut alors rétablir, et, simultanément, à revenir dans l'échange tout en montrant, par son rire ou son sourire, par son triomphe sur le sens, qu'il en est ainsi. La surprise, donc, suppose un accord entre partenaires, une rupture infligée à l'un par l'autre, un travail de rétablissement du sens par celui à qui l'on a infligé la transgression (et qui peut être une souffrance), puis un triomphe (d'avoir colmaté la rupture), un contentement (d'avoir triomphé), et la possibilité d'un nouveau partage[3].

Lors du deuxième acte (scènes 7 à 9) quand, on l'a dit, les livres servent de prétexte à la dispute, puis à la révélation de l'amour du Chevalier, ou en tout cas d'une amitié exceptionnelle, le jeu consiste, pour la Marquise, à précéder à chaque fois le Chevalier, lors même qu'il tente d'avoir l'initiative. Or, pour cela, le rôle de la Marquise est systématiquement mis, par le texte de Marivaux et surtout dans la direction d'acteurs de Luc Bondy, en connivence avec le public qui, lui, voit et entend que le jeune homme ne contrôle pas son attitude et, peu à peu, qu'il se laisse emporter par le dépit, la colère, l'effusion, mû par la mise en scène de la Marquise. La veuve, dans le même temps, se sert d'Hortensius : le personnage fonctionne d'abord en harmonie avec la Marquise, puis en harmonie contre le Chevalier, puis relaie les étonnements du Chevalier et du public, enfin figure l'incapacité du Chevalier, et de lui-même, à contrôler les choses. Ainsi, la femme blessée peut commander, à distance, les réactions du Chevalier. Si bien que, peu à peu, le Chevalier, face à l'énigme qu'il éprouve et qui le mène, par la souffrance et la colère, par les passions donc, à révéler aux autres et à lui-même l'extrême amitié qui le lie à la Marquise, est mis en état de surprise, puis d'enivrement une fois cette surprise en partie résolue. Enfin, les spectateurs, dominant pour ainsi dire la connivence avec la Marquise au nom du fait qu'ils sont de connivence encore plus complète avec l'ensemble du spectacle (et, directement, sans l'intermédiaire d'un père ou d'un frère comme plus tard dans *Le Jeu de l'amour et du hasard*), eux, jouissent de toutes les surprises, en particulier des leurs, à observer

3. On pourra évidemment consulter, sur tout cela, Sigmund Freud, *Le Mot d'esprit et ses rapports avec l'inconscient* (1905).

chaque rôle jouer chacun sa partie. À ceci près que la Marquise *sait et ne sait pas* où ce jeu la mène. Elle ne veut pas aimer mais ne veut pas être refusée, imagine que le Chevalier l'aime et ne veut pas l'admettre, se cantonne à l'amitié alors qu'elle endure de la jalousie, du dépit etc. Celle qui entend guider les choses n'a pas toute la maîtrise de la situation parce qu'elle n'a pas la maîtrise d'elle-même : en même temps qu'elle surprend, elle se surprend.

Et lorsqu'on en arrive à se surprendre soi, c'est que quelque chose de soi est en avance sur soi-même. C'est qu'il y a scission de soi puisque le code qui régit l'individu et que les sens qui en dérivent ne sont plus pleinement maîtrisés par l'individu lui-même. C'est que quelque chose échappe, avertit, prévient ou préfigure, émet des signes avant que soi-même, et parfois que d'autres, ne se rendent compte de cette présence signifiante. C'est que des signes venus du corps, du langage, du rapport de l'individu aux circonstances, se disent avant qu'une parole, plus ou moins raisonnable, n'intervienne pour formaliser ces signes en discours. Si surprendre c'est avoir un coup d'avance sur l'autre, c'est mettre l'autre en état de se séparer de soi, puis de revenir vers soi en ayant franchi l'obstacle qu'on lui propose, se surprendre, c'est laisser échapper des signes avant d'en prendre conscience, s'apercevoir que des signes inconscients se montrent avant que le conscient ne les formule, autrement dit, s'apercevoir que le désir a un coup d'avance sur soi-même. Nous voici maintenant pris par la troisième histoire que raconte la dramaturgie relue, scéniquement figurée par Luc Bondy et incarnée par les acteurs : l'histoire d'une désynchronisation des corps, d'un décalage temporel et plastique entre ce que font les corps, mus par le désir, et ce que savent les habitants des corps, mus par leurs sentiments conscients, et ce qu'il leur reste de raison.

Lubin, le valet benêt qui termine la comédie en admonestant tout le monde, alors que tous sont encore dans l'affliction, fait sa première entrée en sachant conduire son rôle, à l'acte I. Il sillonne le plateau à vélo, prêt à partir, résigné à suivre les injonctions de son maître, respectueux de ses décisions, anticipant ce qu'il croit être ses désirs. Il saura aussi abandonner ses valises, son vélo et les dispositions qu'il n'a pas décidées pour aller là où on lui dit d'aller et où, finalement, il trouvera son intérêt. C'est à la toute fin qu'il déclare qu'il est bon de tout accepter, des conventions sociales aux conventions du genre, et rien ne dit qu'il a de l'avance ou du retard sur lui-même : son désir typique et conventionnel est synchrone avec le corps et l'esprit dont son rôle le pourvoit, il suit les événements, comme il suit son maître et Lisette.

Lisette tâche de (se) maîtriser et de tout maîtriser, c'est, en principe, sa fonction. Elle doit imaginer la dynamique de l'intrigue, devancer les désirs de sa maîtresse, faire son bonheur, traverser la scène sans hésiter sur ses talons hauts, choisir le blanc ou le noir en fonction du rôle qu'elle veut tenir en retournant sa veste, repousser Lubin en l'encourageant, bref, jouer la servante de comédie. Mais à l'acte II, lorsque tout semble échouer, et que la Marquise la convoque pour lui reprocher le rôle, pourtant codé, qu'elle vient de jouer, elle tombe à la renverse dans un carton de livres modernes, incapable de bouger, ou de poursuivre la dynamique dont son emploi est responsable. Et si, comme on l'a vu, elle sait se débarrasser du carton au début de l'acte III, jamais elle ne reprendra l'initiative ni ne comprendra cette histoire (« Mais qu'est-ce donc que cette aventure-là ? Elle ne ressemble à rien. [...] Votre situation, je la regarde comme une énigme » [III, 12] ; « Ah ! je commence à comprendre : le Comte s'en va, le notaire reste, et vous vous mariez » [III, scènes 17 et dernière]). La chute de Lisette dans le carton de livres a signalé sa chute comme personnage d'intrigante, sa défaite en terme de dynamisme, au point qu'elle laisse le dernier mot de la pièce et de son futur à Lubin (« Et nous aussi, et il faudra que votre contrat fasse la fondation du nôtre : n'est-ce pas Lisette ? Allons, de la joie ! » [III, 17, derniers mots du texte]).

Mais ce sont les deux personnages principaux qui, littéralement, se surprennent, et dont le corps laisse transparaître leurs passions. Pas le Comte : la volonté du Comte, bien conventionnelle puisqu'il s'agit d'épouser une jeune veuve, échoue malgré un dernier calcul, et cet échec renvoie le personnage sur le chemin blanc et sablonneux qui le mène en coulisse : rien ne montre que le Comte est dépassé par lui-même. Le Comte est un rival typique, un pion possible, utilisable, un éconduit sans véritable désir, sans profondeur abyssale. En revanche, le traitement que la mise en scène fait de la Marquise et du Chevalier joue systématiquement sur la surprise que l'intrusion du désir produit sur le caractère et l'action des deux amants.

Sur le devant de la scène, principalement, là où les chemins tracés se brouillent et s'effacent, ou ne mènent plus à rien, le corps de la Veuve et celui du Chevalier révèlent ce que les mots ne peuvent dire. D'ailleurs, tout le monde le voit : « Hortensius. – L'histoire raconte qu'il s'est d'abord écrié dans sa surprise, et qu'ensuite il a refusé la chose » (II, 4). À partir des indications du texte (rougeur pour l'une, agitation sur sa chaise pour l'autre, lenteur de la marche, arrêt brusque, faux rire, air agité), Luc Bondy et surtout Clotilde Hesme (la Marquise) et Micha Lescot (le Chevalier) construisent des corps en avance sur les discours et sur la verbalisation des émotions, des corps qui sont trahis par l'irruption du désir, par la force du désir qui les entraîne à avouer ce que les personnages ne pensent pas encore, ou n'éprouvent pas encore. C'est brusquement et sans maîtrise de soi que le Chevalier donne un coup pied dans une chaise et la détruit, et c'est consciemment qu'il la répare.

Le désir a au moins un coup d'avance sur l'individu et c'est en cela qu'il surprend tout le monde, par cette irruption même et par la force de cette irruption. Dire, à part, « je me meurs » dans une comédie, comme ici à l'acte III, scène 9, est bien autre chose que de le dire dans une tragédie, ou dans un drame larmoyant, parce que cela sort de la convention, parce que la chose, subitement, apparaît comme vraie, possible, parce que le corps du Chevalier s'affale sur la scène et que les mouvements du Chevalier ne cessent d'être striés par son désir, plus encore que ceux de la Marquise.

Par cette irruption, les personnages, comme le déclare Luc Bondy dans une interview filmée pour l'occasion, « savent avant de savoir, ou après avoir appris, ou su », c'est pourquoi ils « pré-vivent avant de vivre, construisent virtuellement avant que ça arrive »[4]. Si bien que « la conscience est exprimée par le corps » puisque « le corps est réceptif à l'inconscient : on voit ça dans le mouvement ». Ainsi, dans le même temps que la Marquise est absolument perdue et qu'elle le déclare (« Où suis-je ? » ; « Qu'est-ce qui m'arrive ? » ; « Ah !, je ne sais où j'en suis, respirons, d'où vient que je soupire ? Les larmes me coulent des yeux, je me sens saisie de la tristesse la plus profonde, et je ne sais pourquoi » ; « mais où ai-je donc été chercher tout cela ? » [III, 11] ; « Mais qu'est-ce que c'est que cet état-là ? »), son corps la mène vers le Chevalier sans que, pour autant, l'affliction de l'un et de l'autre disparaisse au profit d'un état de bonheur visiblement impossible à atteindre. Les corps parlent avant les personnages, se cherchent, mais ne peuvent s'atteindre : l'autre personnage et l'autre de soi-même sont toujours ailleurs, toujours dans

4. Dossier de présentation sur le site des Amandiers, saison 2007 : <www.nanterre-amandiers.com>.

le décalage, incapables de jouer dans la réciprocité, au point que, si dans le lointain les maisons se sont rejointes et ont pénétré l'une dans l'autre, ni les corps ni les âmes de la Marquise et du Chevalier ne sont parvenus à rejoindre leur désir et à, réciproquement, s'accorder.

Ce que raconte ainsi cette troisième histoire, qui n'est plus celle de deux maisons qui se rejoignent, ni celle de livres qui nourrissent les conduites, les querelles et les réflexions, puis que l'on rejette, c'est que, plus que toute autre histoire, cette pièce affirme que le désir sait à tout moment montrer sa force à travers son irruption dans les corps.

Elle raconte encore que ce désir qu'on ne peut réprimer cause autant de plaisir que de souffrance, mais que le désir ne peut être atteint, même au théâtre, même lorsque le valet demande qu'on se réjouisse, même lorsque Marivaux, en bon catholique, veut que les jeunes gens nobles se marient et, qu'après les guerres, les humains vivent en paix.

Face à la construction raisonnable et à la joie conventionnelle[5] que Lubin convoque *in extremis*, Bondy rappelle que le théâtre fait semblant : que la comédie feint le bonheur final pour mieux terminer la pièce et qu'il faut bien acquiescer à cet état des choses lors même qu'on sait que l'infinitude du désir ne sera jamais soluble ni dans l'illusion théâtrale, ni dans les *happy ends* frelatés.

Le Chevalier reste seul, abattu, assis sur le proscenium, la Marquise le regarde, de loin, dans l'encadrement blanc de la fiction/de l'affliction. Jusqu'au bout, la scène est restée froide et sombre. Jusqu'à ce que le bleu du plateau s'éteigne et que la salle s'aperçoive qu'elle avait été peu à peu éclairée. Ultime surprise donc, de voir l'autre, à côté de soi, tous les autres spectateurs, de s'apercevoir qu'ils sont là alors qu'on les voyait déjà, de prendre conscience de leur corps et de sa présence à soi, un parmi plusieurs. Ultime plaisir de se demander ce qu'il en est de nos propres feintes, de notre propre désir, avant d'applaudir.

5. Arlequin demande la même chose à Lisette, dans *Le Jeu de l'amour et du hasard*, ce à quoi Lisette répond qu'il n'y a que lui qui y gagne (acte III, scène dernière).

2. Dramaturgies

Dramaturgies internes et manipulations implicites dans *La Surprise de l'amour*, *La Seconde Surprise de l'amour* et *Le Jeu de l'amour et du hasard*

Christophe Martin
Université Paris-Ouest

Une des caractéristiques de la dramaturgie marivaudienne est, on le sait, de fonctionner sur un « double registre », selon la formule célèbre de Jean Rousset : d'un côté, « la cécité des cœurs épris sans le savoir », de l'autre, « la clairvoyance démasquante et traductrice des personnages spectateurs et leur vision anticipatrice », fonction dévolue à certains personnages qui gravitent autour des couples à constituer : « c'est aux personnages latéraux que sera réservée la faculté de "voir", de regarder les héros vivre la vie confuse de leur cœur. Ils ausculteront et commenteront leurs gestes et leurs paroles, ils interviendront pour hâter ou retarder leur marche, faire le point d'une situation toujours incertaine, interpréter des propos équivoques. Ce sont les personnages témoins, [...] délégués indirects du dramaturge dans la pièce. De l'auteur, ils détiennent quelques-uns des pouvoirs : l'intelligence des mobiles secrets, la double vue anticipatrice, l'aptitude à promouvoir l'action et à régir la mise en scène des stratagèmes et comédies insérés dans la comédie »[1]. Si le principe de cette bipartition du personnel dramatique des comédies de Marivaux est assez net (encore que certains personnages puissent passer d'une catégorie à l'autre, comme la Silvia du *Jeu*, qui rejoint le groupe des observateurs et des meneurs de jeu à partir de l'acte III), si sa pertinence pour caractériser globalement le fonctionnement de la dramaturgie marivaudienne ne fait guère de doute, il semble qu'on ne se soit pas suffisamment interrogé sur les variations et la portée exacte

1. Jean Rousset, « Marivaux ou la structure du double registre », dans *Forme et signification. Essai sur les structures littéraires, de Corneille à Claudel*, Paris, José Corti, 1962, p. 54.

de ce phénomène certes structurant, mais qui connaît des modalités très diverses selon les pièces[2].

S'intéresser à ces délégations dramaturgiques dans les deux *Surprises de l'amour* et dans *Le Jeu de l'amour et du hasard* peut sembler paradoxal : ces trois comédies n'offrent pas d'exemples aussi spectaculaires de dramaturgies internes que *La Double Inconstance*, *Le Triomphe de l'amour*, *Les Fausses Confidences*, *L'Épreuve*, *Les Acteurs de bonne foi*, ou encore *La Dispute*[3]. Nul personnage ne saurait *a priori* rivaliser ici avec Flaminia, Phocion, Dubois, Lucidor, Merlin ou le Prince, ces virtuoses de la prévision, relais du dramaturge à l'intérieur même de sa comédie, cumulant les pouvoirs d'organiser l'intrigue, distribuer les rôles et diriger les actions et les sentiments des autres personnages. Aucune des trois comédies du corpus ne propose à l'admiration du spectateur un personnage affirmant d'emblée une aptitude universelle à gouverner les cœurs et surmonter tous les obstacles. De manière significative, les « personnages latéraux » n'y opèrent d'ailleurs pas dans une glorieuse solitude, mais en couples : Colombine assistée d'Arlequin dans la première *Surprise* (auxquels il faut joindre le personnage du Baron, maître du pronostic) ; Lisette assistée de Lubin dans *La Seconde Surprise* ; Monsieur Orgon assisté de Mario dans le *Jeu*. On remarquera aussi que ces ministres du cœur n'ont pas toujours la partie belle : certaines manœuvres de Lisette et surtout de Lubin dans la *Surprise* semblent si maladroites qu'on peut hésiter à les placer dans la même catégorie que ces virtuoses de l'intrigue, héritiers directs des « meneurs de jeu » de la comédie italienne, que sont Dubois dans *Les Fausses Confidences* ou Flaminia dans *La Double Inconstance*[4].

2. Dans une étude ultérieure, Jean Rousset a souligné l'intérêt qu'il y aurait à prendre en compte la diversité des applications de ce modèle dans le corpus marivaudien : « il serait passionnant d'observer comment Marivaux combine, diversifie, superpose ou dédouble les relations qu'il institue entre ses maîtres d'œuvres et leurs administrés, victimes ou bénéficiaires de leurs manœuvres » (« Une dramaturge dans la comédie : la Flaminia de *La Double Inconstance* », *Rivista di Letterature moderne e comparate*, vol. XLI, fasc. 2, 1988, p. 128).

3. Sur le rôle de Dubois, voir notamment René Démoris, *« Les Fausses Confidences » de Marivaux. L'être et le paraître*, Paris, Belin, coll. « Lectures de… », 1987, p. 39-45. Sur le problème de la dramaturgie interne dans *La Dispute*, voir notre étude : « "Voir la nature en elle-même". Le dispositif expérimental dans *La Dispute* de Marivaux », *Coulisses*, revue de théâtre de l'université de Franche-Comté, n° 34, octobre 2006, p. 139-152.

4. Ce n'est évidemment pas un hasard si c'est dans la seule comédie du corpus destinée au Théâtre-Français que les manœuvres des valets font aussi pâle figure.

L'examen de ce que l'on peut appeler, à la suite de Jean Rousset, la « fonction Scapin »[5] dans les trois pièces du corpus ne manque pourtant pas d'intérêt. C'est d'abord l'occasion d'observer la diversité des figures marivaudiennes de meneurs de jeu : comme l'attestent le Baron de la première *Surprise* et surtout Monsieur Orgon dans le *Jeu*, ils n'appartiennent pas tous à la classe des valets et des soubrettes, alors qu'ils sont pourtant les héritiers des maîtres fourbes de la tradition italienne. Cette diversification « sociale » s'accompagne d'un renouvellement très profond de la « fonction Scapin » elle-même : contrairement à la tradition italienne et moliéresque (prolongée plus tard par Beaumarchais avec le Figaro du *Barbier de Séville*), cette fonction dramaturgique a pour objet, chez Marivaux, de produire le sentiment amoureux ou du moins d'en faciliter l'aveu, et non de le préserver d'une menace extérieure. Mais les trois pièces du corpus permettent surtout de mesurer l'extension du phénomène de délégation dramaturgique dans le théâtre de Marivaux, sous des formes d'autant plus remarquables qu'elles sont plus discrètes, ou plus ambiguës.

De cette ambiguïté témoignent en particulier les divergences d'interprétation que suscite l'action des meneurs de jeu dans les trois comédies. Ainsi de *La Seconde Surprise de l'amour* : alors que certains soulignent l'habileté de Lisette à manier le pour et le contre[6], d'autres voient au contraire dans cette comédie un contre-exemple à la structure du double registre dégagée par Jean Rousset : « dans *La Seconde Surprise*, qui présente [...] deux amoureux parfaitement aveugles, on ne trouve pas de spectateurs supérieurs. Le Comte, qui veut profiter du malentendu entre les amoureux, n'est pas un spectateur, il est impliqué dans le jeu ; il aime la Marquise, et Lisette, qui prend son parti, est une mauvaise spectatrice, puisqu'elle se trompe sur les sentiments de sa maîtresse »[7]. De même, là où certains saluent, dans *La Surprise de l'amour*, « la pièce qui inaugure la "structure du double registre" »[8], insistant sur le regard « visionnaire » du Baron, ainsi que sur l'œil perçant d'Arlequin et surtout

5. J. Rousset, « Une dramaturge dans la comédie », art. cit., p. 121.

6. « Lisette utilise le pour et le contre en virtuose, sûre d'atteindre, d'une façon ou d'une autre, un point sensible chez sa maîtresse » (Marivaux, *Théâtre complet*, éd. H. Coulet et M. Gilot, Paris, Gallimard, coll. « Bibliothèque de la Pléiade », t. I, 1993, p. 1024).

7. Han Verhoeff, *Marivaux ou le Dialogue avec la femme. Une psycholecture de ses comédies et de ses journaux*, Orléans, Paradigme, 1994, p. 15.

8. Christelle Bahier-Porte, « "Cette éternelle surprise de l'amour" : aux origines du marivaudage », *Coulisses*, n° 34, octobre 2006, p. 125.

de Colombine qui traquent les moindres signes d'un amour naissant et multiplient les stratagèmes pour pousser Lélio et la Comtesse à l'aveu[9], d'autres estiment que leur action propre ne consiste qu'à « donner l'occasion de parole nécessaire », et qu'« il n'est pas sûr qu'elle accélère le mouvement vers l'aveu »[10] ; d'autres encore vont jusqu'à ignorer les manœuvres de Colombine et d'Arlequin en attribuant la fonction de ministre du cœur au seul Baron, dont le fameux cercle tracé autour des deux jeunes gens serait en somme la préfiguration symbolique d'une entreprise de manipulation des cœurs réalisée seulement dans la comédie suivante de Marivaux, *La Double Inconstance*[11].

Mais c'est à propos du *Jeu* que les différences d'appréciation sont les plus sensibles : soit on y voit la mise en œuvre d'une machination, le stratagème d'un père qui certes, n'a ni la curiosité ni la perversité du Prince de *La Dispute*, mais se révèle néanmoins voyeur et manipulateur, ne laissant à Silvia et Dorante qu'une illusion de liberté et qui, sous des apparences débonnaires, contrôle en réalité la situation du début à la fin[12]. Soit on souligne, à l'inverse, que la double idée de déguisement ne lui revient pas en propre, et que son rôle (ainsi que celui de Mario) se limite à celui d'une conscience spectatrice, le père et le fils se bornant à jouir d'un spectacle plaisant dont le hasard reste le maître[13].

9. Outre les remarques de Christelle Bahier-Porte, voir les commentaires de Françoise Rubellin dans sa préface à *La Seconde Surprise de l'amour* (Paris, Librairie générale française, coll. « Le Livre de poche classique », 1991, p. 14-15), ainsi que ceux de Sylvie Dervaux-Bourdon (*Arlequin poli par l'amour. La Surprise de l'amour*, Paris, Gallimard, coll. « La Bibliothèque Gallimard », 2005, p. 168-170 et 242-245).

10. R. Démoris, *« Les Fausses Confidence » de Marivaux*, *op. cit.*, p. 33.

11. « Cette surprise, simplement prédite et allégorisée par le tracé d'un cercle dans la pièce de 1722, devient, dans *La Double Inconstance* le fruit d'une manipulation concertée, d'un programme de conversion sentimentale : le cercle du baron s'est incarné en personnages, intrigues, masques » (Jean Goldzink, *Comique et comédie au siècle des Lumières*, Paris, L'Harmattan, 2000, p. 305).

12. C'est notamment la lecture de Patrice Pavis : « L'aventure des enfants n'est qu'un leurre, un stratagème consenti par les pères pour rassurer les enfants en assurant leur avenir » (*Marivaux à l'épreuve de la scène*, Paris, Publications de la Sorbonne, 1986, p. 250). Pour René Démoris, « le père reste, sans être initiateur de l'intrigue, pleinement maître du jeu et peut interrompre à son gré la comédie. Il est dans la position du maître fourbe, volant leur rôle aux domestiques qui se croient complices et sont eux aussi des dupes » (« Le père en jeu chez Marivaux », *Op. cit.*, n° 7, 1996, p. 129).

13. Selon Jean Goldzink, « Ni M. Orgon, ni Mario ne peuvent évidemment prétendre, dans le *Jeu*, à une si magistrale manipulation des cœurs » que celle réalisée par Flaminia dans *La Double Inconstance* (*Comique et comédie au siècle des Lumières*, *op. cit.*, p. 246). Han Verhoeff, qui, curieusement, n'évoque pas le rôle de Monsieur Orgon, estime que

L'examen de cette fonction Scapin dans les deux *Surprises* et dans le *Jeu* invite donc, on le voit, à s'interroger sur les limites et l'extension de cette action des meneurs de jeu. Depuis *Arlequin poli par l'amour*, l'une des questions récurrentes que posent les pièces de Marivaux est la suivante : peut-on provoquer le sentiment amoureux ? Les « personnages latéraux » sont-ils dotés de ce pouvoir ou contribuent-ils tout au plus à faciliter sa prise de conscience et son aveu ? Se bornent-ils à « s'affairer autour des amoureux »[14], à les observer et à les faire parler, ou bien leur action relève-t-elle de la manipulation, entendue comme « action de l'homme sur d'autres hommes visant à leur faire exécuter un programme donné »[15] ? Une telle ambiguïté vient peut-être avant tout de ce que, si ostensiblement affiché soit-il, le phénomène de délégation dramaturgique n'est pas nettement délimité dans le théâtre de Marivaux, qui se plaît à entretenir le plus grand flou sur la nature, l'étendue exacte et surtout l'efficacité de l'intervention des meneurs de jeu sur le spectacle qui se déroule sur scène.

De ce point de vue, il conviendrait de situer les comédies de Marivaux dans le contexte plus général de certaines fictions du XVIIIe siècle qui reposent, au moins partiellement, sur le principe d'une manipulation implicite[16]. Mais c'est bien dans les comédies de Marivaux que ce

« malgré sa lucidité ironique, le rôle de Mario est secondaire, puisque ce sont les amoureux qui font le travail eux-mêmes ; il doit être informé par Silvia de l'aveu de Dorante et son incompréhension, jouée ou non, ne fait que souligner son retard » (*Marivaux ou le Dialogue avec la femme*, *op. cit.*, p. 15).

14. *Ibid.*, p. 14.

15. Joseph Courtès, *Sémiotique. Dictionnaire raisonné de la théorie du langage*, Paris, Hachette, 1979, p. 220. On notera que la position de Jean Rousset semble avoir évolué sur ce point. Alors que dans son étude sur « La structure du double registre », il réduisait « la part d'action » permise aux personnages témoins à celle de « faire parler » (« sur quoi, ils regagnent leur passivité spectatrice, pour suivre les cheminements imperceptibles de l'amour vers l'aveu, vers la clarté » [p. 64]), il souligne, dans son étude consacrée à la figure de Flaminia, la dimension proprement manipulatrice de l'action que les maîtres d'œuvre exercent sur leurs administrés.

16. On songera par exemple à certaines séquences du *Gil Blas* de Lesage (voir en particulier la supercherie de Valladolid à la fin du livre I). De manière sans doute plus inattendue, ce mode est également présent chez Rousseau, avec l'épisode du pèlerinage de Saint-Preux et Julie à Meillerie au livre IV de *La Nouvelles Héloïse*, probable expérimentation thérapeutique de Wolmar, que rien n'indique pourtant explicitement comme telle (voir notre étude : « "Les monuments des anciennes amours". Lieux de mémoire et art de l'oubli dans *La Nouvelle Héloïse* », *Eidôlon*, n° 72, « Le temps de la mémoire. Le flux, la rupture, l'empreinte », dir. D. Bohler, 2006, p. 333-347). On songera aussi à la célèbre séquence du canard aimanté dans l'*Émile* et à la note dans laquelle Rousseau ironise sur l'incompréhension

procédé trouve son plein accomplissement, notamment dans *La Double Inconstance* ou *La Dispute*, qu'on pourrait décrire l'une et l'autre comme des « architectures mobiles de mensonges » selon la suggestive formule de M. Gilot et H. Coulet[17]. Que Marivaux n'éprouve nullement le besoin d'expliciter tous les ressorts des manœuvres qu'il met en scène, c'est ce qu'attestent aussi, de façon sans doute plus discrète, les deux *Surprises de l'amour.*

Dans la comédie de 1722, Marivaux a certes confié à Flaminia un rôle inattendu de seconde amoureuse (Colombine)[18], mais tout se passe comme s'il avait compensé ce renversement dans la hiérarchie des emplois par l'attribution à la seconde amoureuse d'un rôle déterminant dans la conduite de l'intrigue. Non seulement, Colombine apparaît dans un plus grand nombre de scènes que la Comtesse, mais c'est elle qui mène l'action, comme le souligne sa quasi omniprésence à partir de l'acte II. Contrairement, toutefois, à la Flaminia de *La Double Inconstance* (qu'elle préfigure pourtant à bien des égards comme en témoigne en particulier l'analogie de leurs apartés pour évoquer l'attrait que le « petit » Arlequin exerce sur elles[19]), Colombine ne proclame nulle part une aptitude universelle à gouverner les cœurs et maîtriser les désirs. Elle se présente certes à Arlequin, dès la scène 6 de l'acte I, comme « un espiègle », autrement dit, une experte en tromperies ingénieuses[20], mais la formule est discrète et pourrait ne désigner qu'un goût prononcé pour les « agaceries ». Ce qui frappe dans le personnage

de Formey : « Le spirituel M. Formey n'a pu supposer que cette petite scène était arrangée, et que le bateleur était instruit du rôle qu'il avait à faire; car c'est en effet ce que je n'ai point dit. Mais combien de fois, en revanche, ai-je déclaré que je n'écrivais point pour les gens à qui il fallait tout dire ! » (*Émile*, dans *Œuvres complètes*, éd. dirigée par B. Gagnebin et M. Raymond, Paris, Gallimard, coll. « Bibliothèque de la Pléiade », t. IV, 1969, p. 1420).

17. *Marivaux. Un humanisme expérimental*, Paris, Larousse, 1973, p. 145.

18. Il confie à Silvia celui de première amoureuse (la Comtesse) alors que, dans la troupe de Lélio, elle avait par convention le rôle de seconde amoureuse. Voir ici même p. 25.

19. « Tout en badinant cependant, me voilà dans la fantaisie d'être aimée de ce petit corps-là » (S1, II, 3). « En vérité, je ne sais, mais si ce petit homme venait à m'aimer, j'en profiterais de bon cœur » ; « En vérité, le Prince a raison, ces petites personnes-là font l'amour d'une manière à ne pouvoir y résister » (*La Double Inconstance*, II, 5 et III, 7).

20. « Et comment te tireras-tu d'affaire avec moi ? Je suis un espiègle, et j'ai envie de te rendre un peu misérable de ma façon » (S1, I, 6). Le mot *espiègle*, entré dans la langue française au XVIe siècle, dérive du nom d'un personnage bouffon, Till Eulenspiegel, héros éponyme d'un roman allemand, expert en ruses de toute sorte.

est son étonnante plasticité : d'abord virulente contre les hommes, elle paraît tour à tour conciliatrice et enjôleuse, ironique et maternelle, séductrice et moraliste... Alors qu'en 1723, Marivaux choisira d'afficher d'emblée le phénomène de délégation dramaturgique (tout en masquant le fait que Flaminia a déjà « mûri et mis en place l'essentiel de son projet avant que la pièce commence »[21]), la « fonction Scapin » assumée par Colombine ne se dessine que peu à peu dans la *Surprise*.

Ainsi, alors que l'un des attributs des maîtres d'œuvre marivaudiens est de pouvoir annoncer avec assurance ce qui doit échapper à la prévision, c'est-à-dire le dénouement[22], Colombine ne prédit d'abord à Lélio qu'une issue tragi-comique à son hostilité proclamée pour la gent féminine : « Allez, Monsieur, tous les renégats font mauvaise fin, vous viendrez quelque jour crier miséricorde, et ramper aux pieds de vos maîtres, et ils vous écraseront comme un serpent » (S1, I, 7). Mais, un peu plus loin dans la scène, s'opère un renversement de situation : alors que Colombine semblait faire cause commune avec la Comtesse contre Lélio et Arlequin, elle finit par exclure la Comtesse de sa position revendiquée de spectatrice pour se l'attribuer à elle seule :

> Lélio. – [...] S'il n'y a que la comédie dont vous parlez qui puisse vous réjouir, en ma conscience, vous ne rirez de votre vie.
> Colombine. – En ma conscience, vous me la donnez tous les deux, la comédie. (S1, I, 7)

Autrement dit, dès la fin de la scène, Colombine constitue Lélio et la Comtesse en paire sinon en couple. Mais elle se borne alors à annoncer son intention de « convertir » Arlequin, s'en remettant au Ciel pour le sort des deux héros ; non sans escompter un spectacle « curieux » : celui de voir Lélio et la Comtesse « chanter la palinodie »... Si Marivaux lui attribue un peu plus tard, dans la dernière scène du premier acte, un aparté qui révèle sa certitude du dénouement à venir (« je vois bien qu'ils nous apprêteront à rire » [S1, I, 9]), il faut attendre la fin de l'acte II pour qu'elle s'autorise ouvertement un pronostic sur l'issue de la comédie qui se joue devant elle :

21. J. Rousset, « Une dramaturge dans la comédie », art. cit., p. 123.

22. Ainsi de Flaminia : « Seigneur, vous pouvez en toute sûreté ordonner les apprêts de votre mariage, vous arranger pour cela ; je vous garantis aimé, je vous garantis marié, Silvia va vous donner son cœur, ensuite sa main ; je l'entends d'ici vous dire : je vous aime, je vois vos noces, elles se font, Arlequin m'épouse, vous nous honorez de vos bienfaits, et voilà qui est fini » (*La Double Inconstance*, I, 6).

> La Comtesse. – […] Je voudrais bien vous demander sur quoi vous avez compris que j'aime Monsieur, à qui vous l'avez dit.
> Colombine. – Je vous jure que je l'ai cru comme je l'ai dit, et je l'ai dit pour le bien de la chose ; c'était pour abréger votre chemin à l'un et à l'autre, car vous y viendrez tous deux. Cela ira là, et si la chose arrive, je n'aurai fait aucun mal. (S1, II, 8)[23]

Mais tout se passe comme si les fonctions de prévision du dénouement et d'organisation de l'intrigue, qui se trouveront réunies en la seule Flaminia dans *La Double Inconstance*, avaient d'abord été conçues comme disjointes. Car c'est au Baron, cet « homme à pronostic », que sont réservés la parole oraculaire et le pouvoir d'annoncer l'avenir (« Ah le beau duo ! Vous ne savez pas encore combien il est tendre » [S1, I, 8]). Mais entre le Baron et Colombine, la complicité objective est évidente, et il n'est assurément pas innocent que la suivante ait « écouté un peu la conversation » qu'il a eue avec Lélio et la Comtesse, comme le révèle une didascalie sur laquelle nous reviendrons (S1, I, 9).

Partiellement masquée par cette disjonction, la fonction dramaturgique de Colombine est déterminante dans l'intrigue de la première *Surprise*. Elle ne se contente pas de s'arroger la maîtrise du dialogue par son maniement virtuose de l'ironie et du discours sentencieux, de la fausse confidence et du parler-vrai, de l'effronterie et de la séduction. Tout en ne dévoilant que le projet de guérir Arlequin de sa folie (S1, II, 4), elle vise aussi manifestement à « convertir » Lélio et sa maîtresse. Moyen de servir son intérêt propre, comme elle l'indique à Arlequin pour l'inciter à lui venir en aide dans son entreprise (« Écoute, nous avons intérêt de hâter l'amour de nos maîtres, il faut qu'ils se marient ensemble » [S1, III, 1]). Mais l'énergie déployée par la suivante et sa volte-face de la scène 7 du premier acte suggèrent un enjeu plus profond, comme s'il s'agissait, au fond, d'éviter une guerre des sexes dont la conséquence ultime ne serait rien de moins que l'extinction du genre humain[24].

La stratégie qu'elle développe détermine en tout cas l'unité des actes II et III. Le deuxième acte est consacré à un effort de persuasion : il s'agit pour l'essentiel de convaincre chacun des deux héros qu'il a

23. L'acte II s'achève sur un nouvel aparté à valeur annonciatrice de Colombine : « Oh, notre amour se fait grand ! il parlera bientôt bon français » (S1, II, 8).

24. « Le joli commerce ! on n'a qu'à vous en croire, les hommes tireront à l'orient, les femmes à l'occident, cela fera de belles productions, et nos petits-neveux auront bon air. Eh morbleu, pourquoi prêcher la fin du monde ? Cela coupe la gorge à tout » (S1, I, 7).

rendu l'autre sensible. Dans le troisième acte (S1, III, 2 et 4), la suivante s'efforce au contraire d'ébranler cette certitude (prêchant le faux pour faire jaillir le vrai), afin d'éviter toute fixation sur une position trop gratifiante pour l'amour-propre. De ce dernier acte, Colombine est la grande ordonnatrice : elle prépare l'action (« Quand tu rendras la boîte à la Comtesse, ne manque pas de lui dire pourquoi ton maître en garde le portrait » [S1, III, 1]) ; organise les mouvements des personnages (« retire-toi et reviens dans un moment » [S1, III, 1] ; « je vais chercher l'autre » [S1, III, 4]) ; et donne même des directions de jeu (« Ah ! vous voilà dans le ton : songez à dire toujours de même, entendez-vous, monsieur de l'ermitage ? » [S1, III, 4]). Bref, Colombine « n'oubli[e] rien pour conduire [Lélio et la Comtesse] à s'avouer qu'ils s'aiment » (S1, III, 1), pas même les discours les plus équivoques ou les plus cruels, comme en témoignent le dépit de la Comtesse (« Cette fille-là n'a jamais eu d'esprit que contre moi » [S1, III, 2]) et surtout l'éloquente image de la torture infligée à Lélio :

> LÉLIO. – Que signifie cela ?
> COLOMBINE. – Rien, sinon que je vous ai donné la question, et que vous avez jasé dans vos souffrances. (S1, III, 4)

Tout ceci, pourrait-on dire, n'est que la face visible de la stratégie de Colombine. Marivaux semble s'être plu à disséminer dans la comédie quelques indices suggérant une face cachée, ou du moins à peine perceptible de son action. La didascalie qui ouvre la scène 9 de l'acte I (« Colombine, *qui a écouté un peu leur conversation* ») est particulièrement suggestive de ce point de vue. L'usage voudrait que l'indication scénique figure plutôt au début ou au cours de la scène 8. On s'étonne aussi de l'étrange imprécision concernant la durée de cette écoute clandestine. Faut-il envisager une « rédaction hâtive »[25] ? On est d'autant plus enclin à en douter que le phénomène (on le verra) se reproduit presque à l'identique dans *La Seconde Surprise* (I, 10). L'indication scénique semble surtout avoir pour fonction d'entretenir un certain flou autour de la présence de Colombine et d'instiller le doute dans l'esprit du spectateur quant à l'étendue exacte de son action. Ainsi alerté, ce dernier peut être sensible à d'autres détails troublants. Lors de la grande dispute avec la Comtesse (S1, III, 2) autour de l'interprétation

25. C'est l'hypothèse avancée par Henri Coulet et Michel Gilot dans leur édition (*Théâtre complet*, éd. cit., t. I, p. 834).

qu'il convient de donner à l'aveu de Lélio (« je vous avouerai même dans le moment où je suis, que cette conviction m'est absolument nécessaire » [S1, II, 8]), Colombine se garde de corriger l'erreur de sa maîtresse, apparemment persuadée que sa suivante n'a pas assisté à la scène[26]. Plutôt que d'envisager à nouveau une rédaction hâtive, mieux vaut sans doute considérer que l'erreur de la Comtesse renvoie à son aveuglement complet quant au rôle joué par la suivante dans ses relations avec Lélio (aveuglement dont rien ne laisse supposer qu'il se dissipe à la fin de la comédie).

Le rôle de Colombine devient d'autant plus flou pour le spectateur lui-même qu'un certain nombre de scènes clefs la concernant se déroulent hors scène. Ainsi en va-t-il, à l'acte II, de sa révélation à la Comtesse de l'amour supposé de Lélio ; scène qu'on peut situer par déduction, autour de la scène 5 de l'acte II (puisque c'est dans cette scène que, symétriquement, Arlequin affirme à Lélio que la Comtesse l'aimera bientôt), mais dont ne nous parviennent que des échos indirects : une allusion dans la bouche de Lélio (« si j'en crois Colombine, je vaux quelque chose, à vos yeux mêmes » [S1, II, 7]), et une évocation un peu plus précise dans celle de la Comtesse (« En vérité, je vous admire dans vos récits ! Monsieur Lélio vous aime, Madame, j'en suis certaine, votre billet l'a piqué, il l'a reçu en colère, il l'a lu de même, il a pâli, il a rougi. Dites-moi, sur un pareil rapport, qui est-ce qui ne croira pas qu'un homme est amoureux ? » [S1, III, 2]). Mais Marivaux nous dérobe surtout la scène capitale où Colombine « perd » la boîte contenant le portrait de la Comtesse, dont la fonction dramatique est essentielle tout au long du troisième acte (Arlequin la retrouve, et Lélio la rend à la Comtesse, mais conserve le portrait)[27]. Même si rien ne l'indique expressément, tout laisse à penser que cette perte est un piège conçu par la suivante pour « abréger » le chemin de Lélio et de la Comtesse. À la lumière de ces manœuvres implicites, il n'est pas jusqu'à l'inconstance de Pierre, que Jacqueline révèle à Lélio à l'acte II, dont on ne puisse soupçonner qu'elle fasse partie d'une stratégie globale de la part de Colombine. Sans doute rien ne prouve que Jacqueline soit en service commandé, mais son discours offre un remarquable condensé des propos de Lélio sur

26. « Non, Colombine, cela ne se peut pas ; tu n'y étais point, tu ne lui as pas vu prononcer ces paroles-là » (S1, III, 2).

27. « Je cherche mon portrait, j'ai besoin de quelques petits diamants qui en ornent la boîte ; je l'ai prise pour les envoyer démonter à Paris, et Colombine, à qui je l'ai donné pour le remettre à un de mes gens qui part exprès, l'a perdu » (S1, II, 7).

l'infidélité, et intervient à point nommé pour ébranler sa conviction selon laquelle l'inconstance serait un attribut essentiel du féminin, et surtout pour lui donner l'occasion de formuler enfin, fût-ce à mots couverts, le vœu d'une réconciliation avec l'autre sexe. On peut certes choisir d'attribuer au dramaturge « externe » ce discours providentiel, mais la présence d'une dramaturge interne à la comédie engage nécessairement une lecture du soupçon[28]. Au reste, il ne s'agit pas, on le voit, de clarifier à tout pris les dispositifs de manipulation mis en place par Marivaux, mais bien plutôt d'en cerner au plus près les lieux d'opacité.

On ne s'étonnera pas que, dans *La Seconde Surprise de l'amour*, destinée au Théâtre-Français, la « fonction Scapin » soit beaucoup plus discrète. Aucun des personnages n'y tient aussi fermement en main les ficelles de l'intrigue que Colombine au dernier acte de la première *Surprise*. Mais Lisette est bien, dans une certaine mesure, meneuse du jeu. Elle évoque, au premier acte, son attachement exceptionnel pour la Marquise (« Je suis attachée à ma maîtresse, plus que je ne saurais vous le dire, et je suis désolée de voir qu'elle ne veut pas se consoler, qu'elle soupire et pleure toujours » [S2, I, 10]). C'est bien en raison de ce rapport presque passionnel que son projet de « guérir » la Marquise de sa douleur (S2, I, 3) peut apparaître comme un ressort essentiel de la comédie[29]. C'est elle qui, dès la première scène, s'efforce de sortir la Marquise, affligée par la mort de son époux, de sa mélancolie. Si le projet global de Lisette est clair, la comédie ne fournit toutefois aucune indication explicite sur ses initiatives et sa stratégie. Au début de la pièce, la Marquise se plaint d'être suivie par Lisette :

> LA MARQUISE. – […] qui est-ce qui vous a dit de me suivre ?
> LISETTE. – Qui me l'a dit, Madame ? Vous m'appelez, je viens ; vous marchez, je vous suis : j'attends le reste.
> LA MARQUISE. – Je vous ai appelée, moi ?
> LISETTE. – Oui, Madame.

28. On notera que l'argument de Jacqueline pour quitter Lélio (« Hom ! la voilà, cette Comtesse. Je m'en vas, Piarre est son valet, et ça me fâche itou contre elle » [II, 6]) n'est pas des plus convaincants. Tout se passe comme si la mission de Jacqueline était achevée. La réconciliation avec Pierre est tout aussi providentielle à l'acte III…

29. Dans *Les Fausses Confidences*, c'est aussi en raison du rapport passionnel qui l'unit à Dorante « que Dubois peut manoeuvrer avec une si redoutable efficacité au service de son maître » (R. Démoris, « *Les Fausses Confidences* » *de Marivaux*, *op. cit.*, p. 45).

> La Marquise. – Allez, vous rêvez ; retournez-vous-en, je n'ai pas besoin de vous. (S2, I, 1)

Rien n'interdit de croire à un véritable oubli de la Marquise, qui renverrait à son trouble et à un désir contradictoire d'avoir de la compagnie, sans vouloir renoncer à sa solitude. Mais on peut légitimement soupçonner aussi que Lisette, inquiète de l'état de sa maîtresse, n'a pas attendu d'être appelée pour s'imposer auprès d'elle. La suivante imagine ensuite un stratagème pour sortir sa maîtresse de sa torpeur. Elle commence par l'inciter à se regarder dans un miroir pour admirer l'effet paradoxalement heureux que l'affliction produirait sur ses charmes[30]. Devant le refus de la Marquise, elle change de stratégie et l'effraie en la disant terriblement changée[31]. Cette fois, le piège fonctionne et la Marquise se saisit du miroir : réveil de l'amour-propre qui vaut comme premier pas vers la guérison[32]. Mais la question de savoir si le visage de la Marquise pâtit de l'affliction ou s'il en tire un charme supplémentaire reste ouverte… Question futile assurément, mais qui n'en suggère pas moins l'importance des zones d'ombre que Marivaux se plaît à ménager dans sa dramaturgie, comme le confirment les scènes suivantes.

La rencontre entre la Marquise et le Chevalier (S2, I, 7) noue, on le sait, la problématique de la comédie. La sympathie immédiate des deux héros, fondée sur la reconnaissance d'une commune mélancolie, est vouée à se cantonner au registre de l'amitié puisque c'est précisément la fidélité à un objet d'amour perdu qui l'a fait naître. Le risque est alors que cette sympathie les conduise à rester figés dans la satisfaction

30. « Ah çà, Madame, sérieusement, je vous trouve le meilleur visage du monde ; voyez ce que c'est : quand vous aimiez la vie, peut-être que vous n'étiez pas si belle ; la peine de vivre vous donne un air plus vif et plus mutin dans les yeux, et je vous conseille de batailler toujours contre la vie ; cela vous réussit on ne peut pas mieux » (S2, I, 1).

31. « Faut-il vous parler franchement ? je vous disais que vous étiez plus belle qu'à l'ordinaire ; mais la vérité est que vous êtes très changée, et je voulais vous attendrir un peu pour un visage que vous abandonnez bien durement » (S2, I, 1).

32. La description presque clinique de la dépression mélancolique et de son issue anticipe clairement sur les analyses freudiennes : « La mélancolie se caractérise du point de vue psychique par une dépression profondément douloureuse, une suspension de l'intérêt pour le monde extérieur, la perte de capacité d'aimer, l'inhibition de toute activité et la diminution du sentiment d'estime de soi. [..] Le moi, quasiment placé devant la question de savoir s'il veut partager le destin [de l'objet qui n'existe plus], se laisse décider par la somme des satisfactions narcissiques à rester en vie et à rompre sa liaison avec l'objet anéanti » (Freud, « Deuil et mélancolie », dans *Métapsychologie*, Paris, Gallimard, coll. « Idées », 1968, p. 146-147 et 166).

narcissique de contempler l'un dans l'autre le reflet d'une douleur d'autant plus gratifiante qu'elle se donne comme inconsolable. C'est dire que le Comte, qui entre en scène à la fin du premier acte, intervient à point nommé pour éveiller la jalousie du Chevalier et piquer l'amour-propre de la Marquise. Intervention providentielle dont le dramaturge « externe » semble déléguer discrètement la responsabilité à Lisette. En témoignent en particulier les premiers mots du Comte : « J'allais chez vous, Chevalier, et *j'ai su de Lisette* que vous étiez ici ; *elle m'a dit* votre affliction, et je vous assure que j'y prends beaucoup de part » (S2, I, 10). Précision qui prend toute sa valeur lorsque, quelques instants plus tard, Lisette révèle qu'elle a écouté clandestinement la conversation de la Marquise et du Chevalier, à la scène 7 (« J'étais sous le berceau pendant votre conversation avec Madame la Marquise, et j'en ai entendu une partie sans le vouloir »). Outre la mauvaise foi évidente de cet aveu, on remarquera le retour d'un procédé rencontré dans la première *Surprise* : Marivaux s'est à nouveau bien gardé d'indiquer en temps voulu la présence secrète de Lisette. Moyen, là encore, de suggérer une action *indéterminée* de la suivante dans les coulisses de l'intrigue.

Tout laisse donc à penser que Lisette, après avoir entendu la conversation entre la Marquise et le Chevalier, s'est empressée d'utiliser le Comte pour attiser la sympathie naissante des deux âmes affligées. Rien n'indique, il est vrai, que, lors des premières représentations de la pièce, ce rôle stratégique ait été suggéré[33]. Et Marivaux semble se plaire à maintenir le doute : le Comte est-il, aux yeux de Lisette, un recours possible au cas où le Chevalier se révélerait décidément inapte à (s')avouer son amour et à se déclarer à la Marquise ? L'hypothèse ne saurait être totalement écartée. Mais outre que l'union de sa maîtresse avec le Chevalier impliquerait un bénéfice pour elle (son mariage avec Lubin), le dialogue de la scène 11 montre une discontinuité frappante dans son discours. Alors qu'elle paraissait s'étonner, à la fin de la scène 10, de réaction la très vive du Chevalier à son invitation à parler à la Marquise

33. Le rédacteur du compte rendu paru dans le *Mercure de France* se borne à gloser les paroles de Lisette au Chevalier (« dans l'état où je vois ma maîtresse, que m'importe par qui elle en sorte, pourvu qu'elle épouse un honnête homme ? » [S2, I, 11]) : « Cette suivante n'a pas d'autre but que de chercher quelque amant qui puisse retirer sa chère maîtresse de la profonde mélancolie dans laquelle on la voit plongée » ; « Lisette, à qui il importe peu quel amant consolera sa maîtresse, presse le Chevalier de lui ouvrir son cœur » (*Mercure de France*, décembre 1727, t. II, p. 2957-2968, cité par H. Coulet et M. Gilot, *Théâtre complet*, éd. cit. t. I, p. 1030-1031).

en faveur du Comte (« Je vous avoue que voilà un raisonnement auquel je n'entends rien » [S2, I, 10]), elle profite immédiatement du départ de ce dernier pour inviter celui qu'elle vient de constituer en rival à considérer les charmes de sa maîtresse (« Eh bien, Monsieur le Chevalier, tantôt vous l'avez vue soupirer de ses afflictions, n'auriez-vous pas trouvé qu'elle a bonne grâce à soupirer ? je crois que vous m'entendez ? » [S2, I, 11]). Avant de changer à nouveau de tactique, pour piquer à vif l'amour-propre du Chevalier (« Tenez, Monsieur, l'ennui, la langueur, la désolation, le désespoir, avec un air sauvage brochant sur le tout, voilà le noir tableau que représente actuellement votre visage » [S2, I, 11]). Le pédant Hortensius a beau suivre ces manœuvres insidieuses d'assez loin, il n'en décrypte pas moins lucidement la stratégie de Lisette : « Je pense donc que Lisette ne disait à Monsieur le Chevalier que vous épousiez Monsieur le Comte [...] qu'afin de savoir si ledit Chevalier ne voudrait pas vous rechercher lui-même et se substituer au lieu et place dudit Comte » (S2, II, 4).

L'aide pour le moins maladroite que Lubin apporte à Lisette à partir de l'acte II semble avoir pour effet d'ôter à la jeune femme tout contrôle sur la suite de l'action. Si c'est au valet que Marivaux confie le soin d'annoncer plaisamment un dénouement que Lisette a sans doute conçu dès longtemps (« Elle a de l'amitié pour le Chevalier, le Chevalier en a pour elle ; ils pourraient fort bien se faire l'amitié de s'épouser par amour, et notre affaire irait tout de suite » [S2, II, 2]), celui-ci se signale avant tout par des bévues qui semblent faire obstacle au projet matrimonial de la suivante. Mais cette maladresse est aussi ce qui exacerbe les contradictions des deux héros et abrège donc le chemin vers le dénouement. La dernière réplique de Lisette, avant la scène finale, est pour signifier son incompréhension : « Votre situation, je la regarde comme une énigme » (S2, III, 12). On observera néanmoins que ses vœux se trouvent alors presque exaucés et il n'est pas exclu que même ses apparentes maladresses n'aient été concertées.

La principale originalité du *Jeu de l'amour et du hasard* est, de ce point de vue, on l'a dit, de confier le rôle de maître d'intrigues à Monsieur Orgon, assisté de son fils, les valets se retrouvant dans la position des dupes. Si la double idée de déguisement ne leur revient pas, les interventions des dramaturges internes que sont Monsieur Orgon et Mario paraissent plus insistantes que celles des soubrettes des deux

Surprises : Mario se plaît ainsi à humilier les deux jeunes gens en leur dictant diverses contraintes langagières et en les incitant à manier le « jargon » des vrais domestiques (« Votre serviteur, ce n'est point encore là votre jargon, c'est ton serviteur qu'il faut dire » [J, I, 5]). Il s'efforce surtout de rendre Dorante jaloux en se posant en rival (J, I, 6 et III, 2). Quant à Monsieur Orgon, il encourage Lisette à séduire le pseudo-Dorante (« Renverse, ravage, brûle, enfin épouse, je te le permets si tu le peux » [J, II, 1]), afin de tenir les deux domestiques à l'écart de la scène qui focalise son attention. Et n'hésite pas (accompagné de Mario) à surprendre sa fille au moment précis où Dorante est à ses pieds (J, II, 10), ce qui en dit long sur l'étroite surveillance qu'il exerce sur les deux jeunes gens. Il soumet ensuite Silvia à un long examen où il feint de s'étonner de sa complaisance pour le pseudo-Bourguignon et de son peu de goût pour celui qu'elle est censée devoir épouser (J, II, 11). Il autorise, enfin, la continuation de la comédie voulue par Silvia (J, III, 4). « Bref, Marivaux met en scène de façon ostensible le plaisir des deux hommes à observer ces "petites personnes" en train de "faire l'amour" »[34].

Si, à l'inverse des deux *Surprises*, la dramaturgie interne est aussi ostensible dans le *Jeu*, c'est sans doute parce que plusieurs éléments essentiels contribuent à en estomper le caractère potentiellement inquiétant. Contrairement aux machinations conçues par la Flaminia de *La Double Inconstance* ou le père du Prince dans *La Dispute*, Monsieur Orgon se trouve innocenté d'emblée de tout soupçon de préméditation. Il se borne à tirer parti de l'heureux hasard du déguisement symétrique de Dorante et de Silvia. Ce qui permet, en outre, d'occulter l'étrange froideur de cette manipulation, c'est la bonté proclamée du père (« dans ce monde, il faut être un peu trop bon pour l'être assez » [J, I, 2]), et sa soumission affichée aux volontés de sa fille. Sa formule autoritaire : « Je te l'ordonne » (J, I, 2) ne sert qu'à lui interdire toute complaisance. Au reste, Monsieur Orgon ne saurait *a priori* prévoir le résultat du jeu qu'il met en scène, et Marivaux s'est bien gardé de lui attribuer la revendication d'une parfaite maîtrise des lois gouvernant le désir, encore moins la formulation d'un quelconque pronostic sur le dénouement[35].

34. R. Démoris, « Le père en jeu chez Marivaux », art. cit., p. 130 (la fin de la citation reprend l'expression de Flaminia dans *La Double Inconstance*, voir *supra*).

35. C'est à Mario qu'est réservée la prévision suivante : « voyons si leur cœur ne les avertirait pas de ce qu'ils valent ». Monsieur Orgon formule sa curiosité de manière plus vague : « Nous verrons un peu comment [Silvia] se tirera d'intrigue » (J, I, 3).

Cet art de l'estompe ne doit pourtant pas faire illusion. D'abord parce que, chez les meneurs de jeu marivaudiens, les hasards apparents sont aussitôt utilisés en fonction d'un plan préétabli. Si l'idée du double déguisement ne peut être imputée à Monsieur Orgon, ce dernier semble l'avoir aussitôt intégré au projet matrimonial qu'il a conçu avant que la pièce commence, en concertation avec le père de Dorante. Intégration moins étrange ou moins malaisée qu'il y paraît. Le fait que les deux jeunes gens aient eu la même idée n'est-il pas, d'abord, un signe de leur proximité culturelle et sociale (ils ont pu en puiser l'idée dans une lecture commune), ou, si l'on préfère, de leur affinité de caractère ? Il n'est, au reste, pas certain que l'issue du jeu auquel consent Monsieur Orgon soit aussi imprévisible qu'on pourrait le croire. Comme le suggère Mario, il n'est sans doute pas si difficile d'imaginer que, derrière leur masque, leur cœur puisse « avertir » les jeunes gens de « ce qu'ils valent »... Car le leurre auquel succombe Silvia à l'acte III (et avec elle bien des spectateurs de la comédie) consiste sans doute à penser que le masque de soubrette neutralise la détermination sociale, permettant à Dorante d'accéder à son être véritable. La jeune fille se croit aimée pour elle-même, puisque ce serait *en dépit de son habit de servante* que Dorante la demande en mariage. Mais en réalité, il n'a sans doute pas fallu attendre Proust pour savoir que « les "quoique" sont toujours des "parce que" méconnus »[36]. N'est-ce pas plutôt, en effet, *grâce à son déguisement* que Silvia exerce un tel pouvoir de fascination sur Dorante ? celui-ci n'est-il pas émerveillé de découvrir chez une simple servante des vertus et des charmes (grâces des manières et du langage, noblesse des sentiments, etc.) qu'il n'aurait peut-être pas même remarquer chez une dame de qualité ? Réciproquement, « quel homme pour un valet », s'exclame Silvia (J, I, 7)... Si l'esprit dont fait preuve Dorante surprend la jeune fille, c'est qu'elle le prend pour un domestique. Ainsi, sous les habits de valet et de soubrette, tous les acquis de leur éducation et tous les traits de leur milieu tournent à leur avantage personnel et sont perçus comme des qualités propres.

Le risque pris par Monsieur Orgon en accédant à la demande de sa fille est donc à peu près nul. Car le hasard, ironiquement affiché par le titre de la comédie, n'intervient guère dans le développement de l'intrigue. Non seulement, la « distinction » sociale transparaît avec évidence à travers les

36. Marcel Proust, *À l'ombre des jeunes filles en fleurs*, dans *À la recherche du temps perdu*, éd. dirigée par J.-Y. Tadié, Paris, Gallimard, coll. « Bibliothèque de la Pléiade », t. I, 1987, p. 430.

masques des maîtres et des valets, mais cette différence se trouve, dans le cas des maîtres, comme magnifiée par leur déguisement en domestiques. Un peu comme Églé et Azor dans *La Dispute*, persuadés d'être « faits l'un pour l'autre » en vertu d'une passion unique et irrépressible et d'une sorte de destination naturelle, alors que leur rencontre n'est que le résultat d'une manipulation pseudo-expérimentale[37], Silvia et Dorante ont ainsi l'illusion d'être « destinés l'un à l'autre »[38], unis par un amour bravant toute raison et n'accordant de valeur qu'à la personne même. Préfigurant l'art du législateur du *Contrat social* de Rousseau, ou celui de l'éducateur d'*Émile*, Monsieur Orgon exerce avec brio une pratique du pouvoir dont Wolmar formulera la théorie, dans *La Nouvelle Héloïse*, au sujet des domestiques : « tout l'art du maître est de [faire] en sorte qu'ils pensent vouloir tout ce qu'on les oblige de faire »[39]. De même, dans le *Jeu*, tout l'art de Monsieur Orgon est d'imposer artificieusement sa volonté, de déguiser la violence qu'il exerce, laissant aux jeunes gens le sentiment d'agir librement, et de leur plein gré[40].

Dans ces trois comédies, l'univers marivaudien n'apparaît donc pas factice, au sens où l'ont entendu ses nombreux détracteurs. Il est, de manière beaucoup plus troublante, un monde entièrement truqué : véritable univers de chausses-trappes et de faux-semblants, où les amoureux sont souvent les captifs de pièges raffinés. Encore faut-il tenter de cerner en quelques mots, pour finir, la portée et les implications de ce phénomène de délégation dramaturgique. Le discours théâtral, on le sait est un « discours sans sujet », où « la fonction du scripteur est d'organiser les conditions d'émission d'une parole dont il nie en même temps être responsable »[41]. Mais tout se passe comme si le dispositif de la comédie marivaudienne tendait à redoubler cette loi du discours théâtral par un *écran* supplémentaire, derrière lequel le dramaturge se dissimule, et dont l'effet est assez analogue à celui de la narration à la première personne

37. Voir *La Dispute*, scène 5.

38. « Dorante et moi, nous sommes destinés l'un à l'autre », dit Sivila (J, III, 4).

39. Rousseau, *La Nouvelle Héloïse*, IV, 10 (*Œuvres complètes*, éd. cit., t. II, 1961, p. 453).

40. « Le père peut-il croire à la démonstration qu'il met en scène ? L'essentiel est qu'il parvienne à élaborer la fiction où les deux jeunes gens croiront vivre le grand amour. Et le croire, c'est le vivre, bien sûr. Le père manœuvre les machines de l'opéra et regarde les petites personnes » (R. Démoris, « Le père en jeu chez Marivaux », art. cit., p. 132).

41. Anne Ubersfeld, *Lire le théâtre*, Paris, Éditions sociales, 1982, p. 241.

(forme également familière à Marivaux, comme on sait). De même que le roman-mémoires appelle une lecture du soupçon, aucun de ses énoncés ne pouvant, en toute rigueur, être imputé à un auteur toujours masqué derrière son narrateur, de même l'attribution de la fonction de « dramaturge » à un actant de la comédie (incarné par un ou plusieurs personnages) engage-t-elle à une lecture du soupçon et à une perception aux aguets. Attitude critique d'autant plus indispensable que Marivaux donne, par ailleurs, au spectateur l'illusion d'être idéalement placé pour observer l'aveuglement des amoureux et partager la lucidité des meneurs de jeu. Le principe de la manipulation implicite, souvent exploité par Marivaux comme on l'a vu, montre qu'il n'en est rien[42].

Le phénomène de délégation dramaturgique interdit, en outre, d'imputer à Marivaux « l'idéologie » du spectacle qu'il propose. Concernant *Le Jeu de l'amour et du hasard*, on se gardera, en particulier, de lui attribuer la conviction selon laquelle il existerait objectivement une différence propre aux « personnes de qualité ». Car cela reviendrait à « oublier que Marivaux a représenté le trucage : le père de famille est là pour mettre en scène une intrigue qui confortera les enfants dans la certitude qu'ils sont bien des maîtres et que cette qualité n'est pas de l'habit, du rang ou de la fortune, mais que, si l'on ose dire, elle leur tient au corps »[43].

Si le rôle le plus évident des meneurs de jeu marivaudiens est d'accélérer la dynamique théâtrale et, en l'occurrence, de conduire à l'aveu, leur fonction la plus essentielle est sans doute de mettre en lumière (tout en maintenant bien des zones d'ombre) les lois qui régissent l'union des couples, les ressorts secrets de la psyché, la mécanique du sentiment. Dans la fabrique du désir qu'est toute comédie de Marivaux, le travail du machiniste permet de suivre la genèse du sentiment amoureux, de dénouer les connexions serrées qui d'ordinaire masquent les conduites, et les naturalisent. Son action comme maître d'œuvre offre un exercice de

42. *La Dispute* offre ainsi l'illusion au spectateur de jouir d'une perception totale du spectacle proposé par le Prince à Hermiane. Mais ce dispositif panoptique n'est qu'un leurre. Le spectacle est, en réalité, donné à voir à travers un cadre fort étroit faisant office de filtre, comme le révèle en particulier le surgissement final de deux enfants supplémentaires, dont on ignorait jusqu'alors l'existence.

43. R. Démoris, « Le père en jeu chez Marivaux », art. cit., p. 131. C'est pourquoi, on n'acceptera pas sans réserve le jugement de Patrice Pavis selon lequel Monsieur Orgon « guide au mieux la réception idéologique explicite de la pièce, telle que Marivaux voudrait la faire partager au public » (*Le Jeu de l'amour et du hasard*, éd. P. Pavis, Paris, Librairie générale française, coll. « Le Livre de poche », 1985, p. 116).

décomposition analytique du désir et permet de mesurer en particulier la violence qu'il exerce sur le sujet. Qu'il conduise l'intrigue en virtuose ou avec une habileté plus ou moins entachée de maladresses importe au fond assez peu. Ses manœuvres donnent accès à l'intériorité des personnages et surtout à ce qui échappe à leur conscience.

Quant aux zones d'ombre de son action, on pourrait y voir une manière de figurer théâtralement l'insidieuse contrainte sociale qui pèse sur l'institution du mariage et, plus généralement, la loi qui veut que, chez Marivaux, l'amour ne se produise que sur fond d'ignorance d'une grande part de ses motivations. Car la clairvoyance tant vantée des sujets marivaudiens à la fin de la comédie n'est qu'un leurre. Les meneurs de jeu sont là pour laisser les sujets dans l'ignorance des déterminations externes (celles de l'espèce, celles de la société) et internes (celles de la psyché, celles du passé individuel) qui conduisent à l'amour. Ils assurent la conversion du sujet marivaudien au désir, ou le processus d'acquiescement à l'objet qu'on leur a désigné, mais les zones d'ombre que Marivaux ménage dans leur manière de conduire l'intrigue suggèrent la complexité et l'opacité des ressorts sur lesquels ils doivent agir. Comme le soulignait naguère Bernard Dort, « Marivaux ébranle notre dernière certitude : celle d'être un spectateur capable de trancher du vrai et du faux, de l'amour ou de la ruse… Ici, le théâtre vacille »[44]. C'est ce vacillement qui en fait tout le prix.

44. Bernard Dort, « Le "tourniquet" de Marivaux », *Cahiers du Studio-Théâtre*, n° 16, octobre 1979.

Trios et scènes à trois dans les deux *Surprises de l'amour*

Marie-Emmanuelle Plagnol-Diéval
Université Paris XII – Val-de-Marne

Si comme l'annonce le titre, la *Surprise* amoureuse se joue essentiellement à deux, entre un homme et une femme qui, pour des raisons différentes, mais comparables, ont juré de ne plus aimer, la distribution et l'organisation des scènes des deux pièces de Marivaux font non seulement apparaître des scènes à trois personnages, mais des situations renvoyant à des configurations triangulaires (où le troisième personnage peut être présent sur scène ou évoqué) alors même que le déroulement de l'intrigue conduit inévitablement[1] au triomphe du couple, voire des couples puisque le duo des maîtres est doublé par celui des serviteurs. Le cheminement du sentiment amoureux à travers ses diverses modalités (culte du souvenir, dénégation, refus, dépit, tentatives de substitution sous un autre affect ou par l'intermédiaire d'un rival) se fait à travers des scènes à géométrie variable du point de vue des personnages, allant du monologue (notamment dans *La Seconde Surprise*) au tableau d'ensemble réservé au dénouement de la première *Surprise* qui réunit tous les personnages, hormis le Baron, ou aux scènes centrales de l'acte III dans *La Seconde Surprise*.

La liste des personnages confirme cette liberté de disposition. Dans les deux pièces, l'intrigue se concentre autour du couple comme donnée essentielle de l'intrigue : couple initialement disjoint par refus de l'amour (la Comtesse et Lélio dans la première *Surprise*, la Marquise et le Chevalier dans *La Seconde Surprise*), doublé ou triplé par les amours ancillaires de Pierre et Jacqueline, Arlequin et Colombine dans

1. Philippe Jousset souligne : « Pas d'intrigue ni les tensions afférentes, mais réfraction des données du problème [...] pas de nouement-dénouement, mais des cristallisations instables » (« Physique de Marivaux. Dramaturgie et langage dans *La Surprise de l'amour* », *Revue Marivaux*, n° 5, 1995, p. 29-54, ici p. 31).

la première *Surprise* ; de Lubin et de Lisette dans *La Seconde Surprise*. Mais à cette structure binaire se surimposent des éléments favorisant les irruptions de tiers comme « le Baron ami de Lélio » dans la première *Surprise*[2], ainsi que le Comte et Hortensius dans *La Seconde Surprise*, voire la sœur du Comte, qui accentue ces possibilités dramaturgiques par des scènes spécifiques de rivalité feinte ou effective.

La distribution des deux pièces autorise un grand nombre de duos qui illustrent par leurs contenus discursifs les progressions amoureuses qui conduisent au dénouement, celui de la reconnaissance de l'amour. Le point de départ pourrait se situer dans la demande amoureuse naïve de la scène d'ouverture entre Pierre et Jacqueline dans la première *Surprise* (S1, I, 1) et dans la première scène de dénégation entre la Marquise et le Chevalier de *La Seconde Surprise* (S2, I, 7) : deux modalités amoureuses opposées qui vont évoluer en sens inverse au gré des étonnements sensibles des partenaires. Pourtant, de manière originale, pour des pièces fondées sur la reconnaissance mutuelle de l'amour et amenées à célébrer le couple, on remarque nombre de scènes à deux, que l'on pourrait au contraire qualifier d'anti-amoureuses, certes conçues comme des situations de communication anormale par les personnages eux-mêmes, notamment entre un maître et son serviteur ou son équivalent féminin, preuve du refus amoureux et de la séparation provisoire des sexes, de même que de franches scènes d'opposition entre les futurs amants ou des duos bâtis sur une méconnaissance assumée du sentiment qui les fait naître (c'est le cas des scènes d'amitié entre le Chevalier et la Marquise dans *La Seconde Surprise*. D'autre part, plusieurs scènes à trois effectives (quand un couple de serviteurs vient prier un maître d'autoriser le mariage[3], quand un serviteur tente de venir en aide au couple momentanément disjoint ou quand un rival se met en tiers) rythment les deux pièces. Ce sont donc ces altérations par rapport à une situation idéalisée et attendue du couple comme finalité du marivaudage et de la comédie que nous nous proposons d'étudier.

La première *Surprise de l'amour* offre une dizaine de scènes à trois personnages ; *La Seconde Surprise* moins de dix. Celles-ci peuvent se diviser en trois groupes.

2. Philippe Jousset parle de « l'épisodique personnage du Baron » (*ibid.*, p. 32).
3. Pierre et Jacqueline implorent Lélio (S1, I, 3) puis Arlequin (S1, I, 4).

On notera tout d'abord des scènes faisant intervenir un couple (de serviteurs) auprès d'un personnage seul (un maître) pour le solliciter en faveur de son amour et de son mariage. C'est le cas entre autres de la scène entre Lélio, Jacqueline et Pierre (S1, I, 3). Si le schéma (qui recouvre une réalité sociale) est récurrent dans la comédie classique et chez Marivaux, la place de cette scène après le duo anti-mariage de Lélio et d'Arlequin ainsi que le discours de Lélio dans cette scène face au couple de serviteurs est plus original. En effet, ses répliques, loin d'encourager l'union des serviteurs, tendent successivement à les séparer en évoquant une inévitable brouille :

> LÉLIO. – Tu as le cœur tendre ? Voilà un plaisant aveu ; et qui est le nigaud qui est amoureux de toi ? [...] Tu es fou, maître Pierre, ta Jacqueline au premier jour te plantera là. (S1, I, 3)

La scène est redoublée par une intervention auprès d'Arlequin (S1, I, 4) traitée sur le mode burlesque de la réduplication du discours et une troisième scène est annoncée par l'intervention envisagée de la Comtesse :

> ARLEQUIN. – Allons-nous en, Jacqueleine, madame la Comtesse fera mieux que nous. (S1, I, 4)

Cette scène se déroule en l'absence du couple paysan et met directement en présence pour la première fois Lélio, la Comtesse et Colombine (S1, I, 7).

La Seconde Surprise opère une variation sur cette structure classique en annonçant les démarches des serviteurs à deux reprises (II, 2 et 3), en faisant de Lubin l'émissaire principal et surtout en ajoutant au trio habituel (un maître et un couple de serviteurs) le pédant Hortensius[4].

> LUBIN. – Oui, Madame ; et j'aurai aussi pour moi une petite bagatelle à vous proposer, dont je prendrai la liberté de vous entretenir en toute humilité comme il se doit.
>
> [...]
>
> LA MARQUISE. – Je te rendrai service, si je le puis. (S2, II, 3)

4. Rappelons que le Chevalier est « allé soupirer chez lui » (S2, II, 3). À propos du pédant, nous nous permettons de renvoyer à l'article de Lucette Desvignes, « Deux utilisations du pédant joué sur la scène de Marivaux », *Revue d'histoire du théâtre*, vol. 22, n° 3, 1970, p. 254-265.

Le rôle d'Hortensius, après la scène de la bibliothèque, prend toute son importance puisque la Marquise le prend à témoin lors de la demande de Lubin qui a lié son mariage à celui de la Marquise avec le Chevalier[5] :

> Eh bien, Monsieur, qu'en dites-vous ? Sentez-vous là-dedans le personnage que je joue ? La sottise du Chevalier me donne-t-elle un ridicule assez complet ? (S2, II, 5)

Cette disjonction entre les démarches de Lubin et Lisette autorise les scènes de comparution qui terminent l'acte II de *La Seconde Surprise*, dans lesquelles tous les personnages arrivent successivement (Lisette à la scène 6, puis le Chevalier à la scène 7) avant le duo entre les amants (II, 9). La structure, classique et opérante du point de vue de l'intrigue, après les péripéties de la sœur du Comte, ne se retrouve qu'à la scène 13 de l'acte III qui met en scène Lisette et Lubin face à la Marquise pour lui témoigner du trouble du Chevalier, visible dans le jeu de scène raconté du billet donné, repris et finalement remis à la Marquise par Lubin, billet par lequel il avoue enfin son amour et qui doit se lire en regard avec la lettre adressée à Angélique à l'acte I :

> Je devais, madame, regretter Angélique toute ma vie ; et cependant le croiriez-vous ? Je pars aussi pénétré d'amour pour vous que je ne le fus jamais pour elle. (III, 15)

Un second ensemble de scènes à trois personnages met en présence le couple maître/serviteur avec le serviteur de l'autre maître et par conséquent de sexe opposé, selon deux modalités. La première est celle du refus de communiquer, qui se fait alors de manière burlesque, car le serviteur adapte dans son langage le refus exprimé plus noblement par le maître. C'est le cas de la scène entre la Comtesse, Colombine et Arlequin (S1, I, 6), scène qui n'existe que parce que Lélio a pris la fuite[6] à la scène précédente :

5. « Lubin. – C'est que vous saurez, Madame, que Lisette trouve ma personne assez agréable ; la sienne me revient assez, et ce serait un marché fait, si, par une bonté qui nous rendrait la vie, Madame, qui est à marier, voulait bien prendre un peu d'amour pour mon maître qui a du mérite, et qui, dans cette occasion, se comporterait comme à l'avenant » (S2, II, 5).

6. Florence Delay écrit : « Dans les deux *Surprises*, la scène devient le lieu où il ne faut surtout pas rester, qu'il faut quitter, fuit à tout prix, où on encourt ce péril extrême d'une conversation avec une personne du sexe opposé, sexe avec lequel on croit avoir rompu pour toute la vie » (« Première et seconde surprise », *La Nouvelle Revue française*, juillet-août 1983, p. 198-203, ici p. 198).

> LÉLIO. – Je crois que les voilà qui se promènent, retirons-nous. (S1, I, 5)

Arlequin prend donc la parole à la place de son maître face à Colombine et à la Comtesse pour tenter de justifier leur commun refus de la femme, en recourant à des proverbes ou en répétant les paroles de Lélio, que viennent démentir ses apartés en contrepoint. *La Seconde Surprise* utilise ce même schéma lors de la première rencontre entre la Marquise, Lisette et Lubin (I, 2) en développant non la modalité du refus, mais de la tristesse du jeune homme :

> LUBIN, *d'un ton triste, et à la fin pleurant.* – Il a à vous dire que vous ayez la bonté de l'entretenir un quart d'heure ; pour ce qui est d'affliction ; ne vous embarrassez pas, Madame, il ne nuira pas à la vôtre, au contraire, car il est encore plus triste que vous ; nous faisons compassion à tout le monde. (S2, I, 2)

La seconde modalité de ce type de trio met en présence les mêmes actants (un couple maître/serviteur et un serviteur opposé de maître et de sexe) dans un fonctionnement inverse, celui de la persuasion amoureuse, selon le rôle plus traditionnellement dévolu au serviteur dans la comédie d'intrigue, mais que Marivaux tend à amoindrir, puisque la découverte amoureuse se fait de manière intime et langagière. C'est la fonction remplie par la scène entre Lélio, Arlequin et Colombine (S1, II, 4) qui présente la reddition d'Arlequin (« Voyez-la belle guérison ; je suis moitié plus fou que je ne l'étais ») et l'intervention de Colombine en faveur des amants (« Écoutez, je vous parle en amie »). Celle-ci, comme le Baron, entend mener le jeu et faire cesser cette guerre des sexes (« Les plus courtes folies sont les meilleures ») et s'appuie de surcroît sur la connaissance qu'elle a de sa maîtresse (« La bonne dame bataille, et c'est autant de battu » [S1, II, 4]).

Plus qu'Arlequin, c'est Colombine qui assure la fonction de catalyseur du sentiment amoureux entre sa maîtresse et Lélio au risque d'une explication à trois apparemment conflictuelle, mais dont les apartés respectifs soulignent la progression de leur prise de conscience (S1, II, 8). Arlequin remplit néanmoins ce rôle lors de la scène du portrait quand il révèle à la Comtesse et à Colombine que Lélio entend garder « le portrait à cause de la cousine » et « fait des quiproquos d'apothicaire » (S1, III, 4). Si Colombine prétend reprendre la main dès la scène suivante (« Mais, voici ton maître, laisse-moi faire » [S1, III, 4]), la scène à trois s'organise alors autour du couple de serviteurs bataillant non pour faire accepter son amour comme dans la première modalité évoquée, mais pour convaincre dans un assaut redoublé le maître réfractaire comme le soulignent les répliques parallèles d'Arlequin et de Colombine (S1, III, 4).

La Seconde Surprise opère une variation sur cette structure en la faisant précéder de la scène à quatre personnages entre le Chevalier, le Comte, Lubin et Lisette, mais retrouve cette configuration dès la scène suivante dans laquelle Lisette fait face seule au Chevalier et à Lubin, selon une modalité persuasive indirecte qui passe par l'éveil de la jalousie du Chevalier en lui rappelant les relations entre le Comte et la Marquise (S2, I, 10), en lui reprochant son « air sauvage » moins pour le faire partir et laisser le champ libre au Comte que pour accélérer les choses (ce que confirme l'analyse d'Hortensius rapportée à la Marquise (S2, II, 4). Cette disposition, dans laquelle on utilise un tiers afin de prolonger ou de modifier une situation, est de nouveau rapidement exploitée dans la scène avec Hortensius et le Chevalier (S2, I, 13), qui se sert du pédant pour prolonger son intimité avec la Marquise (S2, I, 14).

Un troisième trio met en scène le couple amoureux face à un serviteur. C'est le cas exemplaire de la grande scène entre la Comtesse, Lélio et Colombine (S1, I, 7), première confrontation entre les deux principaux personnages sous la forme d'un duel qui se déroule en deux temps (autour du discours de Lélio, puis autour de celui de la Comtesse) sous l'arbitrage ironique de Colombine encadré par deux moments d'accalmie qui préfigurent la relation future, l'accord relatif au mariage de « ces paysans » et le commerce amical symétrique consistant « vous à médire des femmes, et moi à mépriser les hommes ». Cette structure, plus rare, préfigure en fait les scènes de duo dont elle constitue en quelque sorte l'avers. Elle trouve un avatar dans la conversation menée entre la Marquise, le Chevalier et Hortensius dans *La Seconde Surprise* (S2, II, 8)[7].

Les deux *Surprises* font intervenir différentes figures de tiers face au couple d'amants. Il peut s'agir d'une figure appartenant au passé : c'est le cas des partenaires précédents, trompeurs ou regrettés, toujours évoqués pour se prémunir contre l'amour dans une sorte de catalogue à

7. Yves Moraud souligne : « La dialectique de la raison et de l'imagination recoupe la dialectique du mouvement *vers* et du mouvement *contre*, de la répression et de l'envie » (« Le mouvement et l'imagination et l'imaginaire du mouvement dans le théâtre de Marivaux », dans *Marivaux et l'imagination*, dir. Françoise Gevrey, actes du colloque de l'université de Toulouse-Le Mirail [2-3 juillet 1998], Toulouse, Éditions universitaires du Sud, 2002, p. 151-164, ici p. 156).

jamais clos croit-on, soit que le héros refuse d'être trompé une nouvelle fois, soit que le partenaire, éloigné par la mort ou le couvent, apparaisse irremplaçable. *La Seconde Surprise* développe plus largement ce motif dès le premier duo entre la Marquise et le Chevalier (S2, I, 7) parce que ceux-ci sont immédiatement en accord à la différence de leurs homologues de la première *Surprise.* Au lieu d'un duel contre l'autre sexe, la conversation s'organise autour d'un épanchement commun qui fait la part belle aux deux figures tierces : le marquis regretté depuis six mois et Angélique retirée au couvent, à tel point que non seulement les deux esseulés se reconnaissent au sens fort du terme : « La Marquise. – Vous me ressemblez, vous êtes né sensible, je le vois bien », et s'isolent du monde :

> La Marquise. – Il n'y a plus de mœurs, plus de sentiment dans le monde.
>
> [...]
>
> Le Chevalier. – Si je restais, je romprais avec tout le monde, et ne voudrais voir que vous.

Ils peuvent déjà communiquer par le biais d'une lettre symboliquement non cachetée que la Marquise devrait porter à Angélique et qui lui évoque une missive « à peu près de même » du Marquis. Ces figures tierces ont donc une fonction ambivalente[8], car elles sont à la fois nécessaires pour établir le premier rapprochement, sceller l'effet de « sympathie », mais doivent ensuite s'effacer au profit du nouveau couple que la pièce érige au-delà de l'amitié qui en est le premier prétexte, entretenu jusqu'au billet final :

> La Marquise. – Vous étiez son ami, et je ne m'en étonne pas [...] à la place de son amitié, je vous donne la mienne. (S2, I, 7)

Marivaux leur donne d'ailleurs un contrepoint burlesque dans le souvenir des amours de Lubin hésitant entre ces deux maîtresses au début de l'acte II dans une réplique en forme de monologue :

> Lubin, *un moment seul et assis.* – Ah ! pauvre Lubin ! J'ai bien du tourment dans le cœur ; je ne sais plus à présent si c'est Marton que j'aime ou si c'est Lisette ; je crois pourtant que c'est Lisette, à moins que ce ne soit Marton. (S2, II, 2)

8. Sur ces questions, nous nous permettons de renvoyer à l'article de Christophe Martin, « De quelques ressemblances imaginaires dans l'œuvre de Marivaux », dans *Marivaux et l'imagination, op. cit.*, p. 89-104.

Cette situation triangulaire est développée par la suite dans un échange avec Lisette[9] :

> LUBIN. – Je te dirai, Lisette, que je viens de regarder de qui se passe dans mon cœur, et je te confie que j'ai vu la figure de Marton qui en délogeait, et la tienne qui demandait à se nicher dedans ; je lui ai dit que je t'en parlerai, elle attend ; veux-tu que je la laisse entrer ?

Mais les deux *Surprises* donnent également chair à des figures tierces rivales ou non, respectivement en la personne du Baron, du Comte et d'Hortensius.

Le Baron de la première *Surprise* apparaît dans une scène sans serviteur parce que Colombine est allée « travailler à la conversion d'Arlequin » dans une situation triangulaire simple qui fait de lui un meneur de jeu spirituel (S1, I, 7). Au gré d'une conversation qui développe l'étrangeté de la situation (le fait que deux êtres revenus de l'amour soient réunis), il dessine à grands traits le déroulement de l'intrigue et le changement des deux héros. La nature des didascalies (et notamment l'inversion progressive des expressions amusées de la Comtesse et de Lélio vers l'embarras et la colère[10]), les prophéties du Baron « homme à pronostic » soulignées par les emplois du futur et surtout l'artifice du cercle magique constituent Lélio et la Comtesse en un couple (« Ah le beau duo ! », déclare le Baron) qui, pour l'heure, refuse de se reconnaître comme tel, mais qui se définit déjà par l'ensemble du lexique amoureux du « sentiment », au « soupir », en passant par le « dépit ».

Inversement, dans *La Seconde Surprise*, le spectateur, si la mise en scène ne le lui a pas explicitement montré, apprend que la scène de duo entre les héros a été observée par Lisette selon la configuration classique du tiers caché :

> LISETTE. – J'étais sous le berceau pendant votre conversation avec madame la Marquise, et j'en ai entendu une partie sans le vouloir. (S2, I, 10)

Dès lors s'enclenche une intrigue, dans laquelle Lisette tient le premier rôle comme le confirme la scène à trois suivante (S2, I, 11). À ce triangle amoureux (entre la Marquise, le Chevalier et le Comte), se superpose

9. La métaphore spatiale n'est pas sans rappeler le cercle tracé par le Baron dans la première *Surprise*, ainsi que la fameuse citation de Marivaux …

10. « LÉLIO, *riant*. – Ah ! ah ! je te pardonne toutes tes injures [...]. LA COMTESSE, *riant*. – Pour moi, je me sais bon gré que la nature m'ait manquée [...] LE BARON, *sérieusement*. – Madame, n'appelez point cette faiblesse-là ridicule [...] ».

une intrigue sociale liée au personnage du pédant dont la place auprès de la Comtesse ne se justifie que par la solitude qu'elle revendique. C'est pourquoi Hortensius, qui sait que tout mariage (avec le Comte ou le Chevalier) signifie son départ, dans la scène de la bibliothèque (S2, II, 4), au-delà de la critique des livres apportés par le Chevalier, dévoile les propos de Lisette sur le prétendu mariage avec le Comte ou avec le Chevalier. La situation triangulaire résumée par la Marquise (« C'est promener la main d'une femme et dire aux gens ; la voulez-vous ? [S2, II, 4]) fait pour un temps d'Hortensius un personnage indispensable, remplaçant les deux soupirants :

> Allez, Monsieur, je vous retiens pour cent ans : vous n'avez ni Comte, ni Chevalier à craindre ; c'est moi qui vous retiens et qui vous protège. (II, 5)

Pourtant à la différence de la première *Surprise* dans laquelle le bref intermède de l'infidélité de Piarre « amouraché de la fille à Thomas » (S1, II, 6) raconté par Jacqueline à Lélio, n'a pas les honneurs d'une incarnation scénique en raison du statut des paysans et de l'imminent « rapatriage » (S1, II, 6), *La Seconde Surprise* consacre les deux grandes scènes 6 et 7 de l'acte II à cette situation de rivalité entre deux soupirants. À la suite des menées de Lisette à l'acte I (envers le Comte) et de la demande de Lubin à l'acte II (envers le Chevalier), la Marquise se trouve dans une situation intenable qu'elle explicite à travers reproches et plaintes. Ces deux scènes tournent donc autour de l'élimination du tiers importun qui, à ce moment de dépit amoureux[11], semble indifféremment désigner, à travers le discours de la Marquise, le Comte et le Chevalier :

> C'est que j'apprends que vous me mariez avec Monsieur le Comte, au défaut du Chevalier, à qui vous m'avez proposée [...] je suis dans les pleurs, et l'on promet mon cœur et ma main à tout le monde, même à ceux qui n'en veulent point ; je suis rejetée, j'essuie des affronts, j'ai des amants qui espèrent, et je ne sais rien de tout de cela ? (S2, II, 6)

Si Hortensius entend conforter la Marquise dans ce double refus, les analyses de Lisette sur le sens véritable des paroles et du ton du Chevalier

11. De manière significative, le terme est employé par la Marquise pour qualifier l'attitude du Chevalier – ce qui n'est pas faux – mais sans voir qu'elle en est elle-même victime : « J'ai besoin pour réparation que son discours n'ait été qu'un dépit amoureux ; dépendre d'un dépit amoureux ! Cela n'est-il point comique ? » (S2, II, 6).

ramènent la scène vers une configuration plus traditionnelle[12]. Le double dépit amoureux développé entre les deux amants dans la scène suivante (S2, II, 7) se lit à travers les occurrences du nom de « Comte » et dans une moindre mesure du prénom d'Angélique dans la bouche des deux personnages. La scène de lecture entre les deux amants et Hortensius et la querelle qui s'ensuit entre les deux hommes permet d'éliminer le pédant et de retrouver en situation de duo les deux amants, décidés à congédier les deux tiers importuns, comme le soulignent les répliques finales de l'acte :

> Le Chevalier. – Gardez-vous Hortensius ? Je crois qu'il est fâché de me voir ici, et je sais lire aussi bien que lui.
> La Marquise. – Eh bien, Chevalier, il faut le renvoyer ; voilà toute la façon dont il faut y faire.
> Le Chevalier. – Et le Comte, qu'en ferons-nous ? Il m'inquiète un peu.
> La Marquise. – On le congédiera aussi [...]. (S2, II, 9)

Le troisième acte orchestre donc de manière symétrique les départs avec deux scènes de monologue d'Hortensius (S2, III, 1) et du Comte (S2, III, 5), encadrées de deux scènes de renvoi à trois mené par le couple Lubin/Lisette (S2, III, 2 et 4). Une dernière péripétie autour d'une tierce personne est cependant amenée par le stratagème du Comte annoncé dans le monologue (S2, II, 5) et développé dans la scène avec le Chevalier (S2, III, 6). Alors que la première *Surprise* évoquait en début de pièce les figures du passé (les premières amours des héros), schéma repris avec les figures du marquis et d'Angélique, *La Seconde Surprise* ajoute *in extremis* la figure de la sœur du Comte (III, 6 à 12). La situation du Chevalier qui croit mener l'intrigue[13] en invitant le Comte à entrer « dans ce cabinet » (III, 6) alors qu'il est manipulé montre combien Marivaux complexifie les données entre les deux pièces[14].

12. « Et moi, Madame, je dis que le Chevalier est un hypocrite ; car si son refus est si sérieux, pourquoi n'a-t-il pas voulu servir Monsieur le Comte comme je l'en priais ? Pourquoi m'a-t-il refusée durement, d'un air inquiet et piqué ? [...] Oui, Madame, je l'ai cru jaloux : voilà ce que c'est, il en avait toute la mine » (S2, II, 6).

13. « Le Chevalier. – Vous allez voir ce qu'un rival de mon espèce est capable de faire, et vous paraîtrez quand je vous appellerai » (S2, III, 6).

14. On peut nuancer l'affirmation de Roger Planchon, qui refuse la sur-signification du jeu des acteurs, parce que, selon lui, « les personnages sont de force égale et d'intelligence égale » (« Pour un nouvel usage de Marivaux », *L'Illustre Théâtre*, vol. 5, n° 14, 1959, p. 43-

En dépit de la donnée initiale qui veut que les personnages aient renoncé à être amoureux, Marivaux multiplie les éléments binaires et les effets de symétrie qui lui sont chers afin de célébrer la toute-puissance de l'amour. Passons sur les distributions symétriques initiales pour relever, par exemple dans *La Seconde Surprise*, un ensemble de signes destinés à avertir le spectateur du dénouement attendu, quoique retardé à l'extrême : la similitude de la séparation (un époux mort, une maîtresse au couvent ; une lettre qui en rappelle une autre, un jardin en commun[15], le projet de faire ranger les deux bibliothèques par Hortensius et de participer aux mêmes séances de lecture (« voulez-vous être de la partie ? » [S2, I, 7]). Autant de signes susceptibles d'une double lecture, une fausse au nom de l'amitié menée par les deux héros, une vraie du spectateur guidé par le dramaturge et les apartés des futurs amants : « La Marquise. – En vérité, ce garçon-là a un fond de probité qui me charme » (S2, I, 7) ou « Le Chevalier. – Oui, je la préfère à tous les amis du monde » (S2, I, 8). C'est bien pourquoi le dénouement des deux *Surprises* tend à ce que les couples se reforment, en accord avec une histoire naturelle et sociale que seuls les héros ont prétendu remettre en cause. Avant même cet accord, Marivaux souligne l'anormalité de certaines situations de communication qui tendent à écarter l'élément de sexe opposé. Ainsi peut-on lire les deux scènes symétriques (S1 I, 2 et II, 1) qui mettent respectivement face à face Lélio et Arlequin, puis la Comtesse et Colombine. Dans la première, Arlequin s'efforce de ne pas voir « deux petits oiseaux amoureux » et la conversation, au-delà du refus des femmes, roule sur les appâts de celles-ci et sur le souvenir des deux maîtresses précédentes : « Arlequin. – Seulement son petit nez me trotte encore dans la tête ». Dans la scène qui ouvre l'acte II de la première *Surprise*, Colombine s'interroge : « Sommes-nous bien dans un état naturel ? », et raille les intentions de sa maîtresse : « Lui parlerez-vous par sarbacane ou par procureur ? », tandis que seule la fuite de la Comtesse (symétrique de

45, ici p. 45). La question de l'intelligence ne se pose pas en ces termes ou alors s'agit-il de l'intelligence de son propre cœur et le déroulement des pièces montre un grand nombre de variations.

15. La symbolique du jardin mitoyen est immédiatement perçue par Lubin : « Vos maisons se communiquent ; je n'ai plus ma maîtresse ; Madame la Marquise a une femme de chambre toute agréable ; de chez vous j'irai chez elle ; crac, me voilà infidèle tout de plain-pied, et cela m'afflige ; pauvre Marton ! faudra-t-il que je t'oublie ? » (S2, I, 9). Rappelons que Roger Planchon en fait un jardin glacé de fin d'hiver (« Pour un nouvel usage de Marivaux », art. cit.).

celle de Lélio à l'acte I) évite le duo. Progressivement, les scènes à deux entre maître et serviteur s'orientent vers un débat amoureux où chacun des deux protagonistes (maître et serviteur masculins ou féminins) ne parle plus que de son amour, comme l'illustre la scène de quiproquo prolongé entre Lélio et Arlequin (S1, II, 5). Marivaux reprend cette structure dans *La Seconde Surprise* par la scène d'exposition entre la Marquise et Lisette qui présente le veuvage de la Marquise, son refus de voir les hommes (remplacés par Hortensius « le savant que vous avez pris chez vous » [S2, I, 1]). On voit ainsi que Marivaux multiplie dans les premiers échanges les scènes à trois où un serviteur, le plus souvent Arlequin ou son homologue Lubin, parce que leur langage permet des effets de décalage comique, parle à la place de leur maître pour retarder les scènes de duo, qui exigent un revirement des décisions prises contre l'amour, la reconnaissance du sentiment amoureux et son explicitation. Paradoxalement, les scènes à trois préparent les scènes à deux que la situation initiale de refus (de se voir et de se parler) s'efforce de bannir. La scène 2 de l'acte II de *La Surprise de l'amour*, entre Lélio, Arlequin et Colombine, est exemplaire tout en montrant que les deux personnages communiquent de manière identique par billet interposé, faisant figure de présence substitutive. Dans *La Seconde Surprise*, la communication est altérée par les oublis de Lubin et sa maladresse langagière (S2, I, 2), mais le rendez-vous est néanmoins pris entre la Marquise et le Chevalier, avant celui avec Hortensius.

À ce moment de l'action, le sentiment est activé par la conversation. Dès lors, les scènes entre maître et valet se signalent par la référence constante au troisième personnage absent, celui qui constituera le couple, comme le montrent par exemple les répliques entre la Comtesse et Colombine (S1, III, 2) qui, après avoir tenté de substituer sa sœur à Lélio (« Chez ma sœur qui est à sa terre : J'avais dessein d'y passer quelques jours ») évoque la dernière conversation avec Lélio et s'interroge sur le véritable sens de ses paroles en s'attribuant leur unique interprétation, ce qui signe une nouvelle fois leur affinité :

> La Comtesse. – Non, Colombine, cela ne se peut pas ; tu n'y étais point, tu ne lui as pas vu prononcer ces paroles-là : je t'assure qu'il les a dites d'un ton de cœur attendri ! [...] J'y étais, je m'y connais.

Une phase plus décisive est atteinte avec la présence active du tiers, par exemple grâce au cercle magique dessiné par le Baron, qui préfigure la fin des errements de Lélio et de la Comtesse (S1, I, 8). La preuve manifeste de ce changement se lit dans les deux scènes qui ferment l'acte I de la première *Surprise* sur la déroute de Lélio et de la Comtesse commentée par le Baron (S1, I, 9) et le duo entre Colombine et Arlequin, annonciateur de la reddition de ce dernier : « COLOMBINE. – Au revoir, nigaud ; tu me fuis, mais cela ne durera pas » (S1, I, 10). Comme souvent chez Marivaux, l'évolution du sentiment amoureux chez le couple de serviteurs est plus rapide et au rapprochement esquissé par la voie des billets chez les maîtres (S1, II, 2) succède la promenade en cercles rapprochés d'Arlequin et Colombine (S1, II, 3) en écho au cercle dessiné par le Baron. Une dernière variation chorégraphique caractérise l'avant-dernière scène de l'acte II (S1, II, 8) dans la succession d'aller et venues de Lélio et de la Comtesse autour du prétexte du billet et du portrait. L'acte III voit s'accélérer le mouvement avec le duo entre Colombine et Arlequin (S1, III, 1) qui signent leur amour et préparent celui de leurs maîtres : « COLOMBINE. – Écoute, nous avons intérêt de hâter l'amour de nos maîtres, il faut qu'ils se marient ensemble », dans la tradition théâtrale du double mariage : « ARLEQUIN. – Oui, afin que je t'épouse par-dessus le marché ». De même, dans *La Seconde Surprise*, la décision de Lubin et de Lisette amorcée dès le début de l'acte II (S2, II, 2) déclenche l'annonce de leurs interventions respectives, même si elles sont retardées par Hortensius (S2, II, 3 et 4) :

> LUBIN. – Serais-tu d'avis que j'en touchasse un petit mot à la Marquise ? […] ils pourraient fort bien se faire l'amitié de s'épouser par amour, et notre affaire irait tout de suite (S2, II, 2),

et justifie leur action rapide et efficace contre Hortensius et le Comte à l'acte III, qui laisse le champ libre aux amants vaincus.

L'étude des scènes à trois et des trios qui se forment et se défont dans les deux *Surprises de l'amour* montre tout d'abord l'extraordinaire complexité dramaturgique des constellations de personnages et de scènes qui jouent d'incessantes figures de redoublement et de variation. Sur des schémas qui paraissent au premier abord simples et sur des scènes apparemment éprouvées par la comédie classique d'intrigue amoureuse (pour ne citer que les scènes d'intercession ou celles de dépit amoureux), Marivaux ne cesse de réinventer le langage dramatique. Si le cheminement est bien celui du passage à la parole vraie, de la formulation du sentiment comme l'ont rappelé Gabriel Marcel, Jean Rousset ou Frédéric Deloffre, que cite

Henri Coulet[16], cette virtuosité, qui souligne la profonde originalité de chaque pièce et ici des deux *Surprises* entre elles, n'est jamais gratuite. Les scènes à trois et les situations triangulaires amoureuses sont un relais nécessaire vers le duo final, qu'il s'agisse de mettre en scène les couples ancillaires et leurs interventions pour eux-mêmes, pour leur maître ou leur maîtresse, ou, plus subtilement, des figures de tiers invoquées pour se prémunir contre l'amour, figures qui tendent au fil de la pièce à s'estomper, mais qui ont été nécessaires pour justifier ou surmonter le premier mouvement de recul et pour ensuite opérer le rapprochement sensible avec la nouvelle figure aimée. Si Marivaux s'amuse avec la figure du Baron dans la première *Surprise*, les modulations opérées sur le personnage du Comte, ni rival ni meneur de jeu à part entière, auquel s'ajoute le contrepoint ridicule du personnage du pédant témoignent dans *La Seconde Surprise* de la même étude des secrets de l'amour, de son langage, de ses mensonges et de ses silences jusque dans les scènes à deux dont elles ont constitué une forme de genèse.

16. Henri Coulet, « Quelques réflexions sur la parole dans les comédies de Marivaux », *L'École des lettres*, n° spécial Marivaux, « *La Double Inconstance* et *Le Jeu de l'amour et du hasard* », dir. Françoise Rubellin, février 1997, n° 8, p. 159-165.

Omnia vincit Amor. Le rôle du Baron dans *La Surprise de l'amour*

Jean-Paul Sermain
Université Paris III-Sorbonne nouvelle

Les deux principaux héros de *La Surprise de l'amour*, la Comtesse et Lélio, ne sont embarrassés par aucune contrainte : sans parents et sans devoirs, sans la gêne d'un défaut ou d'un excès d'argent, de titres ou d'engagements. Leur hostilité à l'amour repose sur une expérience déjà un peu lointaine et assez mince d'une infidélité subie : sous le règne d'une égale liberté pour les hommes et les femmes, l'inconstance est facile, ordinaire, elle n'est que la conséquence de la succession spontanée des partenaires, et ils en subiront les charmes à leur tour, oubliant ce qu'ils s'étaient promis d'abstinence dans le chagrin du moment. Le climat de licence amoureuse où baignent les héros est à cet égard assez proche du nôtre.

La pièce commence par le dialogue amoureux de deux paysans, Pierre et Jacqueline, évoquant le *Dom Juan* de Molière, dont le sort servira de motifs aux différentes approches de Lélio et de la Comtesse. Arlequin et Colombine connaissent une seconde histoire d'amour parallèle à celle des maîtres, avec un rythme et un style encore différents. Sur ces trois fils assez lâchement croisés, parce qu'ils sont analogues et ne sont noués dans aucune intrigue complexe ou même soutenue, vient se placer un moment un personnage épisodique, le Baron, un ami de Lélio, qui fait une apparition unique dans la scène 8 de l'acte I[1]. Il n'est intégré lui non plus par aucune intrigue au sort des trois couples, il n'est mu par aucun intérêt propre (à l'inverse du Comte dans *La Seconde Surprise*

1. F. Deloffre et F. Rubellin (dans leur édition de la Pochotèque, 2000) séparent les trois dernières répliques de cette scène 8 pour en faire une brève scène 9, centrée sur l'arrivée de Colombine, à qui le Baron adresse ses derniers mots de la pièce : « ils viennent de se faire une déclaration d'amour l'un à l'autre, et le tout en se fâchant ».

qui suscite le ressort plus traditionnellement utilisé de la jalousie[2]). Il vient de Paris, il est de passage à la campagne, on ne le verra pas revenir, il n'aura pas à manifester malicieusement son triomphe, et il n'est pas fait grande attention longtemps à ce qu'il a dit : son rôle est ponctuel et marginal. Il participe donc d'une composition assez nonchalante et assez ouverte (même si les amours arrivent bien à terme, et les couples à une satisfaction élémentaire).

Ce personnage de rencontre n'est doté d'aucun de ces traits pittoresques ou de ces ridicules qui justifieraient sa présence dans bien des comédies de la fin du XVIIe et du début du XVIIIe siècle : il n'est pas drôle par lui-même. Au contraire, il vient de Paris et il en manifeste l'esprit cultivé et moqueur qu'il partage avec les héros. Il intervient en spectateur amusé et ironique. Il commence d'abord par marquer sa « surprise » de voir ensemble Lélio et la Comtesse (il est le premier à introduire ce terme et à donner ainsi au titre de la pièce une acception singulière), et, pour rendre compte de cette réaction (Lélio lui demande : « et d'où vient la surprise ? »), il se justifie en invoquant l'originalité (dans le sens du XVIIIe siècle de bizarrerie) des deux héros : ils sont les seuls à faire la guerre à l'amour. Leur réunion accidentelle à la campagne est un coup de hasard incroyable. Les propos du Baron s'apparentent donc à un commentaire de la situation. Une réplique de la Comtesse qui exclut, à moins de devenir folle (« si l'esprit me tourne »), de qualifier l'amour d'une « épithète plus honnête » que celle de « ridicule », amène le Baron à intervenir dans un second temps par une plaisanterie en forme de prédiction : il condamne Lélio et la Comtesse à s'aimer.

Cette deuxième partie de la scène, décisive, naît des rebondissements de la conversation et d'une soudaine invention du Baron, comme piqué par le refus réitéré de la Comtesse de céder à l'amour. Un tel enchaînement est conforme au style défendu par Marivaux dans « l'avertissement » qui précède l'édition des *Serments indiscrets* : « c'est le ton de la conversation en général que j'ai tâché de prendre. [...] j'ajouterai seulement là-dessus, qu'entre gens d'esprit les conversations dans le monde sont plus vives qu'on ne pense, et que tout ce qu'un auteur pourrait faire pour les imiter n'approchera jamais du feu, et de la naïveté fine et subite qu'ils

2. De façon plus générale, Marivaux restreint ou même supprime l'emprise des intérêts qui domine au contraire la comédie depuis Molière.

y mettent »[3]. Cette dynamique donne aussi l'image d'une pensée active conformément aux analyses faites par Locke dans son *Essai philosophique concernant l'entendement humain*[4], qui lui donne pour modèle le principe d'association. Toutefois ce nouveau développement de la scène s'appuie sur les sentiments défendus dans le commentaire initial. Lélio et la Comtesse défendent des sentiments radicalement opposés mais qui ne peuvent se répondre ou se contester : la critique des femmes d'un côté, celle des hommes de l'autre sont presque complètement indépendantes (à la limite près que chacun dénie à l'autre, en tant que membre d'un sexe odieux et malhonnête, le droit à un jugement pertinent)[5]. Le Baron, de l'extérieur, dénonce les deux sentiments de Lélio et de la Comtesse qui souffrent de la même aberration. Ils ignorent la loi universelle de la nature et de l'espèce, confirmée par « nos propres expériences » et « les relations de nos voyageurs » : partout la femme est l'amie de l'homme ; Madame est donc un monstre, « manqué » par la nature. Cette « exception à la loi générale » se retrouve avec un « personnage unique », le seul qui ne puisse s'accommoder des « coquettes » et qui, par « fanatisme », vient « languir de chagrin » à la campagne. Le déroulement de *La Surprise de l'amour* se fait conformément à la nature et la confirme : le Baron a joué son rôle de porte-parole de la loi de l'espèce et il triomphe dans son succès sans qu'il soit besoin de le faire réapparaître.

Cette victoire de la loi naturelle est amorcée par la plaisanterie qui occupe la deuxième moitié de la scène. Elle emprunte les détours de la culture et même de l'érudition. Le Baron demande de façon étonnante à Lélio s'il a lu l'histoire romaine (« qu'en veux-tu faire de ton histoire romaine »), et c'est le seul trait d'érudition des comédies de Marivaux, assez inattendu dans le climat encore vibrant de la Querelle des Anciens et des Modernes (réactivée dans *La Seconde Surprise de l'amour* après *La Fausse Suivante*). Le Baron rappelle d'abord l'anecdote :

3. Marivaux, *Théâtre complet*, éd. H. Coulet et M. Gilot, Paris, Gallimard, coll. « Bibliothèque de la Pléiade », t. I, 1993, p. 663.

4. L'*Essai philosophique concernant l'entendement humain*, de Locke, qui paraît en anglais en 1690, est connu en France par la traduction que donne Pierre Coste de la quatrième édition en 1700 (une traduction latine paraît en 1701). Une nouvelle édition de cette traduciton paraît en 1729, reprise en 1735 et 1742. Précisions fournies par E. Naert dans la réédition de l'édition de 1755 ménagée pour Vrin en 1972.

5. Dans *La Seconde Surprise de l'amour*, les deux héros s'entendent pour fixer leur regard sur le passé et lui être fidèles. Le conflit viendra donc des manœuvres de personnages extérieurs eux intéressés (Hortensius et le Comte), et manigançant des stratagèmes.

un ambassadeur de Rome a tracé un cercle autour du roi de Syrie, Antiochus, et l'a sommé, pour pouvoir en sortir, de répondre et d'obéir à ce qu'il lui demande. Le Baron, après ce rappel, établit une analogie avec la situation présente, permettant ainsi ce qu'on appelle alors un « jeu de théâtre » : il trace à son tour un cercle autour de Lélio qui ne pourra en sortir que soupirant pour la Comtesse, sans quoi il subira les « vengeances de l'amour, qui vaut bien la république de Rome ». Le Baron se présente ainsi en ambassadeur de l'Amour, qui est l'incarnation fabuleuse de la loi naturelle exposée dans la première partie de la scène. Le pouvoir de l'Amour est à la mesure de celui de la république romaine à qui tous les rois mêmes de l'Orient doivent céder : *Omnia vincit Amor*[6]. La référence savante, choisie pour sa virtualité scénique, implique donc un second niveau d'allusion, plus vague certes, à la tradition poétique nourrie des élégiaques romains et à leur reprise depuis les troubadours et Pétrarque, peignant dans toutes les situations possibles le dieu amour s'imposant à tous, jusqu'aux plus réfractaires. La loi « naturelle » d'abord évoquée est ainsi reprise sous son visage littéraire. Sur la scène arrangée par le Baron se superposent ainsi trois niveaux de figuration : l'une s'appuie sur les voyageurs et l'expérience, parlant ainsi la langue la plus moderne, l'autre sur l'histoire, cette maîtresse de vie, l'autre sur la poésie érotique. Cette superposition obéit à une intention comique : « Combien voyons-nous de choses qui sont d'abord merveilleuses, et qui finissent par faire rire », dit le Baron. Cette bascule emprunte le modèle des analystes de la fable et des superstitions en vogue depuis la fin du XVIIe siècle[7] ; la qualification du comportement de Lélio comme digne d'un visionnaire et d'un fanatique relève du même champ conceptuel. Ici le Baron n'emprunte aux textes et aux savoirs les plus ambitieux que pour ramener leur leçon, tirée de leur espace originaire et vue par un œil moderne et averti, à une plaisanterie entre trois amis parisiens se retrouvant à la campagne et s'amusant – sur un registre un peu aigre-doux[8] – des bizarreries de l'amour. L'abaissement burlesque touche de façon plus marquée la référence historique, d'autant qu'elle est très proche de la matière utilisée

6. Marivaux a fait de la traduction de cet adage latin le titre d'une comédie ultérieure : *Le Triomphe de l'amour* (1732), et il peint Cupidon dans toute sa gloire dans *La Réunion des Amours* (1731), contribution essentielle à sa conception de l'amour.

7. Voir J.-P. Sermain, *Métafictions (1670-1730)*, Paris, Champion, 2002.

8. Le Baron est comme la Comtesse décrite par Lépine dans *Le Legs* : « elle vous parle entre l'aigre et le doux ». Il ajoute : « on dit qu'elle traite l'amour de bagatelle d'enfant ; moi, je prétends qu'elle a pris goût à cette enfance » (*Théâtre complet*, éd. cit., t. II, 1994, p. 310).

par Marivaux dans sa pièce récente, la tragédie d'*Annibal*, qu'alors pratiquement personne n'avait vue, qu'on ne pouvait lire et qui est aujourd'hui ignorée. Un autre ambassadeur de Rome, Flaminius, vient demander au roi Prusias de lui livrer Annibal qu'il héberge. Flaminius, pour préserver son peuple, se soumet. Toutefois, Annibal résiste à cet outrage en se suicidant, et la fille de Prusias, Laodice, qui avait été promise à Annibal mais qui aime Flaminius, renonce à lui, car elle refuse que la dignité royale de son père – qu'elle fait sienne – s'efface au profit du pouvoir romain. Annibal et Laodice agissent par fidélité à des titres qui ont perdu leur sens, par respect d'une mémoire, et ils ne se soustraient à l'empire de la république romaine que par la mort ou le renoncement à tout bonheur (puisque Laodice perd son grand homme, son amour comme l'estime de son père, et voit anéantie la dignité de princesse à laquelle elle se raccrochait). Dans l'esprit de Marivaux, et pour ses lecteurs attentifs à partir de 1727, date de la publication d'*Annibal*, la victoire de l'Amour venait se substituer à celle de la Rome impérialiste. Le triomphe de sa loi n'humiliait plus que par le rire et les résistants n'étaient punis que par une dérision plus forte encore : ils ne pouvaient pas se prévaloir de la gloire de l'histoire mais seulement d'une singularité extravagante. La fascination du choix tragique se muait en entêtement ridicule, « visionnaire », « fanatique » : en folie. Mais pour Marivaux, mieux vaut une folie gaie que sanglante[9] ! Le rapport de l'individu à la loi politique ménage des situations malheureuses et sublimes, le rapport de l'individu à la loi de l'espèce alimente la comédie, mais dans les deux cas le choix de l'exception a quelque chose de vain et d'absurde. Cette dérision appartient toutefois en propre au genre comique, elle contredit le genre tragique[10]. Pour autant, Marivaux s'interdit ce qu'il avait opéré avec le roman héroïque parodié dans ses premières fictions et laisse tout au plus le lecteur profiter de la proximité des deux pièces pour lire l'une à travers l'autre ; il pouvait pour cela s'appuyer aussi sur les romans de la seconde moitié du XVIIe siècle, en particulier ceux de Mme de Villedieu et de quelques consœurs, qui avaient expliqué de nombreux épisodes de l'histoire par l'abandon des rois aux caprices de l'amour : *Omnia vincit Amor*. Ruinant ainsi la gloire royale mais aussi le sérieux des historiens

9. C'est à peu près le message de la préface de son roman, *Le Télémaque travesti*, achevé vers 1714.

10. Cette configuration est exactement celle du *Paradoxe sur le comédien* de Diderot.

incapables d'occuper le champ clos des alcôves en même temps que leurs altesses.

Le Baron est ainsi doublement déguisé, en ambassadeur, mais du dieu Amour qu'il met au défi la Comtesse et Lélio d'éviter. Il recourt donc à une figuration double en la mettant en scène sur un mode quasi allégorique : il fait entrer de force les deux jeunes gens dans une comédie qu'ils cherchent à récuser en ne retenant que son mode fictif qu'ils traitent de « raillerie », de « badinage » et de « polissonnerie ». Les trois termes servent à qualifier la modalité non sérieuse d'un propos ou d'un comportement (elle intervient aussi dans l'ironie, non mentionnée ici), avec des nuances : la raillerie atteint ses cibles avec une certaine violence ; le badinage invite au contraire à entrer dans un univers fantaisiste ; la polissonnerie est plus spécifique : « Action, parole, tour de polisson, bouffonnerie, plaisanterie basse »[11]. La bassesse tient à l'implication forcée dans un jeu théâtral et au mépris de la volonté explicite de la Comtesse, dissoute si l'on peut dire dans la loi générale de l'espèce et du corps. Elle suggère aussi d'interpréter en ce sens la première partie de la scène, quand le Baron s'esclaffe de voir réunis deux personnes présentant la même exception, laissant affleurer un autre proverbe latin dégradant : « *Asinus asinum fricat* ».

Le Baron ne revient plus sur scène, évitant peut-être une humiliation trop sensible à Lélio et à la Comtesse ; il a fait parler une loi puis le dieu qui lui donne une figure, et sa victoire n'a besoin d'aucun débat supplémentaire. On peut d'ailleurs douter qu'il puisse y avoir débat étant donné les termes qui s'opposent : ce ne sont pas des opinions ou des arguments, mais des attitudes à l'égard de l'amour, des dispositions qui ont leur correspondance dans les différentes modalités d'un énoncé. À cet égard, cette scène est particulièrement riche : loi générale de l'espèce, conforme à l'expérience et aux récits des voyageurs, bienveillance entre les sexes, empire du dieu Amour, soupirs et duo tendre (avec la même allusion à l'opéra que chez Lisette dans *Le Jeu de l'amour et du hasard* à la scène 2 de l'acte I[12]), aventure, dépit amoureux ; inversement, extravagance et folie, fanatisme, raillerie, badinage, polissonnerie, de

11. *Dictionnaire de l'Académie*, 4e éd., 1762, art. « Polisson » : « terme d'injure qui se dit d'un petit garçon mal-propre et libertin, qui s'amuse à jouer dans les rues, dans les places publiques [...]. De tout homme qui a l'habitude de faire ou de dire des plaisanteries basses ».

12. « Un duo de tendresse en décidera, comme à l'Opéra : Vous me voulez, je vous veux, vite un notaire ; ou bien : M'aimez vous ? Non ; ni moi non plus, vite à cheval ».

façon plus générale comédie[13] et en filigrane, nécessité tragique et sa transformation comique. Il ne s'agit pas de caractéristiques de l'amour mais des façons de l'expérimenter et des points de vue à son égard manifestes dans un style et un vocabulaire. Les modalités diverses du discours ici rapidement esquissées et lancées entre les trois protagonistes décrivent donc conjointement des attitudes et des dispositions qui sont la matière même de la pièce qu'on ne saurait par conséquent ramener au simple enchaînement des actions et aux conflits des personnages, mais qui joue des différentes façons d'être dans l'amour et de le dire.

Extérieurs à l'action, en position de commentaire distancé et moqueur, les propos et l'action du Baron (sa plaisanterie polissonne) prennent un sens réflexif sur la comédie elle-même : il s'amuse dans la première partie de la singularité invraisemblable de la situation rapprochant deux êtres d'exception, il tire ensuite de la similitude de leur hostilité à l'amour le principe paradoxal de leur union et il fournit à cette aventure les termes dans lesquels on peut la comprendre. Une telle lecture suppose le spectateur attentif aux allusions contenues dans les termes métaphoriques et les analogies ouvertes par l'épisode historique : à l'époque ces termes étaient vivants dans l'actualité et leur acception spécifique bien familière (le duo musical, le visionnaire, le polisson, la raillerie, les récits des voyageurs, l'*omnia vincit Amor*, l'*asinus asinum fricat*, l'histoire romaine, l'absolutisme) ; par ailleurs de nombreux spectateurs pouvaient voir plusieurs fois la même pièce ; enfin la lecture des pièces de théâtre était beaucoup plus commune qu'aujourd'hui. L'acception métathéâtrale des propos du Baron participe d'un mode d'interprétation (sur scène et dans la lecture) qui ne se limite pas à l'enchaînement dramatique (privilégié dans *La Poétique* d'Aristote), mais qui procède par associations culturelles et liaisons horizontales : elle met en regard les différentes modalités et attitudes, les multiples registres métaphoriques, les domaines de l'expérience et de la littérature impliqués, elle fait résonner musicalement un moment avec un autre (plus proche ainsi d'une esthétique platonicienne).

13. C'est dans la scène antérieure (7) que le mot apparaît : la Comtesse se déclare sure que Lélio va lui « donner la comédie » de l'amoureux, et Lélio affirme ne jamais la lui donner.

Mais, si l'ingéniosité du lecteur, comme l'avait reconnu Perrault[14], était variable, on ne saurait écarter cette réflexion interne sur l'univers de la comédie et son traitement comme trop savants, facultatifs et étrangers à la perception du spectateur, puisque la distance vis-à-vis de l'amour est au cœur de l'expérience et des émotions des personnages, qu'elle est la leçon de leur langage, sous toutes les formes possibles de la modalisation décrites alors avec une grande richesse lexicale (badinage, plaisanterie, raillerie, extravagance, folie, comédie, etc.). Distance à l'amour dont le rappel du dieu Amour et de son empire explique la nécessité : comment être un sujet amoureux en étant le sujet d'une loi et d'un dieu, d'une nature de l'espèce, sinon en empruntant les détours du refus et de la figure, en jouant sur les mots et en adoptant des poses ? Cette distance à l'amour aide par ailleurs le sujet à se constituer une identité qui, selon les principes de la philosophie sensualiste embarquée avec la modernité, aveuglante désormais[15], ne peut se faire que dans la réflexion, la réminiscence, le retour sur soi, le repli : Marivaux donne à la comédie moderne la vocation de faire advenir cette conscience de soi dans les tournures et les modalités de l'amour.

14. Ch. Perrault, *Contes*, éd. G. Rouger, Paris, Garnier, coll. « Classiques Garnier », 1972 : « Ils renferment tous une morale très censée qui se découvre plus ou moins selon le degré de pénétration de ceux qui les lisent » (p. 90, « Épître à Mademoiselle des *Histoires ou Contes du temps passé* »).

15. Voir l'article complémentaire à celui-ci confié à la revue *Méthodes* : « "Faut jouir", Marivaux et l'air du temps » (à paraître).

Un père « moderne ». Monsieur Orgon dans *Le Jeu de l'amour et du hasard*

Maria Grazia Porcelli
Université de Bari

Un modèle dramaturgique qui remonte à la Comédie Nouvelle (Ménandre) prévoit un conflit générationnel. Un vieillard (père, oncle, tuteur), qui détient pouvoir et patrimoine, et un jeune homme (souvent héritier de ce dernier et amoureux de la même femme que lui) s'affrontent tant sur le plan érotique tant sur le plan financier et c'est toujours le jeune homme qui finit pour triompher. Dans la « Lettre sur la critique » du *Barbier de Séville*, Beaumarchais nous offre la parfaite synthèse de ce schéma dramaturgique, d'ailleurs très flexible.

> Un vieillard amoureux prétend épouser demain sa pupille ; un jeune amant plus adroit le prévient, et en ce même jour en fait sa femme à la barbe et dans la maison du tuteur. Voilà le fond, dont on eût pu faire, avec un égal succès, une tragédie, une comédie, un drame, un opéra, et cœtera[1].

Au cours de l'affrontement entre les deux personnages, le jeune homme est aidé par un ou plusieurs valets rusés qui ont pour rôle de mystifier le barbon. Le grand relief que l'on donne aux valets dans le genre comique dépend du fait qu'ils poursuivent en scène une finalité moralement incontestable – favoriser l'amour des jeunes –, mais ce, en recourant à des actions (déguisements, mensonges, astuces) indignes d'un maître.

Le modèle ainsi conçu présuppose une variante, très répandue, selon laquelle le pouvoir en scène est représenté par un père. Dans ce cas, la figure du vieillard n'est évidemment pas celle du rival érotique du jeune homme : selon une sorte de « délégation » de la rivalité, le père entend marier sa fille avec un prétendant qu'il a choisi sans la consulter.

1. Beaumarchais, *Théâtre*, éd. Jean-Pierre de Beaumarchais, Paris, Garnier, 1980, p. 27.

Dans cette situation aussi cependant, les raisons de l'amour finissent par triompher de l'avidité et de l'égoïsme des vieillards. Normalement, le dénouement coïncide avec le mariage des jeunes gens : la ruse est menée à bonne fin, le vieillard pardonne la tromperie des valets. Un héritage ou une dot ou encore une rente viennent à point nommé renflouer les revenus du nouveau couple et, éventuellement, une scène de reconnaissance évite une mésalliance. Molière s'impose comme référence inévitable : *Le Bourgeois gentilhomme*, *Le Malade imaginaire*, *Les Fourberies de Scapin*.

Un tel schéma dramaturgique, qui établit un lien très étroit entre le sexe et l'argent, présuppose une idéologie de la famille fondée sur une parité de l'âge et de la classe sociale de ses membres : le désordre provoqué par l'impuissance sexuelle des barbons, par l'avarice des pères, a risqué de séparer les générations, ou de mélanger des classes sociales non homogènes. Dans l'esprit optimiste de la comédie, ce retour à l'ordre ne représente jamais une restauration brutale. Il coïncide bien avec l'affirmation de l'inéluctabilité de l'équilibre naturel : sur scène, le printemps de l'amour juvénile triomphe en dépit de la logique stérile des vieux.

E.J.H. Greene nous a donné une formule efficace du modèle de comédie ainsi structuré, qu'il définit « modèle typique » : « Les amours spontanées des jeunes, contrariés par les vieux, sont favorisées par les valets »[2]. Fondée sur le pouvoir paternel, cette typologie dramatique, absente des comédies de Corneille, où les jeunes sont complètement seuls face aux affaires de l'amour, mais fréquente dans celles de Molière, sera abandonnée par leurs successeurs. Des dramaturges comme Dufresny, Baron, Regnard, Dancourt, Lesage, Legrand, rejettent le « modèle typique ». Dans leurs œuvres, soit les pères disparaissent complètement, cédant la place aux veuves enrichies, ambitieuses, poussées par un désir sexuel irrépressible, qui se manifeste dans une coquetterie grotesque et ridicule, soit leur influence est très faible et ils n'ont aucune possibilité d'intervention sur l'intrigue. Il y a pourtant au moins une exception qu'il nous faut évidemment citer : c'est *Le Légataire universel* de Regnard.

Marivaux fait ses débuts en donnant une comédie où, apparemment, il reprend le « modèle typique ». Dans *Le Père prudent et équitable*

2. E.J.H. Greene, « Vieux, jeunes et valets dans la comédie de Marivaux », *Cahiers de l'Association internationale d'études françaises*, XXV (1973), p. 177-190.

(1712), un vieux père est forcé de céder au désir des deux jeunes gens, aidés par des valets, qui sont les véritables meneurs du jeu. Mais dans cette pièce déjà, comme le titre nous fait entendre, les qualités du père se distinguent des caractéristiques habituelles des vieillards despotiques et, finalement, bafoués de la comédie moliéresque. Et, en tout cas, il s'agit d'un *unicum* dans le répertoire marivaudien. Si l'on considère que, depuis ce premier essai, pendant huit ans Marivaux n'écrit plus pour le théâtre, tandis qu'à partir de 1720, il produit des pièces régulièrement et à un rythme serré, on est tenté de juger cette première comédie comme un faux départ.

La nouveauté que représente par la dramaturgie marivaudienne consiste justement dans l'abandon du « modèle typique » indiqué par Greene, modèle qui est en revanche encore pratiqué par les dramaturges contemporains, et spécialement par Jacques Autreau, créateur, avec Marivaux, des grands succès du Théâtre-Italien. Rappelons en passant que Marivaux, que nous considérons aujourd'hui comme le dramaturge majeur de son époque, ne l'était pas aux yeux de ses contemporains. Marivaux, comme l'écrit Jean-Paul Sermain, « auteur populaire, célèbre au point de pouvoir vivre de sa plume, s'impose [...] négativement par rapport à la culture officielle (du moins savante) de son époque, aux attentes des critiques, aux modèles poétiques hérités du classicisme »[3]. Intellectuel, rationnel, plein d'humour, le théâtre de Marivaux était destiné à rester aux marges à l'époque immédiatement successive à sa mort, alors qu'une explosion de sentiments et de larmes (et d'idéologie) allait occuper la scène et la salle. Sa complexité psychologique et l'utilisation de procédés de mise en abyme, qui sont typiques de sa dramaturgie, feront de lui, en revanche, l'un des auteurs préférés des metteurs en scène du XXe siècle[4].

Marivaux est le seul représentant de cette variante du modèle comique « typique » (en effet, la comédie est, au XVIIIe siècle, le genre le plus expérimental de tous), où le conflit générationnel n'est aucunement marquant : les jeunes sont, de toute évidence, les héros absolus de l'action. La crise éclate et se résorbe à l'intérieur de leur relation. Dans

3. Marivaux, *Le Jeu de l'amour et du hasard*, éd. Jean-Paul Sermain, préface de Catherine Naugrette-Christophe, Paris, Gallimard, coll. « Folio théâtre », 1994, p. 146.

4. Jacques Lassalle, « Cet indécidable sourire. Entretien avec Catherine Naugrette-Christophe », *Europe*, novembre-décembre 1996, p. 21-29 ; Juli Leal, « Marivaux aujourd'hui : côté cour » et « Marivaux, côté cinéma », *Revue des sciences humaines*, n° 291, « Marivaux moderne et libertin », textes réunis par Lydia Vasquez, 3/2008, p. 123-135 et p. 137-153.

son *Éloge de Marivaux* (1785), D'Alembert synthétise hâtivement les intrigues marivaudiennes comme une « guerre de chicane [...] que l'amour se fait à lui-même », où les amoureux « s'aiment le plus tard qu'ils peuvent, et ils se marient le plus tôt que possible »[5]. Sainte-Beuve, qui accordait un crédit majeur au théâtre de Marivaux, attribue son originalité précisément à l'absence d'obstacle extérieur et aux « chicanes de cœur » qui occupent les jeunes protagonistes[6].

La position centrale occupée par les difficultés de l'amour a souvent amené la critique à méconnaître l'importance des rôles paternels. Si Larroumet voyait dans le théâtre de Marivaux une réhabilitation du père, souvent sacrifié dans l'ancien théâtre, en discernait un précédent dans la comédie de Ménandre, des critiques plus proches de nous n'ont accordé aucune importance à ce personnage[7]. Pour Bernard Dort, « les pères marivaudiens ont renoncé à l'exercice de l'autorité paternelle ». Selon lui, le Monsieur Orgon du *Jeu de l'amour et du hasard* et celui des *Serments indiscrets*, qui, « loin de s'opposer à l'amour des enfants [...], le soutiennent en témoin affectueux et secourable », sont les pères par excellence dans le théâtre de Marivaux. « Nous ne sommes pas très loin du père de famille selon Diderot, moins l'attendrissement »[8]. Pour Henri Coulet et Michel Gilot, dans le théâtre de Marivaux, les figures parentales sont en effet comiques et passives, totalement étrangères à l'histoire d'amour qui se déroule sous leurs yeux[9]. Pour Patrice Pavis, ils ne sont intéressés qu'à la transmission du nom et du patrimoine[10]. Au fond, tous ces critiques semblent se conformer à une idée œdipienne

5. Jean Le Rond D'Alembert, *Éloge de Marivaux*, dans Marivaux, *Théâtre complet*, éd. Frédéric Deloffre, Paris, Garnier, t. II, 1992, p. 985.

6. « On a très bien remarqué que, dans ces comédies en général, il n'y a pas d'obstacle extérieur, pas d'intrigue positive ni d'aventure qui traverse la passion des amants, ce sont des chicanes de cœur qu'ils se font, c'est une guerre d'escarmouche morale » (Charles-Augustin Sainte-Beuve, « Marivaux », dans *Les Grands Écrivains français, XVIIIe siècle. Romanciers et moralistes*, éd. Maurice Allem, Paris, Garnier, 1930, p. 71 ; repris de *Causeries du lundi*, Paris, Garnier frères, t. VIII, 1854, p. 258). Pour Sainte-Beuve, *Le Jeu de l'amour et du hasard* est le chef-d'œuvre de Marivaux : la pièce fut en effet régulièrement représentée au cours de la première moitié du XIXe siècle, l'époque du triomphe du drame romantique.

7. Gustave Larroumet, *Marivaux, sa vie et ses œuvres* [1882], Genève, Slatkine, 1970, p. 237-239.

8. Bernard Dort, *Théâtres*, Paris, Éditions du Seuil, coll. « Points », 1986, p. 32.

9. Henri Coulet et Michel Gilot, *Marivaux, un humanisme expérimental*, Paris, Larousse, 1973, p. 106.

10. Patrice Pavis, *Marivaux à l'épreuve de la scène*, Paris, Publications de la Sorbonne, 1986, p. 233 et 312.

de famille, où la figure parentale n'est importante qu'en présence d'un conflit générationnel. Ils sont de la même opinion que Tolstoï, pour qui toutes les familles heureuses se ressemblent, tandis que toute famille malheureuse l'est à sa façon (et, par là, elle peut intéresser la littérature).

En fait, si l'on observe de plus près le rôle joué par Monsieur Orgon dans *Le Jeu de l'amour et du hasard*, on se rend immédiatement compte que ce personnage de père occupe la place même du dramaturge : il mène le jeu, en vrai metteur en scène de la comédie que l'on est en train de jouer. Si la position qui lui est réservée n'a pas été reconnue, c'est uniquement parce qu'elle n'est pas conforme, nous venons de le dire, à celle tenue par le père dans le « modèle typique ». Dans cette comédie, parents et enfants partagent le même désir, celui de réaliser un mariage combinant raison et passion, désir qui, dans le « modèle typique », appartient uniquement aux jeunes. L'intrigue, apparemment décidée par les seconds, se déroule en réalité sous le contrôle des premiers.

La situation de la jeune fille refusant à la scène d'exposition le mariage que lui propose son père, alors qu'elle l'acceptera au dénouement de la comédie, est constante dans la dramaturgie marivaudienne. Les raisons du refus sont doubles. Elles peuvent avoir comme origine d'une part la pudeur virginale face à la brutalité du sexe masculin et d'autre part la crainte de subir la condition d'infériorité que l'institution matrimoniale réserve à la femme. Il est aisé de voir dans ce féminisme avant la lettre l'influence de la préciosité du siècle précédent, même si cette méfiance envers l'autre sexe est identique pour les personnages des jeunes hommes. Ainsi, la psychologie de Dorante ne diffère guère de celle de Silvia : comme elle, il prie son père de lui permettre de « saisir quelques traits du caractère de notre future et la mieux connaître » (J, I, 4)[11]. L'opposition au mariage, extérieur au couple dans le « modèle typique » devient ici, par conséquent, intérieur. Les deux amoureux luttent contre un ennemi intime, fuyant, ambigu, et chevronné en même temps : c'est, dans le lexique des moralistes, l'amour-propre, ou le narcissisme, dans celui de la psychanalyse. Le dramaturge essaie de corriger ce défaut moral, « ce raffinement de la culture qui menace la socialité et son corps », comme

11. Les citations de la comédie de Marivaux sont tirées du *Théâtre complet*, éd. Henri Coulet et Michel Gilot, Paris, Gallimard, coll. « Bibliothèque de la Pléiade », t. I, 1993.

l'écrit Michel Deguy[12]. C'est une sorte de « mal du temps », auquel la comédie doit trouver son remède. Si l'obstacle qui empêche le bonheur des amants est donc l'amour de soi-même, son dépassement ne se réalise qu'à condition de déclarer son amour à l'autre. C'est un parcours accidenté, sur lequel veille constamment la figure paternelle.

Car les héros et les héroïnes des comédies de Marivaux ne sont pas des rebelles : leur opposition au mariage ne dérive pas d'une intolérance envers les règles : leur désir de l'indépendance est lié à l'exigence de parvenir à la maturité sexuelle et sociale. Cette maturité ne saurait s'atteindre par l'exclusion du père. Voyons-le reprenant l'analyse de l'exemple précédent.

Monsieur Orgon, dans *Le Jeu de l'amour et du hasard*, occupe une position de contrôle au début et à la fin de la pièce : avec son équivalent absent de la scène, le père de Dorante, il a projeté le mariage qui se réalisera selon sa volonté.

> Monsieur Orgon, *à part*. – Son idée est plaisante. (*Haut.*) Laisse-moi rêver en peu à ce que tu me dis là. (*À part.*) Si je la laisse faire, il doit arriver quelque chose de bien singulier, elle ne s'y attend pas elle-même. (*Haut.*) Soit, ma fille, je te permets le déguisement. Es-tu bien sûre de soutenir le tien, Lisette ? (J, I, 2)

Silvia et Dorante seront aux prises avec leurs difficultés relationnelles et leurs préjugés. Monsieur Orgon, ce père jugé « débonnaire » par Han Verhoeff, est en effet, à la lettre, le *meneur du jeu*[13]. Il occupe donc la fonction traditionnellement considérée comme apanage des valets. C'est avec Marivaux que s'annonce l'exclusion des subalternes de l'intrigue de la comédie, exclusion qui s'imposera progressivement au cours du siècle jusqu'à devenir presque une règle dans le drame. Dans *Le Jeu de l'amour et du hasard*, Arlequin et Lisette, même si leur importance est évidente pour l'ensemble de la pièce, jouent en outre une comédie qui ne regarde qu'eux-mêmes, ils sont indifférents au destin de leurs maîtres respectifs et essaient aussi de profiter du déguisement qui leur est

12. Michel Deguy, *La Machine matrimoniale ou Marivaux*, Paris, Gallimard, coll. « Tel », 1986, p. 72.

13. Han Verhoeff, *Marivaux ou le Dialogue avec la femme. Une psycholecture de ses comédies et de ses journaux*, Orléans, Paradigmes, 1994, p. 6-7.

imposé[14]. Dorante doit réprimander durement Arlequin, qui fait sa cour à Lisette : « Débarrasse-moi de tout ceci, ne te livre point, parais sérieux et rêveur, et même mécontent, entends-tu ? » (J, II, 4). Et Silvia, à son tour, incrimine Lisette :

> SILVIA. – Je vous trouve admirable de ne pas le renvoyer tout d'un coup, et de me faire essuyer les brutalités de cet animal-là.
>
> LISETTE. – Pardi, Madame, je ne puis pas jouer deux rôles à la fois ; il faut que je paraisse ou la maîtresse, ou la suivante, que j'obéisse, ou que j'ordonne. (II, 7)

C'est donc au père qui revient la fonction délicate d'aider les jeunes à surmonter l'obstacle. Avec Monsieur Orgon, la paternité, au théâtre, devient ainsi une responsabilité, une mission : il faut éduquer ses enfants. Cette nouvelle fonction paternelle affaiblit, sans pourtant l'effacer complètement, aussi bien le ridicule qui s'attache aux personnages des vieux, que le comique de la comédie. Dans une perspective romantique, la pièce semblera à Théophile Gautier « presque sérieuse »[15]. Un père bienfaisant, véritable guide pour ses enfants, n'est en effet ni plus ni moins ridicule des autres personnages de cette comédie, où sérieux et comique se réfléchissent, tôt ou tard, sur tous, étant le comique provoqué par les situations, et non par les caractères.

Monsieur Orgon, « le meilleur de tous les hommes » (J, I, 2), comme le dit Lisette, est un moraliste. Il fait de sa bonté une maxime : « il faut être un peu trop bon pour l'être assez » (J, I, 2). Ce père affectueux qui domine l'action, avant même qu'elle ne débute, puisqu'il connaît déjà le projet de Dorante, détient ce « savoir total » qui est la condition caractéristique du narrateur romanesque. Ses répliques ont valeur d'indications scéniques : elles rappellent au spectateur, fût-ce de façon ambiguë, qu'il connaît parfaitement le dessous de l'intrigue. Tout au long de l'acte II, consacré aux amours des deux couples (Lisette/Arlequin,

14. Gusine Gadwat Osman juge dangereuse et même outrageuse la liberté dont Lisette et Arlequin jouissent dans la pièce. Il me semble que Monsieur Orgon sait bien les dominer en ne permettant jamais qu'ils débordent de leur emploi. Il semble plutôt sourire sournoisement de leur illusion de pouvoir se marier avec un maître (II, 1) (Gusine Gadwat Osman, « Quand les gueux mènent le jeu, ou Marivaux entre l'ordre et le désordre à travers une lecture plurielle du *Jeu de l'amour et du hasard* », dans *Marivaux et les Lumières. L'homme de théâtre et son temps*, dir. Geneviève Goubier-Robert, Aix-en-Provence, Publications de l'université de Provence, 1996).

15. Théophile Gautier, *L'Art dramatique en France depuis vingt-cinq ans*, rééd. : Genève, Slatkine, 1968, p. 310.

Silvia/Dorante), il intervient pour donner ses instructions : il autorise Lisette à s'en tenir à ses ordres (J, II, 1), il sollicite les rencontres entre Silvia et Dorante : « C'est bien dommage de vous interrompre, cela va à merveille, mes enfants, courage ! » (J, II, 10). Il force Silvia, qui voudrait s'en libérer, à jouer son rôle jusqu'à la fin : « La seule chose que j'exige de toi, ma fille, c'est de ne te déterminer à le refuser [Dorante] qu'avec connaissance de cause ; attends encore, tu me remercieras du délai que je te demande, je t'en réponds » (J, II, 11).

Monsieur Orgon est un « acteur hégémonique », définition que Jean Rousset applique aux acteurs dans lesquels le dramaturge se dédouble, en leur donnant des pouvoirs intellectuels, tels que la conscience et l'invention, qualité, celle-ci, habituellement réservée aux valets et qu'à juste titre Rousset définit comme « fonction Scapin »[16]. Mais Monsieur Orgon appartient au monde des maîtres, l'élaboration d'une ruse ne suffit pas à épuiser son action : il doit garantir le respect des valeurs morales et sociales déterminant un mariage. S'il ne craint pas les conséquences que pourrait avoir un déguisement parallèle, c'est à cause de la connaissance profonde qu'il a de Silvia : *en se donnant la comédie*, il l'amène à voir « clair dans son cœur », c'est-à-dire à vérifier, par une expérience directe, ce que lui sait déjà : à savoir, que son cœur est d'accord avec sa raison.

Dans le double déguisement permis aux jeunes gens, la fonction du rôle paternel n'est qu'apparemment suspendue pour leur donner toute la liberté de l'initiative, mais il s'agit d'une maîtrise illusoire, provenant de l'idéologie héroïque dont Silvia et Dorante sont pénétrés. Dans l'espace de la comédie, l'héroïsme des romans du XVIIe siècle, genre pratiqué par Marivaux dans sa jeunesse, est réduit à l'échelle sociale de la famille bourgeoise. Il devient une illusion de l'adolescence, une phase transitoire, et inévitable, au cours de laquelle la jeunesse vit son aventure, en se repentant, parfois, comme Silvia, qui rentre dans les rangs et accepte un destin ordinaire.

L'aventure de la liberté, revendiquée dès la toute première scène de la comédie, se termine sur un choix confirmant les lois du père : la fille l'accepte, et de bon gré. Elle paraît trop heureuse de reconnaître dans le faux valet son fiancé Dorante, appartenant à la même classe sociale qu'elle, éduqué aux mêmes principes moraux : « Allons, j'avais grand besoin que ce fût là Dorante » (J, II, 12). L'amour pour les subalternes

16. Jean Rousset, « Une dramaturge dans la comédie : la Flaminia de *La Double Inconstance* », dans *Passages, échanges et transpositions*, Paris, José Corti, 1990, p. 205-214.

sera l'affaire des héroïnes romanesques. Ainsi, dans *La Nouvelle Héloïse*, Julie, se faisant violence, croit pouvoir accepter l'inflexible loi paternelle et renoncer à Saint-Preux, mais la sublimation de son désir se traduit en pulsion de mort.

Mais revenons à Monsieur Orgon et à ses excellentes qualités. Il est compréhensif (« Je comprends que le mariage t'alarme » [J, I, 2]), généreux (« Je te défends de toute complaisance à mon égard » [J, I, 2]) et tolérant : il ne fait pas obstacle à la comédie organisée par les jeunes. Il n'a aucune incertitude sur le dénouement de l'intrigue : au contraire, il s'amuse beaucoup. Si un sentiment occupe son regard lucide sur la réalité, c'est plutôt une curiosité intellectuelle, dont le spectateur est complice : « Nous verrons un peu comme elle se tirera d'intrigue » (J, I, 3). Convaincu que Silvia tombera dans son propre piège, Monsieur Orgon veut, au fond, observer, contrôler, les phases d'une expérience qu'il connaît déjà, et à la fin de laquelle son enfant sera devenue femme. Pour lui, ce qui importe, c'est *comment* elle va se débrouiller et non pas *si* elle sera en mesure de s'en sortir. Il ne doute pas du résultat.

> Tout le théâtre de Marivaux paraît comme la mise en œuvre d'une expérience qui doit démontrer la justesse de la donnée initiale. [...] chacune de ses comédies doit apparaître comme une expérience réussie ; dans ces récits de rencontres, surprises et hasard, il est rare que l'on ne trouve pas dans les premières scènes tous les éléments à venir de l'intrigue ; en fait, l'espace de jeu entre l'exposition et le dénouement est infime[17].

La structure dramatique formulée par Jean Sgard, passant des données initiales directement au dénouement, a son pivot, dans *Le Jeu de l'amour et du hasard*, dans le personnage du père. Le spectateur partage la totalité de la perspective de Monsieur Orgon et perçoit avec son point de vue la comédie au second degré que jouent les jeunes amoureux : de cette pièce dans la pièce, un metteur en scène a assigné les rôles et créé l'intrigue. Aux « acteurs sans le savoir », il ne reste plus qu'à trouver les répliques. Eux-mêmes en sont les destinataires.

Cette structure métathéâtrale particulière, expérimentée depuis plus d'un siècle, avait, traditionnellement, une valeur morale : donner une leçon aux personnages qui s'y trouvaient impliqués. Ainsi, dans

17. Jean Sgard, « Le coup de théâtre », dans Mario Matucci (dir.), *Marivaux e il teatro italiano*, Pisa, Pacini, 1992.

Les Précieuses ridicules, par exemple, La Grange et Du Croisy, refusés et ridiculisés par Magdelon et Cathos, organisent leur comédie afin de punir les deux snobs en faisant en sorte qu'elles se compromettent avec les valets déguisés. Dans *Le Jeu de l'amour et du hasard*, en revanche, l'artifice du théâtre dans le théâtre n'a aucune finalité punitive : Monsieur Orgon qui, dans les coulisses, mène brillamment le jeu, prétend obtenir un résultat plus difficile et plus sérieux : l'éducation de sa fille. La pièce se termine sur un acte d'obéissance à l'autorité paternelle : dans cette convergence du désir du père et de son enfant réside le secret du bonheur collectif. Dans l'avant-dernière scène, très émouvante, alors que Dorante accepte, contre tous les préjugés de sa classe, de se marier avec une soubrette, Silvia ne lui avoue qu'indirectement son identité réelle. La scène dernière s'ouvre sur une réplique qu'elle adresse au père, et non pas à l'amant.

> Silvia. – Ah, mon père, vous avez voulu que je fusse à Dorante ; venez voir votre fille obéir avec plus de joie qu'on n'en eut jamais.
> Dorante. – Qu'entends-je ! vous son père, Monsieur ?

La comédie est parvenue à son dénouement grâce à la médiation paternelle. Comme toutes les autorités réelles – morales et théâtrales –, l'autorité de Monsieur Orgon s'exerce, elle aussi, discrètement, empruntant les formes de la simulation. Surtout, il considère la fiction théâtrale un moyen des plus efficaces pour parvenir à la vérité. Marivaux transmet à ses comédies l'esprit scientifique propre aux Lumières : l'intrigue s'y présente comme un laboratoire où a lieu une expérimentation, parfois « subtile, et quelque peu cruelle, qui devient pour eux et pour le public l'objet même du spectacle qu'ils se donnent »[18]. Cet aspect ôte à l'intrigue même le caractère de gratuité mécanique qu'elle pourrait avoir : il fait ressortir une vérité psychologique riche de sens, et donc, le plaisir que l'on en retire ne vient pas des coups de théâtre, mais d'une implication intellectuelle. Dans ce modèle comique, où l'artifice résout l'intrigue, le mécanisme dramaturgique se montre au spectateur dans son essence et dans sa finalité. Et c'est le théâtre même qui devient l'instrument au moyen duquel l'on découvre la vérité.

18. Catherine Naugrette-Christophe, dans Marivaux, *Le Jeu de l'amour et du hasard*, éd. cit., p. 23.

En se donnant la comédie, Monsieur Orgon est arrivé au but qu'il s'était proposé : la conciliation du plaisir avec les règles[19]. De la liberté anarchique à l'adhésion aux raisons sociales : c'est un parcours d'intégration, douloureux et euphorique en même temps, qui guide les jeunes de l'ancien au nouveau moi, de l'ancien au nouveau rôle social.

Dans le nouvel équilibre des emplois déterminé par la dramaturgie marivaudienne, il ne reste aux valets que de jouer une action séparée. Les amours de Lisette et Arlequin ne sont, à leur niveau, que le miroir comique des amours de Silvia et Dorante : ils présentent une version instinctive, plaisante, des relations entre les sexes, relations qui, au niveau des maîtres, sont vécues de façon plus intellectuelle, presque névrotique. La présence d'un père comme Monsieur Orgon les déresponsabilise quant au résultat final de l'engagement qu'ils prennent. Par ailleurs, il devient clair que les prérogatives de valets prévues dans le modèle typique – la « fonction Scapin » – ne sont pas admises dans un univers théâtral où il n'existe plus de pères à suborner. La famille où les relations entre pères et enfants sont réglées par l'amour et le respect ne peut tolérer l'intromission d'un subalterne. L'espace bourgeois se constitue ainsi sur des valeurs nouvelles, reléguant les domestiques en marge de la scène théâtrale et de la maison familiale. Le seul adjuvant admis est Mario, qui fait partie de la famille : « C'est une aventure qui ne saurait manquer de nous divertir, je veux me trouver au début et les agacer tous deux » (J, I, 3). Une autorité paternelle qui protège dans un même temps l'ordre social, la nature et la raison est une incarnation du despotisme éclairé tel que l'auraient souhaité les philosophes contemporains de Marivaux. Mais il n'existe pas, dans son théâtre, la contestation d'un ordre perçu comme irrationnel et immoral. Au contraire, le père, qui représente, dans la comédie, le pouvoir par excellence, se tient miraculeusement en équilibre entre autorité et rationalité. C'est un équilibre exceptionnel : il n'existe pas dans le comique larmoyant ni dans le drame diderotien. Dans ces modèles dramaturgiques, qui pratiquent les sentiments plutôt que la raison, les pères vivent une douloureuse contradiction entre une

19. Le thème de la conciliation du désir et de la loi, et de leur relation avec la transgression des règles sociales, est constant dans la dramaturgie marivaudienne. On pourrait dire que, dans ses comédies, les problèmes à résoudre premièrement sont l'individuation du personnage qui détient le pouvoir en scène et la manière dont l'intrigue s'organise par rapport à ce pouvoir. Voir l'article de Pierre Frantz, « L'étrangeté de *La Double Inconstance* », *Europe*, novembre-décembre 1996, p. 52-59, et Maria Grazia Porcelli, *Le figure dell'autorità nel teatro di Marivaux*, Padova, Unipress, 1997.

fonction sociale, active, qui leur impose de faire respect les institutions, et une fonction privée, passive, où prévalent les affects. Dans le larmoyant, la nouvelle génération est éduquée de telle sorte qu'elle tend à considérer la famille comme valeur fondamentale : les décisions des pères sont subies à cause de l'amour entre pères et enfants. La rupture du lien cause un complexe de culpabilité qui porte les jeunes à renoncer au bonheur personnel pour sauvegarder la volonté des pères. Quant au drame diderotien, Monsieur d'Orbesson, dans *Le Père de famille*, est un père faible, incapable d'assurer aux siens l'ordre et le bonheur, il s'appuie aux autres, et est sauvé au dénouement par un coup de théâtre. Ce père indécis et introverti deviendra l'archétype des pères ratés de la comédie moralisante du XIXe siècle, pères malheureux à cause de l'ingratitude des fils, ou pères persécuteurs de leur innocence, selon la prévalence des besoins affectifs où de l'obéissance à la respectabilité sociale. Des générations d'enfants rebelles en font, en tout cas, des ennemis à battre, et jamais les garants de leur bonheur.

Mais c'est là une tout autre question qu'il ne nous revient de résoudre ici, dans le cadre bien circonscrit de notre sujet.

Ruses et pièges chez Marivaux ou les déprises de l'amour

Renaud Bret-Vitoz
Université de Toulouse-Le Mirail

Surprise et *Seconde Surprise de l'amour*, *Jeu de l'amour*... les titres de ses comédies le disent assez : Marivaux s'attache davantage à mener une *action*, sur laquelle est bâtie l'intrigue et où l'amour a un rôle actif, qu'à faire la peinture d'un caractère ou d'un ridicule. Il emploie dans les titres de ses pièces le nom de procédés dramaturgiques réservés d'ordinaire à la qualification d'une péripétie interne, généralement sans but comme l'est souvent une surprise ou, par définition, un jeu. Il les élève en conséquence au rang de sujet principal. Reste à savoir si ces surprises et ces jeux sont exclusivement le fait d'un amour impérieux, ou s'ils ne sont pas également l'œuvre de héros entreprenants qui tentent de s'affranchir des lois de l'amour. Qui agit véritablement dans ces pièces ? le sentiment de l'amour érigé en instance toute puissante ? le hasard ? les amants ? d'autres personnages encore ? Un critique avait, en son temps, souligné le rôle d'un certain type de personnages dans la conduite de l'action chez Marivaux : « les valets eux-mêmes prennent une importance exceptionnelle : indispensables à l'intrigue, précis et fondus tout ensemble dans l'harmonieuse unité de la pièce »[1]. Valets et servantes, auxquels on adjoindra d'autres personnages secondaires en marge de l'action menée, tissent en effet, sous la trame principale, des fils essentiels, et sont les instigateurs de ruses et de pièges dont les héros principaux sont les victimes. Marivaux en montre certains libres, agissant par eux-mêmes de façon significative ou choisissant le chemin personnel qui les conduira à l'amour. La présence essentielle de tels rôles, qui développent l'intrigue ou participent à sa conduite, autorise

1. Marcel Arland, *Marivaux*, Paris, Gallimard, 1950, cité par Michel Gilot dans son édition du *Jeu de l'amour et du hasard* de Marivaux, Paris, Larousse, coll. « Classiques Larousse », 1991, p. 174.

à qualifier ses pièces de « comédie du piège ou de la ruse » tant certains protagonistes se déprennent provisoirement de l'amour et ne l'acceptent finalement qu'après avoir emprunté une voie toute personnelle. Si les amants se font surprendre par leurs sentiments, ils se font également piéger par un entourage, plus libre, plus inventif, plus actif, constitué d'êtres provisoirement dépris de l'ascendant de l'amour.

Les héros des pièces dites de « surprise de l'amour » se font donc surprendre. Ils sont les jouets des différents pièges que l'amour leur tend et les victimes des tours qu'ils se jouent involontairement à eux-mêmes. Cette action irrésistible ne se fait pourtant pas sous la forme d'une incarnation ou d'une personnification de l'amour, comme Marivaux parfois s'autorise à le faire dans des pièces allégoriques comme *L'Amour et la Vérité* (1720) ou *La Réunion des Amours* (1731). Ce sont les mouvements et tergiversations de l'amour qui constituent le cœur de l'intrigue des *Surprises*, les personnages étant le plus souvent conduits malgré eux au dénouement. Marivaux montre en effet, selon une formule célèbre, comment des cœurs se font surprendre bien passivement et, « s'aimant et ne s'en doutant pas, laissent échapper par tous leurs discours ce sentiment ignoré d'eux seuls, mais très visible pour l'indifférent qui les observe »[2]. Des amants peuvent à l'occasion se faire aimer et se tendre des pièges mais ils en deviennent généralement les victimes et succombent à l'amour qu'ils avaient voulu inspirer. C'est le cas de la Comtesse et de Lélio qui se défient mutuellement, l'une pour montrer la faiblesse des hommes, l'autre au contraire pour montrer la fermeté de la gente masculine (S1, I, 7). Les personnages croient en l'impérialisme de l'amour, puissant comme dans la tragédie ou, plus tard, dans le drame romantique ; ils font l'expérience de sa toute-puissance, mais sur un mode agréable qui n'a rien de tragique.

On voit le changement de point de vue qu'impose une telle conception de la comédie où l'action principale est celle de l'amour sur des êtres soumis. Rappelons que les théoriciens classiques se faisaient une idée précise de la grande comédie. Ils la considéraient nécessairement comme une « comédie de caractère » qui présente avant tout des êtres de fiction à l'apparence connue et au comportement immédiatement

2. Jean Le Rond D'Alembert, *Éloge de Marivaux*, cité dans le *Théâtre complet* de Marivaux, éd. F. Deloffre et F. Rubellin, Paris, Garnier, coll. « Classiques Garnier », t. II, 1992, p. 984.

identifiable sous des traits bien visibles : *L'Avare* (1668) ou *Le Bourgeois gentilhomme* (1670) de Molière, *Le Joueur* (1696) de Regnard et encore *Le Glorieux* (1732) de Destouches ou *Le Méchant* (1747) de Gresset. Le titre de la pièce indique à chaque fois le sujet psychologique ou social autour duquel l'intrigue est bâtie. La comédie de caractère est alors centrée sur l'illustration d'un ensemble de traits psychologiques et de comportements qui distinguent un personnage jusqu'à l'élever à un type général.

De son côté, mais d'une autre manière, la *commedia dell'arte* organise également ses intrigues, restreintes à des canevas interchangeables, autour de caractères, ou types fixes traditionnels (vieillard, *zanni*, première amoureuse, suivante ou seconde amoureuse...), qui occupent le devant de la scène, décident de l'orientation de l'action et qui sont reconnaissables par les spectateurs grâce à leurs accessoires, leur costume conventionnel, voire leur masque. Ces types, qui réclament généralement la spécialisation des acteurs dans un seul rôle, se sont d'ailleurs parfaitement adaptés aux pays où les Comédiens-Italiens se produisaient et se sont mêlés, par exemple, à des types français de la haute comédie ou de la farce (Pierrot, Sganarelle). L'onomastique dans le théâtre de Marivaux témoigne suffisamment de la fusion réussie entre ces deux traditions de personnages comiques. Si le poète prend soin, dans un premier temps, de recourir à Arlequin et Colombine pour la *Surprise* italienne et de leur substituer les équivalents locaux de Lubin et Lisette dans la *Surprise* française, il fait la synthèse de ses influences en réunissant Arlequin et Lisette dans *Le Jeu de l'amour et du hasard*, auxquels il adjoint sans hiatus Silvia, nom de la vedette de la troupe italienne, et Dorante ou Monsieur Orgon, patronymes directement empruntés à une liste de caractères français, chez Molière par exemple.

Marivaux évacue donc la question d'une caractérisation trop personnelle de ses personnages en rassemblant des types déjà bien plantés, issus de la tradition italienne ou française, et, plutôt que de décrire leurs qualités, place au premier plan les effets de leur rencontre puis de leurs entrevues successives. Amants et amantes découvrent leurs sentiments enfouis, leur désir inconscient, le plus souvent d'une façon visible – c'est-à-dire scénique – et involontaire qui leur permet de se révéler à eux-mêmes.

L'attention est concentrée sur l'action annoncée par le titre : à un moment clé de l'intrigue, une scène de surprise montre tout l'ascendant de l'amour et comment il surprend les êtres qui ne s'y attendent pas ou pensent être préservés. Marivaux nomme explicitement la surprise amoureuse par le biais de ses personnages dans la *Surprise* italienne. À la suite de la première entrevue de Lélio et de la Comtesse (S1, I, 7), le personnage secondaire du Baron se livre au jeu de scène de l'étonnement excessif, qui appartient au comique du *lazzi*, puis rebondit sur le mot « surprise » employé innocemment par Lélio :

> LE BARON. – Ne me trompé-je point, est-ce vous que je vois, madame la Comtesse ? […] Quoi, avec notre ami Lélio, cela se peut-il ? […]
> LÉLIO. – Je n'ai l'honneur de connaître Madame que depuis un instant, et d'où vient la surprise ?
> LE BARON. – Comment, ma surprise ! voici peut-être le coup de hasard le plus bizarre qui soit arrivé. (S1, I, 8)

Lélio développe plus tard dans la pièce, avec force synonymes et périphrases, le thème de l'homme surpris par l'amour devenu le jouet de ses propres émotions. Sa description de sentiments incontrôlables place le processus de la surprise amoureuse au centre du discours et de la pièce :

> Si je raisonne à l'ordinaire, qu'en arrivera-t-il ? je serai étonné, déconcerté ; premier degré de la folie, car je vois cela tout comme si j'y étais ; après quoi, l'amour-propre s'en mêle ; je me croirais méprisé, parce qu'on s'estime un peu, je m'aviserai d'être choqué, me voilà fou complet. Deux jours après, c'est de l'amour qui se déclare, d'où vient-il ? pourquoi vient-il ? (S1, II, 5)

« Surprise » et « jeu » sont finalement les appellations convenables et atténuées de la mainmise de l'amour : l'amour *surprend* hommes et femmes, et se *joue* d'eux. « Ruse » et « piège » seraient sans doute plus appropriés mais leurs connotations sombres et violentes auraient détonné, en tête d'une comédie, avec l'humeur aimable propre au genre. Ils désignent pourtant les moyens ou procédés habiles employés pour tromper, dissimuler mais aussi pour fuir. Ils appartiennent à la vaste sphère des artifices qu'on utilise pour mettre la victime dans une situation périlleuse ou désavantageuse et partagent, avec la surprise et le jeu, l'art de surprendre pour vaincre l'adversaire. Mais s'ils s'apparentent aux fourberies ludiques et farcesques, déjà illustrées par Molière, ils se rapprochent davantage des feintes subtiles et des machinations cruelles des libertins.

« Ruse » et « piège » désignent mieux que « surprise » ou « jeu » la cruauté ou la douleur qu'engendre le sentiment amoureux et que

Marivaux n'ignore jamais dans ses pièces. Il n'est que d'entendre le regret amer dans la dernière réplique de Lisette qui, n'ayant pu saisir la chance de sa vie en épousant un honnête homme, doit finalement se contenter d'un mari de sa condition (J, III, 9). Marivaux qualifie d'ailleurs les « bizarreries de l'esprit d'une femme » de « pièges finement dressés » dès sa première comédie en trois actes, par la voix de Lélio (S1, II, 5). Plus loin dans son répertoire, Araminte, contrainte de se justifier après le comportement indiscret de Dorante, entend le pousser à l'aveu et déclare en termes similaires : « Le voici, j'ai envie de lui tendre un piège » (*Les Fausses Confidences*, II, 12).

Marivaux refuse ainsi de faire graviter ses pièces autour d'un caractère envahissant et préfère l'intrication et le retournement de situations sentimentales. La complexité des péripéties, que l'on ne peut résumer en quelques phrases une fois posée la situation de départ, se résout cependant dans une grande simplicité grâce aux fils noirs dont sont cousues les intrigues secondaires. Une charpente secrète soutient en effet l'architecture apparente, et prévisible, du couple de maîtres (la Comtesse et Lélio dans *La Surprise de l'amour*, la Marquise et le Chevalier dans *La Seconde Surprise de l'amour*, Silvia et Dorante dans *Le Jeu de l'amour et du hasard*). Les intrigues secondaires, c'est-à-dire conduites par des personnages de second plan, dénouent insidieusement et progressivement l'intrigue amoureuse initiale. Elles se substituent à l'obstacle traditionnellement opposé à la conclusion d'un amour puis levé par un changement brutal de comportement du personnage principal, comme dans une comédie de caractère, ou par une modification inattendue de la situation sociale ou familiale d'un des amants, comme dans la comédie d'intrigue.

La disparition du caractère central, qui domine la pièce et décide bien souvent de son dénouement, est compensée par la constitution de différents groupes de personnages secondaires qui emploient le plus souvent la ruse ou le piège. La coexistence de plusieurs couples ou paires au sein de la même pièce permet de multiplier les intrigues précises et fondues dans l'unité de l'œuvre, mais aussi les chaînes de péripéties inattendues qui interagissent, voire les divertissements épisodiques et hors-d'œuvre, comme la première scène de la *Surprise* italienne au ton familier et parodique.

Ces fils tendus qui croisent l'action principale sont tantôt le fait de duos, comme Colombine/Arlequin (S1), Lubin/Lisette et Jacqueline/Pierre (S2), Lisette/Arlequin et Monsieur Orgon/Mario (J), tantôt de personnages isolés : le Baron (S1), le Comte et Hortensius (S2). Ceux-ci ont un rôle essentiel dans la mise en place ou la destruction des pièges ou ruses qui font avancer l'intrigue. Quant à ceux-là, ils ne sont pas la simple illustration de formules éprouvées dans le théâtre italien, comme la substitution des maîtres aux valets et réciproquement, ou le double travestissement. Toute l'originalité de Marivaux tient plutôt dans l'autonomie imprévue, à l'intérieur du duo, d'un de ses éléments qui s'émancipe du rôle de doublon du couple principal et accède, par ses tours et ses feintes, au rang de personnage fortement individualisé. Tout se passe comme si l'amour semblait un instant jeter du leste ou relâcher son étreinte et laissait s'introduire du jeu inopiné dans une histoire bien imbriquée. Domestiques rusés et seconds couteaux s'immiscent alors dans cet espace de liberté et conduisent une aventure personnelle qui sert l'action principale.

Pierre Voltz a autrefois montré que la structure d'ensemble d'une comédie de Marivaux, fonctionne à la manière d'un « piège » dont les spectateurs seraient complices : « Le principe constant du théâtre de Marivaux [est que] l'intrigue se développe comme un piège, une mécanique montée et souvent entretenue par un meneur de jeu qui sait où il mène ses personnages »[3]. Mais si Marivaux cède au plaisir théâtral de l'intrigue manigancée, il le fait non seulement au niveau macrostructurel de sa pièce mais également au niveau microstructurel, dans un arrière-plan, à hauteur des personnages et intrigues secondaires. Ruses et pièges sont à la marge du drame mais en garantissent le bon déroulement.

Ruses et pièges croisent la trame amoureuse mais, comme nous sommes au théâtre, ils restent le fait de rôles bien répartis. Malgré une apparente soumission aux surprises de l'amour, bien prévisibles pour le spectateur, les personnages de Marivaux ne sont donc pas tous passifs et sans autonomie. Bien au contraire. Nombre d'entre eux s'emploient à agir, souvent dans l'ombre ou de façon cachée, pour mener à bien leur propre projet, pour assouvir leur désir, parallèlement à l'emprise de l'amour.

On distinguera les instigateurs des pièges et leurs victimes. L'instigateur n'est parfois qu'un adjuvant qui, dans l'action principale, signale un simple désir de liberté ou d'autonomie. Les agissements

3. P. Voltz, *La Comédie*, Paris, Armand Colin, coll. « U », 1964, p. 114.

de Pierre, jardinier de la Comtesse, laissent par exemple supposer la possibilité d'une marge de manœuvre de l'individu au milieu des désirs de ses maîtres. Lélio a, en effet, dès l'exposition, reporté *sine die* son aide financière pour le mariage du jardinier avec Jacqueline, et Arlequin a esquivé une demande de recommandation auprès de son maître. Pierre échafaude alors fort adroitement un « petit tour d'adresse » (S1, I, 4) en reportant sa requête sur la Comtesse. Celle-ci est ainsi conduite à entretenir Lélio du projet matrimonial du jardinier (S1, I, 6) et cette action épisodique provoque, dans le même temps, la première entrevue des amants principaux.

Le Baron, le Comte et Hortensius apportent aux intrigues, de façon plus nette, leur goût pour la ruse insidieuse. Le premier décide d'une épreuve à laquelle il soumet les amants qui s'ignorent (S1, I, 8). La ruse employée a tout du théâtre rudimentaire (le cercle tracé au sol) ou du piège magique et symbolique. Le Baron ordonne et anime, en effet, son petit jeu comme le Prince de *La Dispute* (1744) lorsqu'il convie Hermiane à un spectacle dans le spectacle qui prouvera empiriquement qui, de l'homme ou de la femme, fut à l'origine de l'inconstance en amour. La fonction du Baron ne semble être, à la fin de l'acte d'exposition, que de nouer les fils d'une intrigue qui lui est extérieure. Le défi ludique et insidieux occupe un instant le devant la scène, et le Baron l'apprécie en bon ordonnateur ou simple spectateur.

Le Comte tient, dans la *Surprise* française, un rôle beaucoup moins désintéressé et extérieur à l'action principale que le Baron dans la *Surprise* italienne, simple « ami commun » de Lélio et de la Comtesse. Son désir d'intervenir dans le cours de l'action apparaît non à l'exposition, mais au nœud puis au dénouement de la pièce. Deux scènes lui permettent d'accomplir son œuvre, d'abord involontairement lorsqu'il demande un appui au Chevalier, par l'entremise de Lisette, pour la conclusion de son mariage avec la Marquise et provoque son refus dépité (S2, I, 11), puis, intentionnellement, quand il propose sa sœur en mariage pour forcer le Chevalier à avouer qu'il est en fait son rival (S2, III, 5).

Hortensius dispose également d'une intrigue personnelle qui suit l'axe principal. Son inquiétude graduelle au fil des scènes le conduit à contrecarrer le projet de mariage du Comte avec la Marquise (« je vais soulever un orage qu'on ne pourra vaincre » [S1, I, 14]). Il tend son piège en révélant devant les domestiques le refus du Chevalier de venir en aide au Comte (S2, II, 4), tout en déclarant en aparté : « ceci va bon train pour moi ». Un monologue lui donne l'occasion d'identifier clairement son adversaire (« Est-ce que l'amour m'expulserait d'ici ? » [S2, III, 1]) et exprime bien sa volonté d'affranchissement, mais, contrairement aux habiles ouvriers d'intrigues, le savant n'a de connaissances que livresques et s'arrête à l'orée de l'action.

Colombine serait sans doute le parangon du personnage rusé et instigateur qui mène au second plan une action particulière pour assouvir ses désirs. Elle occupe une place prépondérante dans la *Surprise* italienne, confortée sans doute dès la création du rôle, en 1722, par la prestation de l'actrice Flaminia, femme du directeur de la troupe, Luigi Riccoboni, et qui occupait jusqu'alors les rôles de première amoureuse. En cédant, pour cette pièce, le premier rôle féminin à la jeune Silvia, Flaminia apporte sa renommée à Colombine, traditionnelle seconde amoureuse, et lui donne une importance particulière qui la distingue d'emblée des autres seconds rôles.

Cela dit, c'est l'importance de son action au sein de l'intrigue qui confère à Colombine le premier rôle dans une comédie de ruse comme *La Surprise de l'amour*. Ne se définit-elle pas elle-même comme une « espiègle » (S1, I, 6), terme dont le sens étymologique renvoie à un personnage bouffon, vif et malicieux, apte aux diableries et jeux en tout genre ? Ses ruses sont, en effet, multiples et continues dans la pièce. Elle s'immisce dans la conversation entre la Comtesse et Lélio dès leur première entrevue et l'émaille de ses commentaires, rires, jugements indignés (S1, I, 7). À la fin de la même scène, elle se lance à elle-même un défi en annonçant son intention de « travailler à la conversion d'Arlequin ». Sa détermination à l'action, jamais découragée, se retrouve dans les répliques énergiques qui ponctuent son discours (« Gageons », « Va, va, c'est partie à remettre » [S1, II, 4]). Le sens artisanal et artistique qu'elle donne à ses manœuvres en les qualifiant d'« ouvrage » personnel (S1, III, 2) est d'ailleurs proche de celui de « chef-d'œuvre » attribué par Lisette au piège qu'elle veut tendre à Arlequin (J, III, 5).

L'acte III de la *Surprise* italienne constitue véritablement l'acte de Colombine. La servante rassemble toute sa force et son esprit pour hâter l'amour de ses maîtres. Elle fait d'abord croire à la Comtesse que Lélio ne l'aime plus (S1, III, 2). Il s'agit là d'une ruse traditionnelle pour aiguillonner l'amour et pousser l'un des amants à modifier sa situation. Dans *La Fausse Suivante*, le Chevalier use d'un stratagème quelque peu similaire en annonçant à la Comtesse que Lélio ne l'aime pas, afin de la convaincre de l'épouser malgré tout pour le forcer, lui, à se dédire (*La Fausse Suivante*, III, 6). Par la suite, Colombine s'accorde les prérogatives d'un premier rôle en avouant agir « par la feinte » (S1, III, 7), à l'instar de Silvia qui se garde de révéler son identité à Dorante et dit à son frère : « Il me vient de nouvelles idées, il faudra feindre de m'aimer » (J, II, 13). Plus l'acte avance, plus Colombine gagne en assurance et conduit l'intrigue. Elle se donne le champ libre en écartant Arlequin (« Mais voici ton maître, laisse-moi faire », S1, III, 4). Puis elle anime toute une conversation avec Lélio : elle se permet de lui prodiguer quelques conseils (« Eh bien, dites que vous l'aimez », « Déterminez-vous donc »), achève une de ses phrases laissée en suspens (« Lélio. – Si je dis que je ne l'aime point… Colombine. – Peut-être aussi partira-t-elle ? »), oriente sa réaction en le manipulant (« je lui rendrai compte de votre indifférence, n'est-ce pas ? »), se dévoile enfin, non sans forfanterie au moment de la victoire, comme une habile manœuvrière qui reconnaît avoir conduit la discussion pour obtenir un aveu :

> Lélio. – Que signifie cela ?
> Colombine. – Rien ; sinon que je vous ai donné la question, et que vous avez jasé dans vos souffrances. Tenez-vous gai, l'homme indifférent, tout ira bien. Arlequin, je te le recommande, instruis-le plus amplement, je vais chercher l'autre. (S1, III, 4)

Avec cette réplique, Colombine mène à elle seule la pièce à son dénouement. Elle la conduit au point qu'elle a fixé, tire les conclusions, prépare les scènes suivantes, répartit même les rôles en confinant Arlequin à celui de subalterne tandis qu'elle jouit à l'avance, en spectatrice, de sa réussite.

Lisette n'agit pas différemment dans *La Seconde Surprise* : elle prend dès le début les choses en main en ordonnant à Lubin de contenir la tristesse de son maître afin de ne pas affliger davantage sa propre maîtresse (S2, I, 3). Puis elle accède aux fonctions d'une meneuse d'hommes ou d'un metteur en scène en déclarant vouloir marier le Comte à la Marquise grâce à l'intervention du Chevalier : « ce serait un mariage qui conviendrait, je tâche de le faire réussir ; aidez-nous de votre côté, monsieur le Chevalier, rendez ce service à votre ami, servez ma maîtresse elle-même » (S2, I, 10). Son rôle va au-delà de celui d'une domestique, au-delà même des désirs de sa maîtresse qu'elle conduira au plus grand embarras par ses agissements : « je m'avise de tout, et puis il se trouve que j'ai fait tous les maux imaginables » (S1, II, 6).

Lubin tente lui aussi de s'autonomiser du couple de domestiques en tendant de son propre chef un piège à la Marquise lors d'une scène insérée un peu lâchement dans la trame principale. Lubin ne fait que confirmer à la Marquise le refus du Chevalier qu'Hortensius avait déjà révélé dans la scène précédente. La scène est donc inutile à la conduite de l'intrigue mais elle permet à Lubin d'affirmer sa liberté par la ruse et l'espièglerie (qu'il nommera, dans la scène suivante, sa « besogne »). Il tente d'affaiblir la résolution de la Marquise d'une façon bien indélicate, lui annonçant sans ambages l'indifférence de son maître. Lubin agit seul et avec une impertinence volontaire pour pousser le Chevalier et la Marquise au mariage, à la différence d'Arlequin qui, dans une situation comparable, s'était concerté avec Colombine (S1, III, 1).

Quant aux victimes des multiples pièges dressés par les personnages en révolte contre les coups de l'amour ou en simple manque de liberté, elles sont environnées de persécuteurs et connaissent les affres de l'encerclement, de l'assaut répété et de la reddition. Elles apparaissent comme autant de figures assiégées, en proie à une véritable fièvre obsidionale. La fuite successive des amants au moment de la rencontre indiquait déjà un vain sursaut de volonté avant le renoncement (S1, I, 5 et II, 2). Chacune de nos pièces présente la situation d'un amant sous le coup d'un désarroi maximum, jusqu'à la véhémence. Lélio se sent attaqué de toutes parts : « j'ai la tête remplie de femmes et de tendresses : ces maudites idées-là me suivent partout, elles m'assiègent, Arlequin, d'un côté, les folies de la Comtesse de l'autre, et toi aussi » (S1, II, 7). La Marquise, au comble de l'égarement, lutte contre un sentiment de persécution : « Eh ! laisse moi, Lisette, tu me persécutes aussi ! ne me laissera-t-on jamais en repos ? » (S2, III, 12). Silvia se laisse gagner par le même sentiment, se croyant la victime de son père et de son frère, complices d'un jeu cruel que seul le spectateur sait sans conséquence : « Ah, que j'ai le cœur serré ! je ne sais ce qui se mêle à l'embarras où je me trouve, toute cette aventure-ci m'afflige, je me défie de tous les visages, je ne suis contente de personne, je ne le suis pas de moi-même » (J, II, 12).

Marivaux donnera la dimension d'une pièce tout entière à ce type de mécanique insidieuse mise en place autour d'une victime unique. *Les Fausses Confidences* (1737) présentent la forme radicale, sinon définitive, du piège dramatique ou de la machination théâtrale. Araminte est une jeune bourgeoise veuve et fortunée, qui devient le centre de plans contraires ourdis dans son entourage jusqu'à sa capitulation. D'un côté, Mme Argante, sa mère, entend la remarier à un Comte qui apporterait à sa fille le titre de noblesse qui lui manque. De l'autre, Dorante, son intendant sans fortune, fou amoureux d'elle, s'allie avec le valet Dubois pour la séduire par de mensongères et captieuses confidences sur son compte, habilement distillées au long de l'intrigue. Le statut initial de Dubois, valet traditionnel de la comédie d'intrigue, est modifié par Marivaux. Il devient le grand machiniste de l'intrigue, qui regarde les héros réagir et se débattre, sans pour autant être guidé par un intérêt matériel. Il annonce d'ailleurs le succès de son plan dès la seconde scène de la pièce : « nous sommes convenus de toutes nos actions ; toutes nos mesures sont prises ; je connais l'humeur de ma maîtresse, je sais votre mérite, je sais mes talents, je vous conduis, et on vous aimera » (I, 2). Toute la pièce se déroule alors à la manière d'un piège dont l'élaboration et la réalisation sont du même ordre que l'intrigue théâtrale ou romanesque agencée par l'écrivain.

L'action envahissante des personnages secondaires, sous l'intrigue nobiliaire de premier plan, leur confère une signification particulière. Elle est si courante dans les comédies de Marivaux que Silvia craint d'emblée un débordement incontrôlé de sa suivante et laisse échapper un cri du cœur au lever de rideau : « Mais encore une fois, de quoi vous mêlez-vous, pourquoi répondre de mes sentiments ? » (J, I, 1). Lisette, en prenant l'habit de sa maîtresse, accède dans ce cas précis à une fonction supérieure : elle quitte le rôle de rouage secret ou de patiente instigatrice, comme Colombine ou l'autre Lisette de *La Seconde Surprise*, et participe à l'action de façon patente, quasiment sur le même plan que les maîtres. Monsieur Orgon et Mario récupèrent, quant à eux, le rôle de machinistes qui, dans l'ombre, tirent les ficelles et jouissent du spectacle. Mais une telle montée en puissance du rôle ancillaire ne se fait pas naturellement, ni sans crainte de l'échec, comme le rappelle Lisette : « Je ne puis pas jouer deux rôles à la fois ; il faut que je paraisse, ou la maîtresse, ou la suivante, que j'obéisse ou que j'ordonne » (J, II, 7).

Marivaux étoffe le rôle de ses personnages d'arrière-plan par des actions inattendues mais habilement ourdies. Il offre ainsi des moments et des espaces de liberté dans un univers dominé par un impérialisme de l'amour. Ainsi, les intrigues secondaires ne sont pas simplement un arrière-plan épisodique ou ornemental. Si, dans la *Surprise* italienne, le piège tendu par le Baron a encore l'apparence d'un jeu amusant, dont la magie bien innocente se révèle pourtant efficace dans l'univers féerique de la *commedia dell'arte* (S1, I, 8), dans la *Surprise* française, pour laquelle le public réclame plus de vraisemblance et de régularité, les ruses ont un aspect autrement redoutable, celui de la manipulation psychologique issue de l'esprit calculateur du Comte et du Chevalier. Le Comte entend piéger son rival sur un ton martial : « interrogeons son cœur pour en tirer la vérité. Je vais me servir d'un stratagème qui, tout commun qu'il est, ne laisse pas souvent que de réussir » (S2, III, 5). Le Chevalier, quant à lui, adopte la rouerie du manipulateur dans le rôle du machiniste tirant les ficelles d'un piège qui emprunte à l'art du théâtre l'usage de la dissimulation hors-scène et du regard à la dérobée : « retirez-vous pour quelques moments dans ce cabinet ; vous allez voir ce qu'un rival de mon espèce est capable de faire, et vous paraîtrez quand je vous appellerai » (S2, III, 6).

La Surprise de l'amour, tout comme *La Seconde Surprise*, suit ainsi une chaîne secrète de motivations, initiées et conduites par les intéressés. Ces tours d'adresse, jeux et ouvrages constituent un « ricochet de fourberies », pour reprendre les mots de Frontin dans le *Turcaret* de Lesage (II, 19), qui traverse toute la pièce et atteste une action volontaire et autonome de quelques personnages, malgré une soumission générale aux pièges de l'amour tout puissant.

Un nombre conséquent de rusés, habiles ouvriers ou machinistes, intriguent et mènent à bien leurs propres jeux, parallèlement au déroulement le plus présumable de l'action. Ces jeux, secondaires, divertissants pour le spectateur, sont en fait l'architecture secrète des comédies de Marivaux. Ils conduisent l'intrigue, relancent l'intérêt, font pivoter l'action d'une façon déterminante même si cela n'apparaît pas au premier regard, comme cela a échappé à certains contemporains de Marivaux. En effet, le *Mercure de France* de mai 1722 élude, de façon révélatrice selon nous, dans son compte rendu de la création de *La Surprise de l'amour,* l'intrigue parallèle des serviteurs Colombine et Arlequin. Il ne garde pour le résumé acte par acte de la pièce que ce qu'il estime être l'action principale, c'est-à-dire la constitution des deux autres couples : celui des maîtres (la Comtesse et Lélio) d'une part, celui des « fermiers » (Jacqueline et Pierre) de l'autre. Le troisième couple, pourtant plus présent que ce dernier, est littéralement effacé du résumé. Arlequin n'est cité que deux fois, juste pour indiquer son statut de domestique et expliquer une action mineure ; quant à Colombine, elle n'est pas même nommée ! De façon remarquable et signifiante, le rédacteur du *Mercure* n'en fait mention qu'*in extremis,* après le dénouement : « Arlequin, valet de Lélio, et Colombine, suivante de la Comtesse, font dans la pièce un jeu tout à fait divertissant : nous n'en dirons rien pour ne pas entrer dans un trop grand détail »[4]. Ce « jeu divertissant », considéré comme un « détail » par le rédacteur, fait pourtant partie de l'action principale tant Colombine, accompagnée ou non de son *alter ego* Arlequin, est omniprésente et active, à l'origine de la plupart des rebondissements. Son rôle d'organisatrice, de « machiniste » au sens technique et théâtral, se double même d'une fonction de spectatrice au regard surplombant. Elle apparaît comme une rusée espiègle, satisfaite de ses divers agissements au cœur d'une intrigue où elle ne devrait animer, par son emploi de suivante, qu'un divertissement secondaire.

Le couple Arlequin/Colombine n'est plus le simple dédoublement parodique du couple des maîtres. Sa présence prend une toute autre signification, celle d'une liberté conquise par un type de personnages (femme, serviteur, utilités) dans une intrigue savamment construite et serrée, celle aussi d'une autonomie individuelle des êtres, qui accèdent au rang d'organisateur de leur propre destin. Au faîte du romantisme, Musset s'est souvenu du rôle clé confié par Marivaux à ses personnages secondaires, mais il en a réduit l'usage et la signification. Les fantoches qui peuplent ses *Comédies et Proverbes* constituent un arrière-plan bouffon qui parodie par avance l'action principale tout en la réfléchissant. Musset procède ainsi tout autrement que Marivaux ; il ne cherche pas à intriquer les intrigues mais plutôt à offrir une vision du monde désenchantée et fortement ironique. Chez lui, les barons, ivrognes et autres dévotes qui s'agitent de façon mécanique à l'arrière-plan des pièces, par exemple dans *On ne badine pas avec l'amour* (1834), forment, certes, un contraste ironique avec les premiers amoureux à l'avant-scène comme les couples de domestiques de Marivaux (par exemple Arlequin et Lisette dans *Le Jeu de l'amour et du hasard*). Mais l'auteur des *Caprices de Marianne* cantonne ses pantins au rôle symbolique du contrepoint ironique qui fait ressortir la solitude ou la noirceur des personnages principaux, seuls dignes d'aimer et de souffrir. Les scènes de fantoches préfigurent de façon grotesque, quand ils ne leur font pas écho dans une forme de miroir déformant et comique, les sentiments de l'amour ou de la colère qu'expriment les héros.

Or, le spectateur d'aujourd'hui ne peut voir les tours et les ruses des seconds rôles de Marivaux, menés conjointement au sujet principal (à

4. P. 146-150. Texte repris intégralement dans l'édition déjà citée du *Théâtre complet*, éd. cit., t. I, 1989, p. 184.

savoir l'amour entre les « premiers amoureux »), sans penser aux idées humanistes et démocratiques qui sont diffusées tout au long du siècle des Lumières. En ce sens, certaines actions menées par Colombine ou le Baron (S1), par Lisette ou le Comte (S2) laissent apparaître une parenté idéologique forte avec certaines scènes, parmi les plus fameuses de Marivaux, qui sont comme prémonitoires de maint discours égalitaire : par exemple lorsque Arlequin face à son maître (*La Double Inconstance*, III, 5) avance un à un ses arguments sur l'inégalité de leurs conditions et la violence sociale qui s'abat sur lui. De même, les héroïnes telles que Silvia dans le *Jeu*, et plus encore le Chevalier travesti (*La Fausse Suivante*), empruntent aux hommes leurs attitudes et leurs stratagèmes virils pour, à leur tour, les mettre à l'épreuve.

Ces comportements privés débordent fatalement dans l'ordre politique et transforment l'intrigue familière, mondaine ou galante, en un formidable outil de métamorphoses et d'audacieuses substitutions de rôles. La présence d'actions parallèles et secrètes, orchestrées par des personnages secondaires, donne ainsi une égalité de parole et une commune liberté aux personnages, qu'ils soient homme ou femme, valet ou servante. Les pièces à intrigues multiples de Marivaux préparent, de façon diffuse et sans clairement le revendiquer, une révolution morale, d'abord privée dans le couple amoureux, puis plus largement dans la répartition des rôles sociaux du seigneur et du serviteur.

L'étude des péripéties de l'ordre du piège et de la ruse lève l'équivoque, dans une certaine mesure, sur le sens des titres des comédies de Marivaux. Elle souligne en fait, sous la trame amoureuse, le rôle actif des personnages secondaires dans la conduite d'intrigues multiples fondues dans l'unité de la pièce. Dans ce type de comédies où l'intrigue est bâtie autour d'une action, les personnages qui jouent traditionnellement les « utilités » s'émancipent, luttent par la ruse et le piège contre une force dominante (sentimentale, sociale, idéologique, etc.) et illustrent un indéniable désir de liberté. Ils se séparent ainsi des amants de premier rang qui subissent les desseins prévisibles de l'amour et ne s'en déprennent pas. On se souviendra que les libertins du temps des Lumières trouvèrent leur plaisir en agissant d'une façon proche des personnages rusés et espiègles de Marivaux : « ruse » et « piège » firent également partie de leur vocabulaire ; ils transposèrent eux aussi les procédés et le langage de l'art de la guerre dans leurs plans de conquêtes et leurs machinations amoureuses. Ces procédés occupent une place centrale dans les comédies de Marivaux en se substituant aux fourberies farcesques de la comédie classique. Ils apportent une teinte de violence et de cruauté aux péripéties qui mènent les intrigues galantes mais ménagent également un espace de jeu et de liberté face aux surprises de l'amour.

« Je ne me soucie pas de ce qui est possible, moi ». Quelques réflexions sur Arlequin

Pierre Frantz
Université Paris-Sorbonne

Un spectateur qui verrait jouer la première *Surprise de l'amour* ou *Le Jeu de l'amour et du hasard* aurait toutes les chances d'ignorer à jamais le contraste produit à la représentation par la présence d'un acteur masqué dans une troupe qui jouait à visage découvert. On en dirait autant d'une autre pièce « italienne » de Marivaux fréquemment représentée comme *L'Île des esclaves*. L'habitude est prise en effet aujourd'hui de jouer Arlequin à visage découvert, comme un rôle, dans le sens moderne du mot, plutôt que comme un « type » traditionnel. Sans doute, cependant, les acteurs et les metteurs en scène tentent-ils de retrouver quelque chose du masque et des *lazzi* traditionnels dans des formes de jeu renouvelées. On doit évidemment comprendre les acteurs qui tiennent à jouer de leur identité et de leur visage et il ne saurait être question de le leur reprocher par un souci de purisme historiciste, mais les bons acteurs évitent de jouer Arlequin, avec ou sans masque, en le banalisant. L'évolution du personnage de théâtre et des attentes du public s'inscrit dans une longue histoire. La seconde moitié du XXe siècle permettrait pourtant d'autres traitements, comme on a pu le voir dans la mise en scène controversée, mais passionnante d'Alfredo Arias du *Jeu de l'amour et du hasard*[1]. Le groupe Tsé avait pris le parti de masquer tous les personnages selon une esthétique décorative rococo et un même registre métaphorique, celui des « singeries », annulant ainsi la singularité du personnage d'Arlequin par le procédé inverse. La généralisation du régime du masque, dans ce spectacle, avait cependant une portée herméneutique réelle puisqu'elle entraînait avec elle la dénonciation des maîtres : le masque les renvoyait

1. Mise en scène au Théâtre de la Commune d'Aubervilliers en 1986-1987. Voir l'article de Patrice Pavis sur cette mise en scène, repris dans le recueil d'articles réunis par Annie Rivara, *Masques italiens et comédie moderne*, Orléans, Paradigme, 1996, p. 221-234.

à la singerie sociale commune. Effet particulièrement pertinent sur le singe triste, Dorante, qu'interprétait merveilleusement Facundo Bo. Le passage du *Jeu de l'amour et du hasard* de la scène italienne au Théâtre-Français et le succès des pièces destinées par Marivaux lui-même à ce théâtre ont, dès le XVIIIe siècle, « autorisé » l'éviction des masques dans laquelle la critique a voulu voir une évolution de l'auteur lui-même, qui avait su jouer du clavier merveilleux de Thomassin, puis avait pris acte du vieillissement de la vedette et de la naturalisation progressive de la troupe italienne. Mais a-t-on raison de donner une interprétation esthétique globale aux différences qui marquent les comédies de Marivaux dans leur succession chronologique, au risque de confondre cette lecture avec un illusoire sens de l'histoire. Il me semble indispensable, pour comprendre la première *Surprise de l'amour* et, surtout, *Le Jeu de l'amour et du hasard*, de faire l'effort de leur restituer ce que l'on ne saurait appeler autrement que leur *étrangeté*, qui est directement tributaire de l'effet obtenu par l'*intrusion* d'Arlequin, type et personnage.

On ne rappellera pas ici, même sommairement, l'histoire européenne d'Arlequin : Marivaux joue avec un type adoré par le public des Foires et du Théâtre-Italien. Il en souligne la particularité en le laissant seul personnage masqué parmi ses camarades : en effet, même lorsque Marivaux met en scène deux *zanni*, Arlequin et Trivelin, le second, qu'interprétait Biancolelli, n'était pas masqué. Selon les traditions, celle des Italiens comme celle de la Foire, Arlequin superposait les déguisements. Il était le plus souvent à la fois Arlequin et un autre personnage. Dans *La Tête noire* de Lesage, pour ne citer qu'un exemple, il doit prendre la place d'une jeune fille à marier ; son vêtement traditionnel dépasse de sa robe et il conserve son masque, d'où cette « tête noire », destinée à rebuter tous les prétendants. Dans la première *Surprise*, il paraît à la scène 10 de l'acte I, dans le costume d'un chasseur. Dans le *Jeu*, de même, les habits de petit-maître laissent entrevoir l'Arlequin de la tradition. Le demi-masque de cuir rend littéralement invraisemblable toute méprise : mais qui va se soucier ici de la moindre vraisemblance fictionnelle ? La vraisemblance, dont les classiques avaient fait une règle sacrée, n'a cours que dans la critique des Hortensius du siècle : la foi, l'adhésion au théâtre est d'un autre ordre, ce dont les Italiens – les premiers –, mais aussi nombre de praticiens du théâtre ont un savoir implicite. Ce qu'atteste encore l'expérience du spectateur du XVIIIe siècle, soucieux avant tout de son plaisir. Et, de même, les *lazzi*, attendus par tous, et les traits distinctifs du type et de son comportement (appétit, allusions aux coups de bâton) sollicitent une forme de complicité avec le public qui mobilise des émotions et des rires réservés à la performance de l'acteur.

Arlequin est ainsi le valet de Lélio dans la première *Surprise*, et celui de Dorante, dans le *Jeu*. Mais il ne se dissout pas dans la topique de cet emploi traditionnel. Colombine, dans une déclaration humoristique, affirme « représenter » « toutes les suivantes de France », « un corps si respectable »[2], mais Arlequin « représente-t-il » les valets, comme Dorante ou Lélio les « maîtres » ? On retrouve certes dans les comédies une sociologie référentielle plus ou moins élaborée. Mais Arlequin n'est ni Lubin ni Pasquin. Il est présent aux côtés d'autres personnages de domestiques, Lisette et Colombine, et, dans la première *Surprise*, du couple de paysans, Pierre et Jacqueline. Il appartient à un ensemble de personnages « populaires », subalternes, dont il exhibe une série de traits caractéristiques, mais dont il se distingue par un affichage superlatif, une bigarrure inclassable. Ces autres personnages ne sont pas moins topiques qu'Arlequin. On a souligné, par exemple, que le couple Pierre et Jacqueline réincarnent, selon un effet d'allusion, qui va jusqu'à la citation, sans aucun doute délibérément voulu par Marivaux, les duos paysans du *Festin de pierre* et de nombreuses autres comédies. Colombine et Lisette sont d'éternelles soubrettes. Mais elles sont aussi des jeunes filles. Le costume de Colombine n'était pas caractérisé de façon très précise et, de même, lorsque, dans le *Jeu*, Silvia et Lisette échangent leurs rôles, la première dit qu'il ne lui faut « presque qu'un tablier » (J, I, 3) et la seconde s'en remet à sa « contenance » et aux « bons airs » dont elle va l'agrémenter. C'est dire qu'ici le type est fonctionnel et s'identifie par sa place dans l'intrigue et par des traits de « caractère », comme l'intelligence mutine de Colombine (S1) ou de la Lisette de la seconde *Surprise*, qui sont parfaitement compatibles avec cette illusion référentielle globale dont le costume traditionnel d'Arlequin vient sans cesse empêcher les effets. Marivaux joue, en la déjouant, de l'opposition discrète entre les deux groupes de personnages socialement marqués. Dans ce jeu des oppositions entre les maîtres et les valets, et, au-delà,

2. Le théâtre de Marivaux est cité d'après l'édition de la « Bibliothèque de la Pléiade », établie par Henri Coulet et Michel Gilot, Paris, Gallimard, t. I, 1993, t. II, 1994. Les deux *Surprises de l'amour* et *Le Jeu de l'amour et du hasard* figurent dans le tome I, de même que *La Double Inconstance* et *L'Île des esclaves* ; *Les Fausses Confidences* dans le tome II ; S1, III, 1.

entre les personnages populaires et les nobles ou grands bourgeois, Arlequin tient, de ce point de vue, une place à part, comme on le voit lorsqu'il y a des substitutions, dans *L'Île des esclaves* ou dans le *Jeu*, car, avec lui, la substitution reste toujours visible alors que le maître ne revêt l'habit d'Arlequin que dans *L'Île des esclaves* sans aller jusqu'au masque (probablement, du reste, l'échange des habits ne concernait que des éléments de livrée superposés avec l'habit traditionnel d'Arlequin). Les maîtres prennent le costume pour l'identité même de leur valet. Lorsque l'Arlequin de *L'Île des esclaves* imite les usages linguistiques d'Iphicrate, il confond ainsi le nom et la fonction : « Je ris de *mon Arlequin*[3], qui a confessé qu'il était un ridicule » (scène 6). Dans *Le Jeu de l'amour et du hasard*, l'habit d'Arlequin se trouve en quelque sorte doublement mis en abyme : « je vais de ce pas prévenir cette généreuse personne sur mon habit de caractère, j'espère que ce ne sera pas un galon de couleur qui nous brouillera ensemble, et que son amour me fera passer à la table en dépit du sort qui ne m'a mis qu'au buffet » (J, III, 1). L'habit de caractère est ici à la fois celui d'Arlequin, vêtement de théâtre, celui du type et la livrée du domestique (« le galon de couleur »). Or, de ce qu'Arlequin *dépasse* toujours, de ce qu'il *existe*, Marivaux tire des effets de sens et de plaisir spécifiques. Il ne *représente* pas le peuple, mais fait naître de la pensée et de l'émotion devant le peuple. Le moricaud bigarré marque le tableau comique d'un graphe irréductible.

Arlequin – j'hésite à le qualifier de « personnage » et ne retiens ce terme que par une commode paresse – ne se comprend donc que dans une tension entre cette singularité et le sort commun des autres personnages, dans le jeu instauré entre la poésie et l'idéologie, qu'il manifeste dans chaque pièce, celle de ses « alliés » du point de vue dramaturgique, les subalternes, et celle des gracieux aristocrates auxquels il offre un contrepoint. Pour cette étude, on se fondera avant tout sur la première *Surprise de l'amour* et sur *Le Jeu de l'amour et du hasard*, mais en gardant la seconde *Surprise* en regard. Marivaux met en scène les inégalités sociales telles qu'elles se manifestent dans la sphère domestique et tient un discours explicite sur elles. À cet égard, *L'Île des esclaves* offre quelque chose comme un modèle clair de lecture. On a souvent insisté sur le fait que, finalement – il faut bien dire *finalement* –, il ne les remet pas en cause et sur son acceptation de l'état des choses : Marivaux moraliste et conservateur catholique. Oui, les saturnales s'achèvent le soir. Oui,

3. Je souligne.

chacun reprend sa place. Mais est-il tout à fait légitime de penser que chacun a repris la même place lorsque Iphicrate demande à Arlequin d'oublier qu'il a été son esclave et lui promet de se souvenir toujours qu'il ne méritait pas d'être son maître. Et ne peut-on pas, ne doit-on pas entendre dans la longue tirade de Cléanthis une amertume et une violence retenue dont la force et la situation dans la comédie rendent encore plus apparente la *raison* profonde. « Entendez-vous, Messieurs les honnêtes gens du monde ? Voilà avec quoi l'on donne les beaux exemples que vous demandez, et qui vous passent : Et à qui les demandez-vous ? À de pauvres gens que vous avez toujours offensés, maltraités, accablés, tout riches que vous êtes, et qui ont aujourd'hui pitié de vous, tout pauvres qu'ils sont. Estimez-vous à cette heure, faites les superbes, vous aurez bonne grâce ! Allez, vous devriez mourir de honte » (scène 10).

Marivaux n'est pas en sympathie avec les maîtres lorsqu'ils traitent leurs domestiques avec impatience ou lorsqu'ils montrent du mépris social. La raison, la morale, et même certains sentiments chrétiens ne laissent pas indemne le système des rapports sociaux. Un discours s'ébauche peu à peu, dans chaque comédie de Marivaux, qui propose une représentation de la société, qui attache aux personnages des images et des valeurs, qui les implique dans des histoires.

L'Arlequin de *La Surprise de l'amour* forme, avec Lélio, un étonnant duo. Il accompagne la mélancolie de son maître, tente de se mettre à l'unisson de sa douloureuse « misogynanthropie » et y parvient. Il existe entre les deux personnages une sympathie, qui va au-delà de cette entente de garçons, une camaraderie, tout à fait absente du *Jeu*, mais que Marivaux note si souvent et qui atténue l'amertume des différences sociales. C'est, comme le dit si drôlement Lélio, la « conformité » du « génie » d'Arlequin avec le sien qui resserre leurs liens. Aussi a-t-il avec son serviteur des relations pacifiques, affectueuses, indulgentes, dont le sentiment de supériorité sociale se nuance d'indulgente solidarité : « tu as du bon sens quoiqu'un peu grossier » (S1, I, 2). C'est que le propos de la pièce est d'articuler une opposition entre les hommes et les femmes, avant de la défaire. De mettre en scène la réciproque méfiance de chaque sexe vis-à-vis de l'autre, la peur de l'autre sexe. De retourner ce différend et de le montrer pour ce qu'il est, un stimulant de l'amour. Mais la symétrie des duos masculin et féminin est imparfaite. Si Arlequin s'efforce de suivre son maître, au moins de ne pas lui résister, et de fuir un peu les femmes, Colombine s'oppose à sa maîtresse dès le début de la pièce, avec une intelligence immédiate dont Marivaux fait une valeur. Mais la solidarité masculine d'Arlequin et de Lélio, bouffonne et naturelle tout à la fois, a, du point de vue social, une force dénégatrice. On en notera quelques signes en comparant le traitement d'Arlequin avec celui de l'autre domestique, la servante paysanne Jacqueline. Lélio a établi une loi de célibat dans son empire domestique. Jacqueline se voit en conséquence obligée de lui demander son consentement pour épouser Pierre, car le maître ne veut « point voir d'amourette » dans sa domesticité. En un mot, l'harmonie qui règne, au début de la pièce, entre le maître et le valet, mise au jour par Jacqueline, fait écran au caprice du plus fort. La présence du couple de paysans, qui, du point de vue de l'intrigue, n'a pour fonction, à peu de chose près, que de fournir des prétextes aux rencontres de la Comtesse et de Lélio, révèle un fonctionnement social. Sans doute, la loi de Lélio est-elle peu rigoureuse et il lui en faudra peu pour se laisser convaincre, mais c'est assez pour rappeler le pouvoir social du maître sur les subalternes. Dès que l'affaire tourne mal, c'est-à-dire bien, Lélio menace ce « coquin » d'Arlequin et la Comtesse est prête à donner son compte à Colombine. On n'en est pas surpris. Le masque d'Arlequin marque la solidarité masculine et l'harmonie affichée de son empreinte, celle d'une hétérogénéité sociale que rien ne pourra gommer durablement.

Au second acte de la *Surprise*, Arlequin paraît donc dans le costume incongru d'un chasseur. À la suite d'une remarque du *Mercure*, Henri Coulet et Michel Gilot notent que ce n'est que le mot *gibier*, présent dans la scène, qui a entraîné ce surprenant costume. Un mot d'esprit, donc, devenu fantaisie de théâtre[4]... Frédéric Deloffre et Françoise Rubellin rappellent qu'Arlequin apparaissait parfois en chasseur dans l'Ancienne comme dans la Nouvelle-Comédie italienne[5]. N'en restons pas là et suivons notre chasseur. Quel est donc ce gibier qui l'a entraîné « trop loin »[6] ? Lélio, voilà peu, lui avait donné cet avertissement : « Dis-moi, mon pauvre garçon, si tu trouvais sur ton chemin de l'argent d'abord, un peu plus loin de l'or, un peu plus loin des perles, et que cela te conduisît à la caverne d'un monstre, d'un tigre, si tu veux, est-ce que tu ne haïrais pas

4. Dans leur édition du théâtre de Marivaux, t. I, p. 834, note 3.

5. Voir *Théâtre complet* de Marivaux, éd. F. Deloffre et F. Rubellin, Paris, Garnier, coll. « Classiques Garnier », t. I, 1989, p. 1050, note 26.

6. « Ouf, ce gibier là mène un chasseur trop loin : je me perdrais » (S1, I, 9).

cet argent, cet or et ces perles ? » (S1, I, 2). Arlequin n'a donc plus guère de doute : « Me voilà justement sur le chemin du tigre, maudits soient l'argent, l'or et les perles » (S1, I, 9). Le tigre, donc, ou la femme. De ces « tigres », il s'était fait une image plus rassurante, autrement féline : « c'est pourtant un joli petit animal que cette femme, un joli petit chat, c'est dommage qu'il ait tant de griffes » (S1, I, 2). Mais notre Nemrod n'est pas trop sûr de son habileté aux armes. Il est plutôt prêt à décamper devant la demoiselle, selon son adage « à bon chat, bon rat » (S1, I, 9), car il n'a pas assez de malice pour éviter de « tomber dans les pattes » de cette « race de chats » (S1, I, 9) : il n'en a « non plus qu'un poulet » (S1, I, 9). Ce qui est sûr, c'est qu'Arlequin était bien parti en chasse – sans doute à la chasse au chat – lorsqu'il s'est trouvé sur le chemin du tigre et a rencontré sa sorcière bien-aimée. Cette chasse burlesque en figure une autre. Celle que se réserve la noblesse, pratique féodale caractéristique, interdite aux Arlequins, domestiques ou paysans. N'est-ce pas du reste pour manger du gibier que l'Arlequin de *La Double Inconstance* quitte sa belle et la scène à la fin du premier acte : « ce rôt est donc friand ? », demande-t-il à Trivelin et celui-ci lui répond : « c'est du gibier, qui a une mine… »[7]. C'est encore la chasse des nobles libertins que suit, vaille que vaille, le Tartarin de la première *Surprise de l'amour*. Car, comme la guerre, la chasse offre à la noble poursuite des femmes la plus éculée des métaphores. Où le chat suggère évidemment le sexe. Mais il se sait déjà pris par sa Colombine, car, n'est-ce pas, elle est plus « ratière » (S1, II, 5) que malicieuse et a son Arlequin raton bien en tête. Le chasseur est le gibier : « je n'ai non plus de mémoire qu'un lièvre quand je vois cette fille-là ». La conclusion vient toute seule : « Colombine m'attrapera » (S1, II, 5).

Mais Arlequin se trouve pris dans les rets d'un autre bestiaire, tout à fait chrétien celui-là, dont Lélio est prisonnier. « Tu verras si tu n'es pas une vipère », siffle-t-il à Colombine (S1, I, 9). Il reprend l'image que son maître lui a assénée : « Quand quelqu'un me vante une femme aimable et l'amour qu'il a pour elle, je crois voir un frénétique qui me fait l'éloge d'une vipère, qui me dit qu'elle est charmante et qu'il a le bonheur d'être mordu » (S1, I, 2). La femme, c'est donc le serpent de la Bible, ce que chacun sait. Lélio est en proie aux délires des sectaires ou des prophètes apocalyptiques. Ne voit-il pas en elle « les instruments de notre supplice » ? Clous, fouet et couronne d'épines sans doute. Ce

7. *La Double Inconstance*, I, 8.

bestiaire-là, c'est Colombine qui va le reprendre pour le retourner, car « pourquoi prêcher la fin du monde ? » (S1, I, 7). Arlequin et Lélio sont des brebis qui ont quitté le troupeau : il faudra bien les ramener au commun bercail : « Vous riez ! Adieu pauvres brebis égarées ; pour moi, je vais travailler à la conversion d'Arlequin. À votre égard, que le Ciel vous assiste, mais il serait curieux de vous voir chanter la palinodie : je vous y attends » (S1, I, 7). Pris dans la fantaisie religieuse et délirante de son maître, Arlequin s'en dégage assez rapidement. L'image de deux petits oiseaux qui sont amoureux (S1, 1, 2) s'offre à lui bien vite, avec ses séductions. Ces oiseaux amoureux répondent dans une image anacréontique au sous-entendu obscène et paysan de Jacqueline : « Tredame ! c'est donc un oisiau bien rare qu'un homme, pour en être si envieuse ? ». Comme un cheval qui boîte, Lélio se trouve « tout déferré » (S1, I, 7) devant l'esprit des dames. Libérateur de poésie, Arlequin révèle, par son étrangeté la double prison idéologique et religieuse dans laquelle son maître s'est enfermé.

Que ce soit ce que je ne puis appeler autrement que « la poésie » d'Arlequin qui triomphe, on en verra un autre exemple dans *Le Jeu de l'amour et du hasard*. Sur cette pièce, nombreux sont les critiques qui ont choisi de souligner le ridicule d'Arlequin et celui de Lisette. Mais surtout d'Arlequin. Devant le charme exquis du badinage des maîtres, celui d'Arlequin offre, ou offrirait un contrepoint burlesque. C'est l'optique retenue par Nicolas Bonhôte, qui impute à Marivaux les jugements de Silvia et de Dorante et souligne le contraste entre le sérieux de maîtres et le ridicule dialogue amoureux des valets[8]. Sa thèse générale qui privilégie la mise en évidence de l'idéalisme aristocratique chez Marivaux implique cette lecture. C'est aussi l'opinion de Françoise Rubellin, dans son excellent *Marivaux dramaturge*, qui note que, « contrairement à *La Double Inconstance*, toutefois, *Le Jeu de l'amour et du hasard* ne comporte pas vraiment de personnage populaire positivement connoté ». Et elle ajoute : « Malgré tout, si Marivaux met en évidence des préjugés, cet Arlequin semblerait être fait sur mesure pour renvoyer une image

8. « Il suffit de comparer l'entrée de Dorante [...] à celle d'Arlequin [...]. Où le premier se montre respectueux, modeste, spirituel et galant, le second est fat, grossier et indifférents au sentiment, un vrai "butor" comme le relève son maître, un "vilain homme", un "animal" pour Silvia » (Nicolas Bonhôte, *Marivaux ou les Machines de l'opéra*, Lausanne, L'Âge d'homme, 1974, p. 106).

négative de l'homme du peuple, reconduisant les préjugés en question »[9]. Marivaux aurait mis en scène le type d'Arlequin selon un point de vue entièrement différent de celui qu'il avait retenu dans *La Double Inconstance*, dans *L'Île des esclaves* et dans *La Surprise de l'amour*, noircissant les traits de celui du *Prince travesti* jusqu'à en faire disparaître les ambiguïtés. Je suivrai ici une voie d'interprétation différente. Ne perd-on pas beaucoup de ce que Marivaux a mis dans ce personnage si l'on n'y voit que la basse caricature de son maître ? Patrice Pavis – dont mon interprétation est ici assez proche – remarque que la parodie, lisible dans les mots et les comportements de Lisette et d'Arlequin, peut donner lieu à des interprétations opposées, selon que l'on y décèle une malice des valets ou non[10]. Si l'on ne sent dans l'amour des inférieurs qu'une minable réplique à la gracieuse courtoisie aristocratique ? et ce qui est vrai d'Arlequin l'est aussi de Lisette. Il me semble que l'Arlequin du *Jeu de l'amour et du hasard* ressemble beaucoup à ses doubles des autres pièces qui appartiennent à ce qu'on pourrait appeler une « première période » de la création marivaudienne. L'analyse des scènes évoquées ci-dessus révèle, elle aussi, cette « poésie d'Arlequin » dont la vertu critique caractérise la première *Surprise de l'amour*.

Sans doute, dès son « entrée », comme il la qualifie lui-même[11], entrée en scène ou entrée royale, Arlequin nous sert-il une série de ces bourdes qui sont caractéristiques du type. Aucune d'entre elles ne s'écarte vraiment de la tradition. Ne disent-elles que la vulgarité d'Arlequin, en effet perceptible grâce au contraste de cette scène avec l'entrée de Bourguignon ? Il débute par une amusante syllepse : « Ah te voilà, Bourguignon, mon porte-manteau et toi avez-vous été bien reçus ici ? ». Mais cette « maladresse » dit nettement le statut d'un Arlequin qui voyage avec son maître : il est dans les bagages. « Bien reçu », est-ce vraiment autre chose que « bien arrivé » ? Le domestique est attaché aux choses qu'il porte dans cette société délicieuse de l'Ancien Régime. « Façons de parler sottes et triviales », gronde Dorante. Mais la figure de style a tout dit. Le point de vue des jeunes maîtres sur leurs valets, mais surtout sur Arlequin est tout à fait net. On entend, dans leurs répliques,

9. Françoise Rubellin, *Marivaux dramaturge*, Paris, Champion, 1976, p. 213.

10. Patrice Pavis, *Marivaux à l'épreuve de la scène*, Paris, Publications de la Sorbonne, 1986, p. 263-274.

11. « mon entrée est si gentille ! » (J, I, 8).

les marques d'un *ethos* aristocratique, peut-être d'autant plus impérieux et méprisant qu'ils sont, aussi bien, des bourgeois que des nobles, car si, aux yeux de Dorante, « il n'est ni rang, ni naissance, ni fortune, qui ne disparaisse devant une âme » comme celle de Lisette (J, III, 8), cela ne suffit pas à attester que lui-même soit noble, ni Silvia non plus, la fille de Monsieur Orgon. Que de mépris pour « les brutalités de cet animal-là », ou pour cette « impertinente » de Lisette, « cette fille-là » ! La sympathie que Marivaux nous inspire pour les maîtres vaut-elle adhésion à leurs mouvements d'impatience, lorsque ceux-ci prennent pour victimes leurs valets et alors même que, dans ces scènes, l'auteur joue du sourire et de la distance ? « Maudite soit la valetaille », dit Arlequin. Entendons dans cette réplique autre chose qu'une lourdeur du valet, quelque chose qu'un petit homme comme lui peut avoir entendu.

Et l'amour, est-il bien sûr qu'Arlequin n'y comprenne rien et que, du charmant marivaudage des maîtres, il ne donne qu'une bouffonne imitation ? Oui, Arlequin est burlesque aux pieds de Lisette, mais c'est bien pour que le spectateur ne puisse oublier *ensuite* cette scène lorsqu'il verra Dorante faire de même, et s'y laisser surprendre. Écoutons-le : « Ah ! Madame, sans lui j'allais vous dire de belles choses, et je n'en trouverai plus que de communes à cette heure hormis mon amour qui est extraordinaire » (J, II, 5) ou bien, dans la même scène, « Eh bien je me meurs, mon bonheur me confond ». Le style n'est pas mal vu. Rapprochons cette phrase des formules du Dorante des *Fausses Confidences* : « Il n'y a de vrai que ma passion, qui est infinie ». Et, sans doute, une phrase vient ensuite rappeler l'imitation bouffonne : « Mais à propos de cet amour, quand est-ce que le vôtre lui tiendra compagnie ? ». Et ce bonheur « confondant » est commenté par : « j'ai peur d'en courir les champs ». Au jeu des répliques amoureuses, le contrepoint burlesque d'Arlequin emporte aussi avec lui les galanteries de son maître. « Mons Bourguignon, vous avez pillé cette galanterie-là quelque part », raille Mario (J, I, 6), qui ne se borne pas à rappeler ainsi Bourguignon à son rôle de valet : il épingle encore la galanterie convenue, la renvoyant au magasin des formules stéréotypées et littéraires de l'extrêmement bonne compagnie. « Vous avez le langage bien précieux, pour un garçon de votre espèce » (J, III, 2), plaisante encore Mario. L'aristocrate trahit sa condition. Mais on devine aussi le petit-maître. La parodie de la préciosité badine – parfois on en reste à un discret pastiche – vise le marivaudage lui-même, le met à la distance d'un sourire. Vise la langue des maîtres. Si nous rions d'Arlequin, nous devons aussi, surtout, rire avec lui. « Ces gens-là [dit Monsieur Orgon] ne savent pas la conséquence d'un mot » (J, II, 11). Mais s'il le dit, c'est pour taquiner Silvia, car il pense exactement le contraire de ce qu'a dit Lisette, de cette « surprise » qu'elle a manifestée devant le comportement, étrange pour elle, de sa maîtresse. Voici la scène très célèbre de badinage amoureux parodique (J, II, 3). Lisette vient d'avertir son maître que « le cœur de Dorante [ici c'est Arlequin] va bien vite et Arlequin se montre bien pressé. S'aimer, se marier, « je ferais bien ces deux besognes à la fois ». Une métaphore surgit, celle de l'amour naissant, « au berceau », qui grandit si vite qu'à la fin de la phrase il est déjà question de « l'établir ». Il demande à Lisette « sa belle main blanche » pour amuser ce coquin d'amour qui grandit si vite. Que voilà une rapide érection, bien amoureuse ! Tout est condensé là, dans quelques mots, dans une image, l'amour, faire un enfant, le sexe dans sa réalité corporelle. Le badinage amoureux des maîtres, cet amusement de paroles ne dit-il pas exactement cela, une excitation sexuelle ? Assurément, Arlequin va vite en besogne. Mais tout dans l'amour n'est-il pas seulement un retardement de ce que le premier regard a décidé. Les maîtres, dans le *Jeu,* tombent amoureux dès leur première rencontre. Ce coup de foudre s'élabore en un amour sublime, sans doute, mais le coup de foudre est déterminant. À peine Araminte a-t-elle vu Dorante passer sur la terrasse, dans *Les Fausses Confidences*, qu'elle donne l'ordre, quatre fois réitéré, « qu'il vienne » et qu'elle se détermine à le prendre en dépit des commérages[12], car « il a bonne mine », le bougre. Et dans le *Jeu*, Silvia n'a pas vu Bourguignon depuis dix minutes qu'elle a cet aparté *significatif* : « je ne plains pas la soubrette qui l'aura. Il va m'en conter, laissons-le dire, pourvu qu'il m'instruise » (J, I, 7). L'incroyable rapidité de la naissance de l'amour dans le temps d'une journée est un peu escamotée par le théâtre qui compose avec la règle de l'unité de temps. C'est ici l'impatience d'Arlequin et les mots mêmes de cette impatience qui disent ce que cachent les bienséances et le ballet réglé du marivaudage : l'amour va vite et ne souffre pas de délais trop longs. Oui, du point de vue de l'amour, chez les garçons du moins, la cérémonie « est une bagatelle. Quand on y a pensé, on n'y pense plus ». Lélio ou Dorante, mais aussi la Comtesse ou Silvia, ont besoin qu'on le leur rappelle : les maîtres ne se rencontrent vraiment que parce que les Arlequins et autres valets le leur permettent : la construction dramaturgique est ici d'une clarté radicale. L'amour, ce sont des mots,

12. *Les Fausses Confidences*, I, 6.

quand ce sont les maîtres qui le font. Mais Arlequin révèle la nature véritable de ce langage : « Je voudrais bien pouvoir baiser ces petits mots-là, et les cueillir sur votre bouche avec la mienne ». Expression franchement burlesque pour certains[13], mais que le *Mercure* jugeait « un passage très joli du rôle d'Arlequin ». Reconnaissons ici la poésie érotique du XVIIIe siècle, l'épicurisme impatient d'Arlequin, l'amour vainqueur et la vie opportune des fêtes galantes.

La poésie d'Arlequin tient aussi à ce qu'on pourrait appeler une « enfance philosophique ». Son personnage est en effet porteur d'un ensemble de valeurs épicuriennes, d'une référence à la nature, d'une rusticité qui, pour n'être vraiment explicitée que dans *La Double Inconstance*, n'en laisse pas moins des traces, attachées au type même. Mais, en même temps, ces valeurs sont référées à une incarnation sociale, celle de l'homme du peuple et à une dimension enfantine. Admirable *condensation* dont l'acteur Thomassin, avec sa petite taille, jouait avec une grâce qui a charmé ses contemporains. Revenons ainsi à ces mots d'amour « cueillis sur la bouche ». Marivaux suggère discrètement l'oralité érotique de l'enfance qui caractérise Arlequin. « Chère petite main rondelette et potelée » : l'esthétique du « petit », du bout du cœur, n'est pas perdue dans le kitsch, mais elle révèle le procès de sens caractéristique du rococo. Loin d'aller dans le sens de l'ivrognerie, attachée au type, Marivaux se contente ainsi de suggérer son amour du vin et de la bonne nourriture : « je n'ai du courage qu'à mes repas » (S1, I, 2), dit ainsi Arlequin pour expliquer sa mélancolie ; « c'est un peu d'ennui », répond Lélio, et il n'a pas tort car la mélancolie est une maladie de riches. Et dans le *Jeu*, l'alcool procède d'une alchimie métaphorique qui rapproche le bonheur d'aimer d'un « vin délicieux » (J, II, 3) et transmue Lisette en « élixir de mon cœur » dont les paroles sont fortifiantes. L'anacréontisme rococo est ici déplacé, juste un peu : si Arlequin est goulu et assoiffé, la rémanence d'une image enfantine donne à ces défauts un caractère charmant, comme l'a senti le rédacteur du *Mercure*. Le temps du désir, qui se révèle dans l'impatience d'Arlequin, est celui de l'enfance.

Le réalisme amoureux des gens du peuple est lui-même formulé dans le surgissement d'une image qui n'est pas que parodique : « Hélas, quand vous ne seriez que Perrette ou Margot, quand je vous aurais vue, le martinet à la main, descendre à la cave, vous auriez toujours été ma

13. *Théâtre complet* de Marivaux, éd. cit., t. II, 1992, p. 1106.

princesse » (J, II, 5). C'est aussi une scène de genre à la Chardin qui surgit, amusante et pittoresque. Est-il si sûr que Marivaux n'éprouve que dégoût devant la trivialité d'Arlequin ? Bien sûr, il va vite en besogne et n'est pas bien fin lorsqu'il arrive pour voir son « beau-père » et sa « femme ». Mais après tout, ne se borne-t-il pas à dire ce qui est, dans les familles, chez les gens bien ? Comment ne pas évoquer ici *Le Paysan parvenu* ? Arlequin et Jacob, de rustique origine, sont frères dans leurs rêves et leurs amours : « bon soupé, bon gîte et le reste » comme dit le pigeon de La Fontaine. On ne rit pas d'eux sans ressentir la vitalité de leur instinct. La force de leur désir et de leur appétit les place, dans la société, comme des corps hétérogènes. Arlequin a cette admirable formule : « Je ne me soucie pas de ce qui est possible, moi ; mais je vous aime comme un perdu » (J, II, 3). Autre sens de cette hétérogénéité toujours apparente du personnage : il rend visible une force contre un ordre. Il lui donne corps : on comprend pourquoi Colombine éprouve « la fantaisie d'être aimée de ce petit corps-là » (S1, II, 3), « plus léger qu'une plume » et pas moins convaincant que le drôle de corps, celui des suivantes, au nom duquel s'exprime Colombine (S1, III, 1). Cette force est celle du comique, mais qu'entendre sous ce mot ? Dans son petit *Traité du rire*, Poinsinet confronte les opinions de Destouches, de Fontenelle et de Montesquieu[14]. Si le dernier met le rire sur le compte de l'orgueil, le premier l'impute à la joie et le second à la folie. Arlequin réunit en lui la joie simple, raisonnée et la folie. Comme ce Momus philosophe, il égaie la raison sous le masque de la folie[15]. Il a bien du mal avec la mélancolie de Lélio, dans la première *Surprise*. Dans le *Jeu*, Dorante lui fait en vain la recommandation suivante : « Débarrasse-moi de tout ceci, ne te livre point. Parais sérieux et rêveur et même mécontent, entends-tu ? » (J, II, 4). Il s'agit de ménager sa fuite, mais, en même temps, d'adopter un *ethos* socialement valorisé, celui de l'esprit de sérieux. À cet *ethos*, « l'animal » oppose une joyeuse vigueur. Sa joie vitale, agrémentée de *lazzi* et de mouvements divers qui lui valent la complicité du public, oppose une pensée à la société, une joie du corps aux bienséances et au contrôle de soi. Elle ne le distingue pas moins d'une aisance dont

14. [Poinsinet], *Traité des causes physiques et morales du rire, relativement à l'Art de l'exciter*, Amsterdam, chez Marc-Michel Rey, 1768.

15. Voir le beau livre de Dominique Quéro, *Momus philosophe*, Paris, Champion 1995.

il pointe l'arrogance aristocratique : « Vos petites manières sont un peu aisées, mais c'est la grande habitude qui fait cela ».

Arlequin instille dans le théâtre de Marivaux une jouvence qui est aussi pensée et vision du monde. On en verra un dernier indice dans l'humour ravageur qui accompagne les aveux d'Arlequin et de Lisette. Les apartés dont Arlequin commente l'aveu de son état (J, III, 6) ; « Lui dirai-je que je m'appelle Arlequin ? Non ; cela rime trop avec coquin », et puis « Je n'ai pu éviter la rime », viennent rappeler la prose à ses devoirs modernes, quand la comédie en vers des Français surgit inopinément. Et « la jolie culbute » du « magot », à laquelle fera écho la « magotte » inscrit bien au cœur du comique le renversement que lui imprime l'humour. Lisette suit son amusant amant avec le même entrain. S'aimer « toujours en dépit de toutes les fautes d'orthographe » (J, II, 5), voilà qui introduit une distance et une autotodérision, dont le régime contamine l'ensemble du rôle. La poésie d'Arlequin, comme celle de Jacob, c'est un point de vue sur le monde et Marivaux, loin de le dénier, lui reconnaît son charme et sa légitimité en même temps que sa vigueur critique. La parodie et le travestissement burlesque induisent des mouvements comiques dont il faut bien prendre la mesure : le charmant marivaudage et l'élégance aristocratique s'en trouvent mis à une distance essentielle, qui empêche définitivement que l'on fasse des comédies de Marivaux un pur théâtre de la distinction.

3. Esthétiques

Un théâtre de « petites choses »[1]. Remarques sur les deux *Surprises de l'amour* et *Le Jeu de l'amour et du hasard*

Élisabeth Lavezzi
Université Rennes II – Celam

Dans le *Mercure de France* de décembre 1727, on lit le jugement suivant porté sur la première *Surprise de l'amour* : « Le sujet est trop simple, dit-on. Soit : mais c'est de cette même simplicité que l'auteur doit tirer une nouvelle gloire, telle que celle de la tragédie de *Bérénice* a acquise à M. Racine »[2]. On peut s'étonner qu'un contemporain de Marivaux rapproche une comédie destinée aux Comédiens-Italiens d'une tragédie, écrite pour les acteurs français. Toutefois, au-delà des différences génériques, la comparaison dessine des similitudes dans le choix du sujet et dans l'esthétique de la simplicité.

Par ailleurs, la première *Surprise* fait penser au *Misanthrope* (1666) de Molière, parce que Lélio ressemble au personnage éponyme, comme cela a été noté, par exemple, par Michel Deguy qui considère qu'« à bien des égards la relation de ceux que Marivaux nomme les Sincères avec l'Alceste est remarquable »[3]. Au début de la pièce de Marivaux, on apprend que, après une trahison amoureuse, le personnage s'est retiré à la compagne pour y vivre dans la solitude. Ce mode de vie donne une idée de celui auquel se destine Alceste quand, à la fin de la comédie, il forme le projet de « chercher sur la terre un endroit écarté » (V, 4, v. 1805). Mais, alors qu'Alceste espère y trouver la « liberté » d'être « homme d'honneur » (V, 4, v. 1806), Lélio aspire plus modestement à « ne plus voir de femmes »

1. Expression utilisée par le marquis d'Argenson dans son manuscrit, *Notices sur les œuvres de théâtres*, cité par Frédéric Deloffre et Françoise Rubellin dans leur édition du *Théâtre complet* de Marivaux, Paris, Garnier, coll. « Classiques Garnier », t. II, p. 231.

2. Cité par Françoise Rubellin dans son édition de *La Surprise de l'amour*, Paris, Librairie générale française, coll. « Le Livre de poche classique », 1991, p. 175.

3. Michel Deguy, *Marivaux ou la Machine matrimoniale* [1981], Paris, Gallimard, 1986, p. 136.

(S1, I, 2). C'est pourquoi le personnage de Marivaux est une imitation limitée de celui de Molière : l'un n'exècre que les femmes, l'autre déteste le vice humain. Mais tous deux, après une déconvenue amoureuse, érigent l'animosité et la retraite en principe de vie.

Bérénice et *Le Misanthrope* partagent une analogie : comme la tragédie a un sujet simple, la comédie, elle aussi, a une intrigue simple. La première *Surprise* de Marivaux est corrélée à deux pièces classiques qui se distinguent par la minceur de leur matière. On connaît la défense de la simplicité à laquelle se livre Racine dans la préface de *Bérénice* : la séparation de l'empereur et de la reine *invitus invitam* est une action « très propre pour le théâtre » notamment parce qu'une tragédie peut être « peu chargé d'intrigue ». Ce choix d'une matière dépouillée, qu'exprime la formule bien connue : « toute l'invention consiste à faire quelque chose de rien », se traduit par l'abandon de faits extérieurs au profit d'une intériorisation de l'action, mouvement certes fréquent dans la tragédie, mais qui, dans *Bérénice*, est poussé à l'extrême. Le sujet, la séparation des amants en dépit d'eux, engendre une action essentiellement déterminée par la dynamique de la passion amoureuse.

On sait aussi que la comédie de Molière ne présente qu'une action bien mince : Alceste explique à son ami Philinte qu'il est chez sa maîtresse Célimène pour exiger l'exclusivité de ses sentiments (I, 1, v. 241-243). Mais cet entretien est vite interrompu (I, 1) ; il ne reprend que plus tard pour être à nouveau suspendu (IV, 3) ; il redémarre (V, 2) en intégrant un tiers, Oronte, s'arrête encore et se termine dans la dernière scène de la pièce (V, 4). Le reste de la pièce peint les mœurs mondaines et le (mauvais) caractère d'Alceste. L'action qui manque de teneur (Alceste cherche à clarifier sa relation à Célimène) tient surtout au fait d'être sans cesse différée par des péripéties et des interventions inopinées.

De plus, dans les deux pièces, un personnage doit s'expliquer. Il faut que Célimène réponde à la demande d'attachement total que lui adresse Alceste ; et que Titus dise à Bérénice sa décision de la renvoyer. Le spectateur, lui, attend que l'énoncé souhaité soit prononcé et assiste aux efforts réitérés, mais souvent vains, que fournissent les personnages. Titus réussira-t-il enfin à parler ? Cela arrive tard (IV, 5) et le reste de la tragédie répète en raccourci et sur un mode plus intense ce qui précède. Alceste fera-t-il enfin parler Célimène ? Cela ne se passe qu'à la dernière scène. En dépit des différences qui les séparent, ces deux pièces tiennent à une action faible en lien avec une parole bloquée.

En quoi cela éclaire-t-il Marivaux ? Dans l'avertissement des *Serments indiscrets* (1732), il décrit lui-même le sujet de la seconde *Surprise* choisissant des termes qui s'appliquent aussi à la première : « il s'agit de deux personnes qui s'aiment pendant toute la pièce, mais qui n'en savent rien eux-mêmes et qui n'ouvrent les yeux qu'à la dernière scène ». Le sujet est paradoxal, c'est l'ignorance où sont des personnages de leurs propres sentiments ; l'action consiste dans les manifestations de cette ignorance qui précèdent le moment final où, apparemment, elle disparaît. La matière de la pièce réside dans la difficulté des personnages à connaître leurs affects, mais aussi à les reconnaître et à les déclarer.

Dans cette perspective, les deux *Surprises* partagent des ressemblances supplémentaires avec *Le Misanthrope* et *Bérénice.* Dans la comédie de Molière, Éliante explique, en effet, à Philinte que Célimène ignore probablement si elle est attachée à Alceste : « Son cœur de ce qu'il sent n'est pas bien sûr lui-même ; / Il aime quelquefois sans qu'il le sache bien » (IV, 1, v. 1182-1183). Célimène annonce les personnages de Marivaux, qui, masculin ou féminin, ignorent ce qui se passe dans leur cœur. Dans la tragédie de Racine, Titus, qui « penche enfin du côté de [s]a gloire » (II, 2, v. 452) se demande : « Pourrai-je dire enfin : "Je ne veux plus vous voir" ? » (IV, 4, v. 998). Titus anticipe sur le personnage qui éprouve des difficultés à dire son choix.

Marivaux reprend ces deux idées de personnage, celui qui ignore ses sentiments et celui qui peine à déclarer ; il les réunit, les combine et les dramatise. On peut admettre en effet que, comme Titus, il soit très difficile de dire à la personne que l'on aime, que l'on se sépare d'elle ; on explique alors que l'obstacle à l'énonciation réside dans le contenu de l'énoncé. Inversement, on aurait tendance à penser qu'il est plus facile de déclarer son amour à la personne que l'on aime. Or, c'est cette idée toute faite que remet en question Marivaux, en inventant Lélio et le Chevalier. Comme le contenu de l'énoncé n'explique pas à lui seul une inhibition de l'énonciation, il déplace l'accent de l'énoncé même au rapport que le personnage entretient avec lui et à l'énonciation.

Dans cette perspective, Titus fournit une clef ; certes sa difficulté à annoncer sa décision découle du conflit entre l'empereur et l'amoureux (IV, 6, v. 1226), mais elle résulte d'une autre tension, celle qui oppose son investissement d'une image idéalisée de lui-même à sa passion pour Bérénice. Au moment d'annoncer enfin à Bérénice leur séparation, il juge que, bien que « depuis huit jours [il] règne », « L'univers [n'a pas] vu changer ses destinées » (IV, 4, v. 1029 et 1035) : c'est dire l'idée élevée qu'il se fait de sa « gloire » et le degré d'importance qu'il lui accorde. C'est pourquoi, en faisant « ce que l'honneur exige » (v. 1039), il obéit autant à une pression politique extérieure qu'à l'estime qu'il éprouve pour lui-même, sentiment qu'il nourrit en étant un digne empereur. Cet antagonisme détermine sa difficulté à énoncer sa décision, qui ne réside pas seulement dans le contenu pénible de l'énoncé, mais aussi dans la tension qui lui est préalable.

En traitant une forme d'inhibition de la parole, Marivaux attire l'attention sur l'énonciation elle-même, en tant qu'acte qui engage, fait gagner et perdre. Cet aspect est d'ores et déjà sensible chez Célimène. Si, conformément à leur demande, elle se déclarait en faveur d'Oronte ou d'Alceste, elle satisferait l'un, mais perdrait l'autre, comme ils l'en avertissent clairement (V, 2, v. 1615-1616). Sous divers prétextes, elle se défile ; mais Alceste l'épingle : « Conserver tout le monde est votre grande étude » (V, 2, v. 1641). La coquette ne s'explique ni ne se déclare, moins parce qu'elle n'a pas de préférence que parce qu'elle veut garder tous ses amants, et, comme le dit aussi Églé dans *La Dispute*, ne « rien perdre » (scène 18). La parole de Célimène que ses amants attendent et qu'elle ne prononce pas aurait valeur d'acte et serait accompagné d'une perte.

Marivaux inscrit ses deux *Surprises* dans la lignée de ces pièces classiques bien particulières, qui, ayant peu de matière, font de la parole l'action. Mais il radicalise les questions posées, attire l'attention sur le rapport de l'énoncé potentiel à des conflits intérieurs, et sur l'énonciation en tant qu'engagement en montrant des modes de dysfonctionnement. L'énonciation trouve dans la déclaration d'amour, qui est l'un de ses cas particuliers, son domaine pathologique par excellence. Et la virtuosité des personnages dans le discours met d'autant en relief les symptômes dont ils sont atteints. Notre lecture s'oppose donc à l'idée, souvent défendue depuis le XVIIIe siècle, selon laquelle les comédies de Marivaux se terminent en toute clarté.

En décidant que ses personnages « n'ouvrent les yeux qu'à la dernière scène », Marivaux accorde à la fin des pièces une importance capitale. Toutefois, non seulement cette brutale révélation de soi à soi n'est pas aussi radicale qu'il le dit, mais encore elle ne coïncide par obligatoirement avec une déclaration d'amour ; c'est pourquoi la fin des pièces est moins une conclusion radicale qu'un arrêt des tergiversations et semble davantage obéir au genre que garantir le bonheur promis.

La dernière scène de la première *Surprise* finit la pièce plus qu'elle ne la conclut. Paul Gazagne remarque que Lélio et la Comtesse ne se promettent pas le mariage : « Marivaux laisse subsister un doute sur la façon dont se dénoue l'aventure »[4]. À la Comtesse qui invite Lélio à ne plus s'exprimer par énigmes, mais à déclarer ses sentiments (« expliquez-vous, et ne vous attendez pas que je devine » [S1, III, 6]), Lélio répond non par des paroles claires et directes mais en s'agenouillant, attitude implicitement désignée dans la réplique de son interlocutrice : « Levez-vous, Monsieur ». Il accompagne ce geste d'une question, « me voilà expliqué ; m'entendez-vous ? », qui souligne la signification amoureuse d'un comportement symbolique, se référant au serment d'allégeance du Chevalier à sa dame. Mais il recourt à un comportement stéréotypé qui le dispense, à ses yeux, de déclarer son amour : la parole amoureuse y est bien mise en sourdine. Il fait comprendre à la Comtesse qu'il l'aime, il le lui laisse penser, mais il ne le lui dit pas : en se dérobant à la verbalisation, il laisse à cet acte précieux qu'est l'aveu amoureux une part d'inachevé. Alors que toute la pièce tend à une sorte d'apothéose de l'amour, l'ébauche qui tient lieu de déclaration laisse sur un sentiment d'occasion à moitié ratée. Nicolas Bonhôte commente la dernière scène dans ce sens : « Pas un mot de tendresse, pas un élan, rien qui dise le bonheur, l'accession à une conscience neuve des rapports à autrui »[5].

Lélio souffre d'une forme de mutisme : il n'est capable que d'un geste conventionnel pour toute explication, qui intervient *in extremis*. Ses atermoiements tardent jusqu'à l'ultime limite de la pièce ; quelques répliques avant la fin, en effet, il s'avoue à lui-même : « je ne sais ce que je dois faire » (S1, III, 6), alors qu'Arlequin vient de révéler que son maître garde, sans son accord, le portrait de la Comtesse dans sa poche. Dans ce cas, son ignorance concerne moins ses sentiments que son comportement ; et cette incapacité à savoir comment « faire » éclaire la justification peu crédible qu'il donne à la Comtesse quand Arlequin dénonce le vol du portrait ; en prétendant « j'étais dans l'ignorance », il nie l'évidente responsabilité de son geste non qu'il soit fou ni qu'à ce moment-là il ignore encore ses sentiments, ni même qu'il espère être cru, mais parce qu'il est un incompétent de la vie.

4. Paul Gazagne, *Marivaux par lui-même*, Paris, Éditions du Seuil, 1954, p. 98.

5. Nicolas Bonhôte, *Marivaux ou les Machines de l'opéra*, Paris, L'Âge d'homme, 1974, p. 130.

Cette pathologie de la parole dont Lélio est atteint peut être éclairée par l'étrange réplique de la Comtesse qui clôt le dialogue amoureux : « reprenez-le portrait de votre parente ». Elle répond en ces termes à l'aveu d'amour par geste de Lélio qui, en retour, réclame à la Comtesse de choisir : « condamnez-moi, ou faites-moi grâce ». L'alternative propose deux choix dont aucun n'exige de parole directe d'amour et qui relèvent de la fonction galante du portrait (offrir son portrait à son amant, c'est pour une femme répondre à cet amour en s'offrant métonymiquement elle-même dans son image peinte). Qu'elle réprouve ou approuve le vol, la Comtesse n'agit pas en juge, mais en femme aimée ; c'est pourquoi, le pardon signifie qu'elle aime en retour, voire approuve rétroactivement le vol, ce qui veut dire qu'au moment du délit, elle aimait déjà. Cela est d'ailleurs renforcé par une ambiguïté du texte qui ne permet pas de trancher entre deux hypothèses ; ou elle a effectivement perdu son portrait comme elle le prétend et a fait un acte manqué qui tombe à pic ; ou elle l'a délibérément égaré dans le dessein de mettre Lélio à l'épreuve de ses sentiments par la tentation, et le vol est par avance pardonné. Enfin, elle ne dit pas « je vous donne mon portrait », mais « reprenez le portrait » : par l'emploi non du verbe *donner*, mais *reprendre*, elle tient compte de ce qui s'est passé.

Il est surprenant d'entendre la Comtesse dire à Lélio de reprendre le portrait ; il n'est pas convenable en effet qu'une femme de condition déclare son amour à un homme en public (notamment devant des domestiques). Mais la Comtesse précise : « reprenez-le portrait de votre parente » ; cela est d'autant plus étrange que cette réplique ne trompe personne ni n'est faite dans ce but. Ce mensonge n'est pas nécessaire à sa pudeur tant il est peu crédible. Qui, des personnages présents, penserait que le portrait n'est pas le sien, mais celui d'une parente de Lélio, et que ce dernier s'est trompé en le gardant ? D'ailleurs, elle dénonce son propre mensonge par sa réaction (elle est « *confuse* ») qu'elle verbalise (« laissez-moi respirer »). Elle feint et montre qu'elle feint ; personne n'est dupe et Arlequin peut s'écrier « Enfin, voilà la fin ».

Quel but vise ce « portrait de [la] parente » ? Renvoyer Lélio à son mensonge est inutile puisqu'Arlequin l'a dénoncé. Serait-ce plaisir malin de lui rappeler son double crime (il a volé et menti) au moment du pardon ? Ces interprétations ne sont pas à écarter, mais il y en a une autre qui, elle, tient à la question de la parole traitée par son versant pathologique. Le mutisme de Lélio ne conduit pas la Comtesse à oublier qu'il a menti, mais, paradoxalement à lui répondre en inscrivant leur relation dans les traces de la fable de la parente.

Il faut donc remonter en arrière. Le « portrait de la parente » est une expression qui découle du « conte à dormir debout » qu'a imaginé Lélio pour, croit-il, cacher à Arlequin la signification amoureuse du vol du portrait (S1, III, 3). Or, la nécessité de cette fable ne s'impose pas : l'inégalité de condition dispense un maître de se disculper auprès d'un domestique. La fonction du conte destiné à Arlequin est liée à la tactique adoptée par Lélio envers la Comtesse. Le valet rapporte à la Comtesse que Lélio veut lui dissimuler son vol : « Il m'a défendu d'en rien dire, et de vous faire accroire qu'il est perdu » (S1, III, 3). Lélio imagine une double manœuvre, la fable pour camoufler son amour à Arlequin et le mensonge pour cacher son vol à la Comtesse ; peu après, voyant arriver la Comtesse, ne décide t-il pas à nouveau : « Cachons-lui ma faiblesse » (S1, III, 5) ?

Le mensonge sur le vol amoureux, qui tient à la signification amoureuse du portrait, ne va pas sans violence à l'égard de la Comtesse : fait à l'insu de la personne aimée, il suppose l'exercice d'une violence qui en fait un rapt moral. Symboliquement, cet acte d'amour apparemment anodin dévoile l'existence d'un désir de captation. À l'égard d'Arlequin, Lélio entend le tromper non sur l'acte du vol, ni sur sa signification amoureuse, mais sur la personne qui en est l'enjeu ; c'est pourquoi la cousine remplace la Comtesse, ce qui montre à quel point Lélio tient à l'écart de sa pratique amoureuse la personne pour qui il éprouve de l'amour.

Arlequin rapporte à la Comtesse les paroles de Lélio : « ce portrait ressemble à une cousine qui est morte, et qu'il aimait beaucoup » ; ce propos rappelle celui de Jacqueline qui, racontant la rupture de Lélio avec son ancienne maîtresse, cause de sa retraite campagnarde, évoque « une dame de Paris qui l'aimait beaucoup ». Les deux énoncés, qui se distinguent l'un de l'autre par l'inversion sujet/objet et par les individus féminins (dame/cousine), renvoient à une même structure : dans les deux cas, l'un réel (la trahison amoureuse), l'autre imaginaire (le « conte à dormir debout »), le comportement extravagant de Lélio (exil campagnard, vol du portrait) est déterminé par la même cause, la souffrance affective. Le deuil dû prétendument à la mort d'une cousine ressemble au chagrin d'amour causé par la rupture avec une femme qui était amoureuse de lui, mais qui s'est révélée inconstante ; de même dans la mesure où le terme *cousine* désigne tout à la fois une parenté proche, un lien parental éloigné et une relation non parentale, l'attachement de Lélio à sa cousine est de nature assez indéterminée pour être rapproché de l'amour pour la dame de Paris.

Le conte de la cousine n'est donc pas un mensonge insignifiant puisqu'il permet de repérer dans les histoires amoureuses de Lélio un scénario *bifrons* : il perd un être qui l'aime/il aime un être qu'il perd. Au-delà de l'anecdotique, une relation de cause à effet relie les types d'amour passif, « qui l'aimait », et actif, « qu'il aimait » : c'est parce qu'une femme l'aime, qu'il l'aime. Cette logique, Lélio essaie d'en décrire le mode de fonctionnement quand il se confie à Arlequin : « le moyen de se voir adorer sans que la tête vous tourne ? Pour moi [...] je me croyais un petit prodige, mon mérite m'étonnait : ah ! qu'il est mortifiant d'en rabattre ! » (S1, I, 2). Les délices éprouvés à être aimé déterminent l'attachement de qui les éprouve à qui les lui fait éprouver.

De plus, ce noyau structurel a un contenu affectif ambivalent : perdre son objet d'amour, ou ne plus en être un, procure une souffrance qui inverse l'amour en haine. Les « injures » que, selon le terme de Jacqueline, Lélio adresse à la dame de Paris sont analogues aux « injures » que, selon Arlequin, Lélio dit « à la copie d'une cousine qui est morte ». Or, en décrivant la fonction d'exutoire que remplit le portrait, Arlequin suggère que Lélio a ajouté la Comtesse à son paradigme féminin : « Est-ce qu'on dit des injures à la copie d'une cousine qui est morte ? [Lélio] se fâche contre le visage de Madame ; il le querelle tant qu'il peut de ce qu'il aime » (S1, III, 3). Certes, dans cet usage magique du portrait où la représentation du modèle vaut pour le modèle lui-même, Lélio dirige sa colère contre l'objet qui l'a conduit à trahir sa décision. Il reconnaît d'ailleurs peu après sa responsabilité (S1, III, 5) : il se reproche d'être « un homme sans jugement » puisque, bien qu'il ait voulu ne « jamais revoir de femmes », il est tombé amoureux de la Comtesse ; il pense alors s'obliger à rester fidèle à son choix par une méthode radicale qui relève de l'auto-punition : « Il me prend envie de m'enfermer chez moi, et de n'en sortir de six mois ». Mais en se fâchant, il exprime aussi l'ambivalence de ses sentiments qu'il décrit quand, à la fin, il avoue sa résistance à la Comtesse par une métaphore guerrière : « mes extravagances ont combattu trop longtemps contre vous » (S1, III, 6). Et, quand Lélio lui dit « mérit[er] [sa] haine », outre la visée stratégique du propos, il envisage l'inversion d'une haine agie en une haine subie. L'ambivalence amour/haine se combine à une réversibilité actif/passif ; comme l'a remarqué Nicolas Bonhôte : « on pourrait presque mettre l'homme dans le rôle de la femme et l'inverse »[6].

Les rapprochements de passages analogues et les explications d'Arlequin montrent que Lélio tend à superposer les trois histoires : l'une passée, sa mésaventure amoureuse avec la dame de Paris, l'autre présente et en train de se dérouler, son aventure amoureuse avec la Comtesse, la dernière qui, inventée, est comme hors du temps, son roman amoureux avec la cousine. Réelles ou non, elles se ressemblent, se contaminent et s'enchevêtrent, ce qu'expriment les élucidations embrouillées d'Arlequin. Lélio qui a été aimé de la dame de Paris puis l'a injuriée, qui aime la Comtesse et injurie son portrait, qui dit avoir aimé sa cousine et injurie une image qui lui ressemble, est pour le moins prisonnier d'un même scénario amoureux. Mais il y a plus ; alors que le conte de la cousine est immédiatement dénoncé comme une invention par Arlequin, la Comtesse substitue à *cousine* le terme de *parente*, qui, lui, désigne la seule relation familiale, et donne à l'histoire une coloration incestueuse : le mensonge de la parente exprimerait-il ce désir ?

C'est pourquoi le mutisme de Lélio, que ne compense pas totalement son recours à un geste stéréotypé, et l'étrange réplique de la Comtesse dessinent moins une promesse de bonheur qu'un avenir de répétition. La dernière scène le laisse penser en questionnant l'énonciation par un dysfonctionnement de la déclaration d'amour et une asymétrie de sa réciprocité. Champions du discours, les maîtres sont des infirmes de la parole, de cette expression du désir qui est un engagement.

Alors que la première *Surprise* se finit sans se conclure, la seconde se conclut avant de se finir. Dans les deux dernières scènes (S2, III, 16 et 17), en effet, le Chevalier et la Marquise règlent le sort du Comte de façon bien cavalière. Celui-ci s'est clairement déclaré à la Marquise (« Madame, il y a longtemps que mon cœur est à vous » [S2, III, 10]), et l'a demandée en mariage (« ne me refusez pas, je vous en conjure »). Bien qu'elle ne se soit pas décidée (« je ne saurais vous répondre »), elle ne s'est pas opposée aux « mesures » qu'il est allé prendre ; il part chercher un notaire avec lequel il revient (« il y a là-bas un notaire que le Comte a amené », annonce Lisette [S2, III, 17]). Mais il surprend alors son rival auprès de la Marquise et lui « baisant la main » (S2, III, 15), signe de « grands transports » (S2, III, 16). Devant les deux amants qui ne le dissuadent

6. *Ibid.*, p. 132.

pas, il s'écrie « Ah, Ciel ! » et sort. C'est une violente déconvenue qui est infligée à celui qui a déclaré son amour et que l'espoir a fait agir. La pièce se termine par la transformation d'un trio en duo, et l'amour de la Marquise et du Chevalier se noue sur les décombres d'une cruelle déception imposée à un tiers.

L'intrigue, elle, se conclut quand le Chevalier déclare son amour à la Marquise. Il en explique la réalisation tardive par la longue méconnaissance de son amour ; il l'explique au Comte : « quand vous me disiez que j'aimais Madame, vous connaissiez mieux mon cœur que moi ; mais j'étais dans la bonne foi » (S2, III, 16). Bien que cette réplique corrobore le commentaire de Marivaux sur sa pièce que nous avons cité plus haut, une remarque s'impose : le Chevalier ne dit pas avoir ignoré son cœur, mais l'avoir moins bien connu que son rival. De fait, à de nombreuses occasions, ses propos supposent davantage une méconnaissance qu'une ignorance de ses sentiments. Plus radicalement, Nicolas Bonhôte refuse de voir dans les deux *Surprises* le « passage de la méconnaissance du cœur à la clairvoyance »[7].

Plus d'une réplique du Chevalier relève de ce demi-savoir. Lisette, qui a compris qu'il est jaloux du Comte et amoureux de la Marquise, tente de le lui faire dire (S2, I, 11). Sa réponse est ambiguë : « qu'est-ce que cela signifie, que j'ai de l'inclination pour elle ? » ; la partie de la phrase qui dit son amour est insérée dans une autre qui en doute. Ou bien il pose une question : « Que pourrais-je dire davantage ? » ; et il laisse à autrui le soin de parler à sa place. Ces types de réplique condensent le cœur de l'intrigue. Car il comprend que le Comte et Lisette le soupçonnent d'aimer la Marquise. En jugeant que le Comte le « quitte aussi froidement que s'il quittait un rival » (S2, I, 11), ne désigne-t-il pas son statut d'amoureux tout en le repoussant dans l'irréel ? D'ores et déjà, il a plus d'une carte en main pour pressentir qu'il est amoureux. Par conséquent, il bute autant voire plus sur l'acte qu'est la déclaration d'amour que sur la révélation déjà en chemin de ce sentiment à lui-même.

Il en va de même quand la Marquise lui réclame un « petit éclaircissement » et lui demande de « répondre avec la dernière naïveté » (S2, II, 7). Comme elle vient d'apprendre que Lisette a offert sa main au Chevalier et que celui-ci l'a refusée, elle veut savoir comment il a agi. Quand elle le met devant une alternative (« Était-ce dépit jaloux [...]

7. *Ibid.*, p. 141.

ou bien était-ce vrai dédain ? »), il écarte la manière dédaigneuse sans se décider pour l'autre. Il laisse, en effet, sa phrase en suspend : « pour de la jalousie… » ; il se trouble (« *d'un air embarrassé* ») et se défile en posant des questions. À l'ultime interrogation de la Marquise (« Vous ne l'étiez donc point [jaloux] ? »), il ne répond pas (la didascalie « *Elle le regarde* » implique une attente). La déclaration n'a pas eu lieu, moins par ignorance que par méconnaissance, moins par méconnaissance que par paralysie de la déclaration.

On pourrait multiplier les exemples, tant cette forme d'inhibition féconde de solutions de compromis et de faux-fuyants. Paradoxalement, certains moyens qui visent à éviter la déclaration y préparent. Quand le Chevalier et la Marquise se réconcilient (S2, II, 9), la scène se termine dans une apothéose partagée de la parole ambiguë, une parodie de déclaration. Alors qu'il « *lui baise la main* », la Marquise commente : « On le prendrait pour mon amant » ; il surenchérit : « je défie un amant de vous aimer plus que je ne fais ». De même qu'au cours de leur rencontre (S2, I, 7), leur amitié a tous les caractères de l'amour ; car, la Marquise le lui dira, c'est ce mot qui « arrête » le Chevalier. Rien ne manque, tout est en place, à un terme prêt. L'action consiste à attendre que cette substitution ait lieu.

Dans le troisième acte qui répète le deuxième en le dramatisant, le Chevalier se livre à une copie de déclaration d'amour. La situation est urgente, car l'évitement a fait place au déni et au défi qui suppose un passage à l'acte. Le Comte, qui veut savoir à quoi s'en tenir, presse tant le Chevalier que celui-ci, prisonnier de son déni, décide d'en « donner des preuves qui ne seront point équivoques » et accepte d'épouser la sœur du Comte, tandis que ce dernier épousera la Marquise (S2, III, 6). Le Chevalier forme alors un projet paradoxal : lui qui a été jusqu'alors incapable de déclarer son amour, s'engage à agir dans le sens contraire : « je veux que ce soit moi qui lui annonce la chose [son mariage avec la sœur du Comte], vous allez voir ce qu'un rival de mon espèce est capable de faire ». Il sait donc que certaines déclarations sont des actes, mais il en fait une expérience parodique puisque son énoncé performatif sera déplacé ; au lieu de dire à la Marquise qu'il veut l'épouser, il lui dit qu'il va épouser la sœur du Comte. Il lui reste à changer la personne concernée par le mariage pour parvenir à la bonne déclaration. Le mésusage de la déclaration vaut entraînement, la contrefaçon donne une idée du modèle, l'imitation anticipe sur l'original.

Nous avons considéré jusqu'à maintenant que, dans la scène de conclusion, le Chevalier ne se découvre ses sentiments que partiellement, étant donné ses multiples répliques ambiguës et qu'il se livre à des parodies de déclaration avant de dire son amour. Nous allons maintenant examiner son aveu qui est un serment : « Mon amour pour vous durera autant que ma vie » (S2, III, 15). Cette formulation stéréotypée pose question : est-ce une parole amoureuse ? La déclaration est-elle vraiment adressée à la Marquise ? Nos doutes s'opposent à une lecture positive de l'aveu final, « explicite et chaleureux » selon Nicolas Bonhôte[8].

Le serment d'amour suit de près la lettre écrite par le Chevalier à la Marquise. Leur comparaison donne une mesure de ce qu'il en est. Le billet, composé dans l'urgence, contribue à la déclaration du Chevalier, car il contient le mot *amour* qui « arrête » le Chevalier ; l'écrire l'aide à le dire. Au moment où il écrit, il traverse une crise. Après avoir entendu la Marquise confirmer au Comte qu'il « pouv[ait] espérer » (S2, III, 9), le Chevalier est, lui, désespéré. Une fois le billet rédigé, il hésite à le confier à son valet et finalement le laisse tomber, acte manqué ou volontaire, on ne sait. Bien qu'il demande un entretien à la Marquise, l'urgence et le désespoir ne font pas totalement disparaître ses atermoiements.

À l'image des tergiversations de son auteur, le billet est construit en antithèse : « Je devais, Madame, regretter Angélique toute ma vie ; cependant, le croiriez-vous ? je pars aussi pénétré d'amour pour vous que je le fus jamais pour elle ». Le passé s'oppose au présent, la souffrance de la perte à l'amour envahissant, le souvenir d'une promesse à une promesse d'avenir ; et principalement la Marquise s'est substituée à Angélique. Pourtant, l'amour du Chevalier envers la Marquise qui « durera autant que [s]a vie » est bien proche des regrets causés par la perte d'Angélique qui devaient, eux aussi, durer « toute [s]a vie ». Un nouveau serment efface le précédent, la lettre est aveu d'amour et d'inconstance. Le serment de regrets éternels n'ayant pas été tenu, on peut se demander si celui d'amour le sera.

Le billet du Chevalier rapproche Angélique et la Marquise. À première vue, les histoires sont différentes. Le père de la jeune fille la destinait à épouser un homme qu'elle n'aimait pas puisque son cœur se portait vers le Chevalier ; réfugiée dans un couvent pour échapper au mariage et « désespérant sans doute de [l]e voir jamais à elle » (I, 7), elle a prononcé ses vœux ; le Chevalier, qui « lui parla » en vain, lui écrit

8. *Ibid.*, p. 146.

une lettre. Quant à la Marquise, veuve depuis six mois, elle pleure son mari et reçoit les visites du Comte qui veut l'épouser et du Chevalier qui en tombe amoureux. Alors que l'aventure avec Angélique se heurte au père, opposant extérieur, et en cela rappelle un canevas plus habituel de comédie, l'histoire du Chevalier avec la Marquise ne connaît aucun obstacle apparent.

Pourtant, de l'une à l'autre, des ressemblances apparaissent ; un rival est présent, les deux femmes vivent dans la retraite et le Chevalier leur écrit une lettre. La mésaventure avec Angélique contient notamment une scène qui se répète dans l'aventure avec la Marquise ; lors de l'ultime visite qu'il a rendue à la future religieuse, il la voit, lui parle et la prie de renoncer à ses vœux ; de même, au moment où la Marquise est sur le point d'épouser le Comte, il la voit et se déclare. Seule l'issue s'inverse ; l'échec auprès Angélique est remplacé par le succès auprès de la Marquise. Enfin, dans sa lettre à Angélique, il promet : « ma tendresse ne finira qu'avec ma vie, et je renonce à tout engagement » ; mais dans le billet à la Marquise, il reprend ce serment pour le démentir. L'histoire avec la Marquise découle de celle avec Angélique : de l'une à l'autre, un modèle est reconduit.

Outre ces ressemblances factuelles, une forte similitude réside dans les réactions du Chevalier. Comme Lélio, il est accablé. Lors de son premier entretien avec la Marquise (S2, I, 7), il se présente comme un homme « au désespoir », prêt à se retirer en province « pour y finir une vie qui lui est à charge », un être qui « se meur[t] » à cause de la perte d'Angélique « pour jamais », ce qui est pour lui « la même chose » que la mort. Or, il se trouve dans le même état, quand la Marquise est sur le point d'épouser le Comte (S2, III, 9) : il s'exclame en aparté « Je me meurs » (S2, III, 9), et Lubin confirme qu'il « est dans un état à faire compassion » (S2, III, 13). Dans les deux cas encore, il se livre tour à tour à une idéalisation puis une dévalorisation de chaque femme. Dans sa lettre à Angélique, il l'idéalise, elle est « la vertu même » ; pourtant, il l'a aussi dévaluée quand il lui a adressé des « reproches » injustes et l'a « offens[ée] » (S2, I, 7). Il éprouve les mêmes affects opposés envers la Marquise. Après son premier entretien avec elle, il reconnaît qu'elle a « du mérite » et « un caractère à peu près comme celui d'Angélique » (S2, I, 8). Mais, après avoir appris qu'elle traite le Comte avec « douceur » (S2, I, 10), il l'oppose à Angélique en trois points (S2, I, 12). D'abord, il rabaisse l'objet aimé : la Marquise est « une femme comme une autre », parce qu'elle « va se remarier » ; par métonymie, c'est la sexualité qui est visée (inversement, la « résolution de ne plus aimer », donc de renoncer à la sexualité, la « rendait respectable »). Ensuite, il idéalise Angélique : elle est « au-dessus de [son] sexe », ce que renvoie à son vœu de chasteté. Enfin, il va « s'enfermer chez [lui] » : il prend pour modèle l'objet perdu. Plus loin, sous l'effet d'un regain de dépit, son mépris vise la femme dans la Marquise : « Parbleu, Madame, je suis donc cet ami qui devait vous tenir lieu de tout : vous m'avez joué, femme que vous êtes » (S2, III, 7).

Il se passe peu à peu dans les énoncés du Chevalier ce qui se passe dans le cœur de Lubin. Le valet, resté seul, hésite : « je ne sais plus à présent si c'est Marton que j'aime ou si c'est Lisette : je crois pourtant que c'est Lisette, à moins que ce ne soit Marton » (S2, II, 2) ; mais la présence de Lisette l'éclaire : « Je te dirai, Lisette, que je viens de regarder ce qui se passe dans mon cœur, et je te confie que j'ai vu la figure de Marton qui en délogeait, et la tienne qui demandait à se nicher dedans ». Le Chevalier est bien plus lent à réagir ; c'est progressivement qu'Angélique s'estompe devant la Marquise. Après la querelle sur la façon dont le Chevalier a rejeté la Marquise (S2, II, 7), il conjecture : « depuis que j'ai perdu Angélique, j'oublierais presque qu'on peut aimer, si vous ne m'en parliez pas ». Dans la scène de réconciliation, il utilise un irréel du passé : « je regrette Angélique, mais vous m'en auriez consolé, si vous aviez voulu » (S2, II, 9) ; puis il passe à l'irréel du présent : « si je n'aimais pas Angélique [...] vous n'auriez qu'une chose à craindre avec moi, c'est que mon amitié ne devînt amour » ; de plus, il y insère une obligation présente : « il faut bien que j'oublie [Angélique] ».

Ces étapes dessinent une progression, mais le serment d'amour du Chevalier à la Marquise conclut-il l'intrigue ou finit-il la pièce ? Parce que l'aveu ressemble au serment non tenu de regrets éternels à Angélique, qu'il recourt à une formulation stéréotypée répétée, qu'il s'inscrit dans une histoire analogue à une autre, qu'il reconduit une conception idéalisée de l'amour s'inversant parfois en exécration, le doute s'impose. Marivaux pour interroger la parole en général, se concentre sur la déclaration amoureuse qui en est l'exemple par excellence.

Dans les deux *Surprises*, l'action tient à une pathologie de l'énonciation : le personnage amoureux diffère sa déclaration d'amour ; la pièce se passe à attendre qu'il parle, à l'inciter à le faire. Pour éviter cette parole qui engage, il développe des discours ambigus, de même, la prétendue déclaration finale se fait avec des signes qui la contournent ou un énoncé itératif qui la ruine.

C'est vers un autre aspect de l'énonciation que *Le Jeu de l'amour et du hasard* attire l'attention ; l'accent est mis non sur l'acte énonciatif ni sur l'énoncé, mais sur les conditions dans lesquelles il se fait.

On connaît l'intrigue du *Jeu* ; une situation se met en place au début de la pièce (J, I, 1 à 5). Symétriquement, deux jeunes gens, que leur père destine l'un à l'autre, se déguisent en domestiques, sans qu'aucun des deux ne soit au courant de la supercherie de l'autre. Seuls Monsieur Orgon et Mario connaissent l'ensemble de la situation, parce que Silvia demande à son père la permission de prendre la place de Lisette et *vice versa* (J, I, 2), et qu'il a reçu une lettre où le père de Dorante lui confie que son fils arrivera sous les habits de son valet et *vice versa* (J, I, 4). Les deux jeunes gens pourront s'observer avant de se décider. Dans un premier temps, Bourguignon (Dorante en valet) s'éprend de celle qu'il croit être la suivante (Silvia déguisée en Lisette) et finit par lui dévoiler sa véritable identité (J, II, 12). La pièce aurait pu s'arrêter à ce moment-là, si Silvia, réciproquement, révélait son identité ; les jeunes gens ont eu le temps de se connaître, le but initial atteint, la supercherie peut être levée.

Mais Silvia ne révèle pas qui elle est (« Cachons-lui qui je suis », décide-t-elle [J, III, 12]). Dès lors, une seconde intrigue prend le relais de la première. À l'intrigue initiale lancée artificiellement et organisée en symétrie, s'en substitue une deuxième, tout aussi artificielle mais totalement asymétrique. Silvia qui ne cherche plus à savoir si Dorante lui convient, ce qu'elle sait, veut obtenir de lui un « excès de tendresse », avec l'aide et la complicité de son père et de son frère (J, III, 4). Elle désire que le jeune homme de condition en vienne, contre tout préjugé, à demander sa main alors qu'il la croit domestique (J, III, 8). Pour atteindre cette fin, elle maintient Dorante dans l'ignorance. Une fois que Dorante lui a proposé le mariage, elle lui révèle qui elle est, et la pièce se termine. Cette pièce, dont l'étrange composition réunit deux intrigues successives[9], ne traite pas de la pathologie de l'énonciation ou de l'énoncé, mais de conditions morbides dans lesquelles est faite une demande en mariage, énoncé performatif par excellence.

Dans la première intrigue, Silvia et Mario utilisent leur travestissement pour observer la personne à qui ils sont destinés. Les motivations de Dorante sont peu développées. On les connaît par la lettre de son père que Monsieur Orgon lit à Mario (J, I, 4) : « [Dorante] espère [...] sous

9. Cette composition ressemble à celles de *La Fausse Suivante* et de *Bérénice*.

ce déguisement de peu de durée, saisir quelques traits du caractère de notre future et la mieux connaître, pour se régler ensuite sur ce qu'il doit faire ». Dorante lui-même ne dit pas autre chose quand il avoue à Silvia déguisée en Lisette son identité : « Je voulais sous cet habit pénétrer un peu ce que c'était que ta maîtresse, avant de l'épouser » (J, II, 12). Les raisons alléguées par Silvia, qui, exposées sur scène, nous sont mieux connues, sont autrement plus complexes. Comment présente-t-elle l'astuce du travestissement à son père qui a arrangé le mariage « à condition qu[e les jeunes gens se plaisent] à tous deux » (J, I, 2) ? Elle entend respecter cette condition, mais elle lui demande en plus « une grâce qui [la] tranquilliserait tout à fait ». Elle sait que ce serait « abuser », mais elle voudrait « voir [Dorante], l'examiner un peu sans qu'il [la] connût » (J, I, 2). Monsieur Orgon lui accorde cet excès, qui en prépare un autre, car il juge sa fille « inquiète [...] sur le chapitre de Dorante », comme il le dit à Mario (J, I, 4). Ainsi, Silvia veut une garantie supplémentaire à la condition du mariage d'amour ; elle désire examiner son futur époux sans qu'il le sache, type d'observation proche de l'espionnage.

Dans la seconde intrigue, les motivations de Silvia se complexifient. Quand le père et ses deux enfants se retrouvent (J, III, 4), Monsieur Orgon, qui entend faire cesser la supercherie, approuve vite le nouveau projet de Silvia (« j'acquiesce à tout ce qui vous plaît »). Or, sur une seule réplique de sa fille (« je vous avoue que j'ai lieu d'être contente »), il a deviné son dessein, qu'il énonce avant qu'elle ait parlé ; elle « espèr[e] qu[e Dorante] ira jusqu'à [lui] offrir sa main dans le déguisement » qu'elle porte, ce qu'elle confirme. Ce n'est qu'après que Silvia donne ses raisons ; elle attend un « excès de tendresse », et, de cette prime que Dorante lui versera, elle lui « tiendr[a] compte ». Elle décrit cette affaire de cœur comme un investissement qui rapportera, qui s'inscrit dans le temps, qui anticipe sur le futur souvenir : « mon cœur gardera le souvenir [...] [Dorante] ne pourra jamais se rappeler notre histoire sans m'aimer ». Mais en attendant les dividendes, Dorante doit d'abord perdre : sa demande en mariage doit lui « coût[er] » ; de même, elle juge : « il faut bien que notre réconciliation lui coûte quelque chose » (J, III, 8), quand, après avoir voulu partir, il se rapproche d'elle. À la conception comptable, s'en ajoute une autre, guerrière : Dorante est « vaincu [...] captif », elle sera « charmée de triompher », car elle veut « arrach[er s]a victoire » après un « combat ». Cet excès de tendresse est l'enjeu d'un combat à outrance où Dorante doit « trahir sa fortune et sa naissance » et faire souffrir son père. Silvia veut un mari ruiné et défait.

L'« excès de tendresse » est obtenu par Silvia dans une situation inégale de la part d'un Dorante totalement trahi. À partir de la seconde approbation du père (J, III, 4), la situation est totalement déséquilibrée. Le savoir est inéquitablement distribué ; Silvia sait que Bourguignon est Dorante, car il le lui a avoué, mais ce dernier croit qu'elle est Lisette, car elle lui cache qu'elle est Silvia. Les informations sont inégalement partagées ; Silvia rejoint le clan de son père et de son frère qui connaissent toute la situation, Dorante est seul à tout ignorer et à souffrir puisqu'il croit qu'« il ne [lui] est pas permis d'unir [s]on sort au [s]ien » (J, II, 12).

L'asymétrie est d'autant plus forte qu'elle oppose un Dorante honnête à une Silvia malhonnête. Outre qu'il dévoile son identité à la supposée Lisette, Dorante exige d'Arlequin qu'il révèle la sienne à la supposée Silvia, par respect pour Monsieur Orgon : « tu veux que je laisse un honnête homme dans l'erreur, et que je souffre que tu épouses sa fille sous mon nom ? » (J, III, 1). De même, devant la supposée Lisette, il se justifie ; la « confidence » qu'il lui fait est une preuve de « l'estime » qu'il éprouve à son égard (J, II, 12). Comme il n'entend révéler la vérité qu'à elle seule, il lui demande « le secret » et lui rappelle : « tu m'as promis le secret » (J, II, 12). De son côté, bien qu'elle réponde : « je n'ai jamais trahi personne », sitôt la promesse faite, Silvia la trahit ; si, comme elle le prétend, elle agit ainsi pour la première fois, c'est à son futur mari qu'elle en réserve la primeur. Dès que Dorante s'éloigne, elle divulgue le secret à son frère et à son père, tout en leur recommandant de ne pas la trahir : « surtout gardez bien le secret, je vous en prie » (J, II, 13). Ce qui est bon pour elle ne le serait-il pas pour son amoureux ?

Dans de telles conditions de déloyauté, Silvia extorque à Dorante sa demande en mariage plus qu'elle ne la conquiert. D'ailleurs, une fois certaine que Dorante l'épousera envers et contre tout, la supposée Lisette se réjouit de l'excès de tendresse obtenu (« Que d'amour ! »), mais ne déclare rien en retour. Cette demande en mariage est paroxystique et paradoxale ; Dorante trahi de tous et démis de tout s'engage à s'anéantir.

L'excès de « tendresse » qui cache une captation s'explique par la misandrie de Silvia. Quand elle demande à son père l'autorisation de se travestir, elle a conscience d'« abuser », on l'a vu. Cet abus et cet excès sont corrélés et découlent d'une conception négative du mariage qu'elle s'est forgée. Elle juge, en effet, qu'elle ne trouverait pas d'informations justes dans l'observation à visage découvert de Dorante parce qu'elle croit les hommes fourbes. Elle expose ses idées dans une discussion avec Lisette (J, I, 1). D'abord, elle « ne [s]'ennuie pas d'être fille », probable euphémisme pour dire qu'elle n'a pas envie de se marier ; les hommes et la sexualité qui les accompagne l'intéressent peu. Elle suggère encore cette indifférence quand elle juge que la « beauté et [la] bonne mine » sont des « agréments superflus ». Ensuite, elle ne se fie pas à la bonne réputation de Dorante, par méfiance envers le jugement des autres, probablement dupés par ces « fourbes ». Enfin, en observant Ergaste, Léandre et Tersandre, elle a appris que les hommes se « contrefont », qu'ils sont agréables avec autrui mais sombres et glacés avec leur épouse. Sur le modèle de l'inversion du paraître et de l'être, elle reconduit la misandrie de la vierge, revers d'un attachement à l'état de fille de son père. Elle brosse une image négative du mariage et de la sexualité, pour n'avoir jamais vu de mari aimant. Cette critique des hommes en dit long sur la peur de la vierge qu'aucune mère ne prépare au mariage.

Cette méfiance est sensible dans l'une de ses discussions avec Lisette. Celle-ci lui fait remarquer qu'elle a « bonne opinion » de Bourguignon ; la violente réaction de Silvia ne se ramène pas à une simple blessure d'amour-propre : « Je frisonne [...], je n'oserais songer aux termes dont elle s'est servie, ils me font toujours peur » (J, II, 8). Certes, elle a compris que Lisette la soupçonne de s'intéresser au valet, mais celle-ci expose une autre idée ; le « valet qui fait l'important ne [lui] aurait-il point gâté l'esprit sur [le] compte de son maître ? », car il faut se « méfier » de ce « raisonneur », c'est un homme « à avoir conté des histoires maladroites pour faire briller son bel esprit ». Silvia résume le portrait : Lisette fait de Bourguignon un « fourbe ». C'est cette figure du fourbe qui l'effraie ; elle tremble à l'idée d'avoir été trompée par un homme semblable aux maris qui rendent leur épouse malheureuse. N'aurait-elle pas été séduite par un « masque », une manifestation du paraître masculin ? La misandrie répond à la peur que la vierge a de l'homme.

Mais la misandrie, qui motive la supercherie initiale, suffit-elle pour justifier le traquenard de la seconde intrigue ? En fait, Silvia l'imagine en prenant exemple sur son père et son frère. Dans la première intrigue, omniscients, ils observent les jeunes gens qui s'observent entre eux[10].

10. Le père et le frère de Silvia rappellent Flaminia dans *La Double Inconstance* et le dispositif de *La Dispute*. Voir le chapitre « Marivaux ou la structure du double registre » dans Jean Rousset, *Forme et signification*, Paris, José Corti, 1986, p. 45-64.

Pourquoi ? On l'a dit, Monsieur Orgon « compren[d] que le mariage alarme [sa fille], d'autant plus qu['elle] ne conna[ît] point Dorante » (J, I, 2) ; mais il y a plus, car il accepte le travestissement de Silvia pour se divertir de cette aventure « bien singuli[ère] »[11] ; sa motivation est clairement le plaisir : « son idée est plaisante », se dit-il à lui-même (J, I, 2). L'intention affichée de laisser sa fille juger par elle-même s'accompagne de la satisfaction de voir, de savoir et de manipuler. Cet agrément inclut la cruauté, visible dans interrogatoire auquel, avec la complicité de Mario, il soumet sa fille (J, II, 11). Alors qu'elle avoue être « bien lasse de [s]on personnage », il lui interdit de se démasquer ; ils la harcèlent en lui rappelant ses entretiens avec Lisette et avec Dorante, qu'ils truffent de sous-entendus. Elle en sort déstabilisée pour avoir été comme soumise à la question. Mais, pour les avoir subis, elle a appris certaines tactiques qu'elle peut exercer ensuite sur Dorante. Son père et son frère l'ont donc formée ; il lui suffit de passer de victime à bourreau.

La pratique de la trahison chez Silvia est comparable à celle de Monsieur Orgon et Mario. En faisant entrer Mario dans la confidence, Monsieur Orgon lui recommande « d'être discret », car il sait bien qu'un secret éventé ruinerait la supercherie ; par conséquent, il trahit Dorante en toute connaissance de causes ; il révèle à son fils que le futur sera « déguisé » (J, I, 4), comme il l'a appris par une lettre du père de ce dernier. Le père de Dorante est donc le premier à trahir son fils comme sa lettre le déclare (J, I, 4) ; il a, écrit-il, « consenti à tout [au déguisement de Dorante], en prenant la précaution d'avertir [le père de Silvia], quoiqu[e Dorante lui] ait demandé le secret ». Dès son entrée en scène avec la lettre (J, I, 2), Monsieur Orgon connaît cette trahison, qui lui donne l'idée de calquer sa conduite sur celle de son ami. Ainsi, quand Silvia trahit le secret promis à Bourguignon, elle ne fait que reconduire le comportement des pères. Michel Deguy souligne d'ailleurs la position paradoxale de Dorante, « le dernier à savoir le dernier mot d'un secret qu'il fut le premier à machiner »[12].

La lettre du père de Dorante renseigne sur la relation des deux amis. Alors que Silvia se méfie de la bonne réputation que les « on dit » font à Dorante (J, I, 1), le père de celui-ci, au contraire, précise : « [je] me fie bien à ce que vous [Monsieur Orgon] m'avez dit de votre aimable fille ».

11. La jeune fille déguisée en Chevalier dans *La Fausse Suivante* entend aussi se divertir grâce à son travestissement.

12. *Marivaux ou la Machine matrimoniale*, *op. cit.*, p. 116.

Le récit de Monsieur Orgon complète l'histoire : « j'arrêtai ce mariage-là avec son père, qui est mon intime et ancien ami » (J, I, 2). Il existe donc entre les deux pères une amitié qui, reposant sur une confiance totale, est plus forte que l'attachement pour l'enfant. Car s'ils trahissent Dorante, c'est pour ne pas se trahir entre eux. L'ensemble de l'intrigue naît du couple amical, ancien et intime, et se noue aux dépens de la loyauté paternelle.

Comble de tout, bien que son père et Silvia aient trahi son secret, Dorante ne semble pas en prendre la mesure. Bien qu'il apprenne la double trahison, et que Silvia la désigne comme une « délicatesse », il se dit enchanté des « preuves » qu'il a données de sa tendresse, il « remercie » Mario qui, en mentant, l'a rendu jaloux ; sa réaction envers son père est analogue à celle envers Silvia. Contrairement à ce qu'on a pu dire, il n'obéit pas à la « raison [...] abusée par les convenances sociales »[13] ; il demeure dans une position passive, alors que Silvia, au contraire, sur le modèle des hommes et des pères, agit en fourbe. Dans le couple se dessine une inversion ; Silvia ressemble aux figures masculines, voire des maris si critiqués, et Dorante, victime de la fourberie, fait penser aux épouses abusées, mais en est heureux. Conforté par les conduites des pères, Silvia impose une relation qui inverse les rôles qu'elle a observés dans les couples mariés et occupe une place analogue à celle des mauvais maris, ne serait-ce que pour un temps ; la vierge entre dans le mariage en position virile. Étant donné les conditions complexes dans lesquelles la demande en mariage se déroule, elles constituent l'aspect de l'énonciation sur lequel Marivaux attire notre attention et qu'il met en évidence par le dysfonctionnement. Un excès extorqué ne suppose-t-il pas une pathologie de la demande.

Sans être les seules pièces où Marivaux traitent de l'énonciation par ses points névralgiques, les deux *Surprises* questionnent la parole en tant qu'acte qui engage de l'intérieur même de ce processus, en suggérant les ambiguïtés et les ambivalences qui l'habitent, et le *Jeu* de l'extérieur, en attirant l'attention sur ses conditions et le destinataire. Dans chaque cas, est utilisé l'effet grossissant de la pathologie ou du dysfonctionnement. *In fine*, alors que les valets font rire, les maîtres sont des personnages ridicules.

13. Nicolas Bonhôte, *Marivaux ou les Machines de l'opéra*, *op. cit.*, p. 104.

Violence et loi du père chez Marivaux

René Démoris
Université Paris III-Sorbonne nouvelle

À le faire naître avec l'*Arlequin poli par l'amour* de 1720, le théâtre de Marivaux commence par un acte de violence, violence physique et d'origine amoureuse : le rapt du jeune rustre, un enfant, par une fée toute puissante, ou qui croit l'être. Violence qu'Arlequin retournera contre la fée, lorsqu'il se sera emparé de la baguette, à quoi il faut ajouter les menaces de mort proférées contre Silvia. Rapt encore, cette fois d'un couple, par le Prince de *La Double Inconstance* (1723). Sur le Lélio du *Prince travesti* (1724), trop aimé d'une Princesse qui le prend pour un aventurier, pèsent des menaces d'emprisonnement. La violence exercée sur le corps de l'autre est présente également dans *L'Île des esclaves* (1725) et dans *L'Île de la raison* (1727), mais sans objectif amoureux. Mais aussi à l'horizon de *La Fausse Suivante* (1724), où l'héroïne est éprouvée par une proposition de duel et se voit promettre une fois mariée, un exil dans un château reculé.

À visage découvert, la violence décourage la naissance de l'amour. La fée d'*Arlequin* en fait l'expérience qui n'ayant pu éveiller en lui le désir, tente de lui apprendre l'amour par une éducation autoritaire, qui ne fait que souligner ses manques. Le « vous êtes bien joli aussi, vous » de Silvia lui donne en revanche de quoi s'aimer. Le Prince de *La Double Inconstance* réussit où échoue la fée. C'est qu'il a les moyens, grâce à une machination complexe, d'inspirer d'autres passions, et de fournir d'autres plaisirs à une Silvia d'abord fidèle à Arlequin et fière de l'être, bref de lui permettre de se faire une autre idée d'elle-même. Ceci en ne se présentant à elle que sous l'identité d'un simple officier, autrement dit en lui conférant illusoirement une position, à son égard, de pouvoir. Sûre de ne pas céder à une infidélité bassement intéressée, Silvia peut donner suite au déclic de sympathie qu'avait produit une première rencontre. La comédie mise en place par les subalternes du Prince n'en constitue pas moins une violence, rendue possible par la violence initiale et déclarée de l'enlèvement. La démarche est analogue dans *Le Triomphe de l'amour* : se présentant en position de faiblesse au naïf Agis dont elle entend se faire aimer, la Princesse n'en bouleverse pas moins son rapport au monde en séduisant ses deux parents adoptifs, devenus ses rivaux, qu'elle fait déchoir de leur posture morale, opération rendue possible en toute impunité, en raison de sa position de souveraine, que rappelle *in fine* l'arrivée des « soudards ».

La naissance (et la reconnaissance) de l'amour a, chez Marivaux, partie liée avec la relation de pouvoir qui existe entre les partenaires. Il convient ici de faire intervenir la notion d'amour-propre, qui chez Marivaux excède largement les bornes de sa définition classique, et dont il montre, dans *Le Spectateur français*, la légitimité et la nécessité. Reconnaître l'amour, c'est admettre une modification de soi où le sujet risque de se perdre lui-même. Aimer fait peur. À ce jeu, le puissant risque moins de son identité que le faible. C'est bien pourquoi il prend généralement l'initiative[1]. La fée n'imagine pas que la rencontre d'Arlequin puisse lui coûter son pouvoir. Quant au Prince de *La Double Inconstance*, il lui restera toujours de quoi se faire reconnaître. Ce n'est le cas ni d'Arlequin arraché à sa famille, ni de Silvia enlevée de son village. Du moins cette dernière comprendra-t-elle que la « nature » qui fait son charme a aussi une valeur dans l'univers de la Cour (quitte à perdre cette fidélité qui en est un des traits). Il revient au puissant de masquer son pouvoir et de ménager à l'objet aimé les moyens de cette mutation, du moins s'il entend être aimé. S'il n'y tient pas, il lui reste la voie de l'extrême violence, absente du théâtre de Marivaux, mais évoquée à diverses reprises dans *Le Spectateur français* : celle de la prostitution, qui joue sur l'instinct de conservation de la femme qui a faim.

La scène idéale de la naissance de l'amour, c'est celle qui, dans l'*Arlequin*, montre Silvia regardant Arlequin, sans qu'il s'en aperçoive et disant : « Ah mon Dieu, le beau garçon ! ». Puis lorsqu'il l'a vue : « Je me retire, car je ne vous connais pas ». À quoi Arlequin rétorque : « faisons connaissance, voulez-vous ? »[2]. De violence, nul besoin.

1. Une exception au moins apparente : *Les Faussses Confidences*. Je renvoie, sur ce point, à mon étude : *« Les Fausses Confidences » de Marivaux. L'être et le paraître*, Paris, Belin, coll. « Lectures de… », 1987.

2. *Arlequin poli par l'amour*, sc. 5. Toutes nos citations sont tirées de Marivaux, *Théâtre complet*, éd. F. Deloffre et F. Rubellin, Paris, Garnier, coll. « Classiques Garnier », 2 vol., 1989-1992.

Ce n'est que dans un univers féerique, pseudohistorique ou romanesque qu'un personnage peut disposer de la vie ou de la liberté des autres et leur infliger, dans leur corps, une violence directe ou indirecte. Dans le cadre de la comédie de mœurs, dans un univers supposé proche de celui du spectateur, on a affaire à des sujets supposés égaux, ne disposant que de façon très limitée, d'un pouvoir sur l'autre, que la rencontre soit le fait du hasard ou occasionnée par un projet matrimonial.

Les deux *Surprises* appartiennent évidemment à la première espèce. On pourrait s'attendre à ce que se renouvelle la scène idéale de l'*Arlequin*. Or, il n'en est rien. On ne peut qu'être frappé dès la première rencontre, à la scène 7 de l'acte I de *La Surprise de l'amour*, de la violence verbale qui préside aux échanges de la Comtesse et de Lélio, au mépris des règles les plus élémentaires de la politesse[3]. L'affaire qui réunit ces deux aristocrates parisiens sur leur terre, ne le mérite certes pas : il s'agit d'apporter une aide financière à deux paysans qui leur appartiennent respectivement et qui entendent s'épouser. Mais Lélio bondit sur l'occasion de gémir sur l'infidélité « affreuse » dont il vient d'être victime et dire sa mauvaise opinion des femmes ; loin de lui manifester la moindre sympathie, la Comtesse fait une amère critique de l'espèce « comique » que sont les hommes. Colombine souligne le désarroi de Lélio : « vous voilà tout déferré ; décochez-lui quelque trait bien original, qui sente bien l'original » (S1, I, 7). C'est dire que l'échange relève d'une mise en spectacle où chacun s'efforce de briller. L'intervention du Baron, à la scène 8, qui menace de les mettre « dans la gazette » le confirme : la figure d'inconsolable qu'adopte Lélio et le mépris des hommes qu'affiche la Comtesse constituent des postures mondaines destinées à rejeter les pratiques amoureuses de la mondanité. L'apparente opposition n'est pas loin d'un accord. Dans le cours magistral sur les femmes que Lélio inflige à un Arlequin qui n'y comprend pas grand-chose, Lélio critique une démarche masculine qui fait de l'amour une mécanique libertine : « nous faisons l'amour *réglément* tout comme on fait une charge ; nous nous faisons des méthodes de tendresse ; nous allons chez une femme, pourquoi ? Pour l'aimer, parce que c'est le devoir de notre emploi » (S1, I, 2). On est au plus près de ce privilège « d'indiscrétion, d'impertinence et de fatuité » que reproche la Comtesse aux hommes qu'elle trouve

3. Tous deux sont indépendants, la Comtesse étant veuve. Rien n'est dit de son expérience conjugale à laquelle elle peut devoir la piètre idée qu'elle a des hommes.

« grotesques ». Si bien que le discours de Lélio à Arlequin se poursuit par un superbe éloge des femmes supposées incarner la nature et la sensibilité, non sans produire une analyse lucide du bénéfice narcissique trouvé à être aimé et de la chute qui s'ensuit : « je me croyais un petit prodige, mon mérite m'étonnait [...] l'homme prodigieux a disparu, et je n'ai trouvé qu'une dupe à sa place » (S1, I, 2). Le tout rend peu convaincant l'éloquent développement sur le tigre et la vipère... Colombine n'a guère de peine à dénoncer l'artifice des généralisations auxquelles se livrent les deux personnages et qui ne sauraient s'appliquer ni aux paysans ni aux serviteurs. En fuyant, Lélio a attiré l'attention, la Comtesse l'a rappelé, puis l'a défié d'être insensible à ses charmes, et a conclu : « à la campagne il faut voir quelqu'un » (S1, I, 7). Pour maintenir le contact, il ne reste plus qu'à s'inventer des raisons d'être blessés, que ce soit pour un billet remplaçant une entrevue, ou une interprétation de Colombine. Le tout est de ne pas perdre la face. Alors qu'ils rejettent les conventions galantes, les deux personnages ne parviennent pas à échapper au langage de la galanterie et à prendre le risque de s'entendre dire qu'ils ne sont pas aimés. Ils n'ont proprement plus de langage pour dire ce qu'ils éprouvent. D'où la nécessité d'un étayage par les serviteurs qui leur fournissent les mots qui leur manquent. De fait, ce n'est pas un signe verbal qui constitue l'aveu, mais bien le portrait dont Arlequin révèle qu'il est dans la poche gauche de Lélio (S1, III, 6). Il est peu douteux que Marivaux mette en question la misère affective dont est frappée la société mondaine dans sa crainte obsédante d'être dupe.

S'ils appartiennent à la même catégorie sociale, le Chevalier et la Marquise, dans la seconde *Surprise* semblent d'abord échapper à l'enfer de la mondanité. Tous deux ont à faire leur deuil : l'un d'une maîtresse aimante, que l'opposition de son père a conduite à se faire religieuse, l'autre d'un mari aimé durant deux ans et perdu un mois après les noces. Relations durables et heureuses, remarquons-le. Il n'y a rien dans ces malheurs qui puisse offenser l'amour-propre et ce début est sous le signe du sentiment. « Ma tristesse me plaît » (S2, I, 1), dit la Marquise à une Lisette empressée à lui tendre le miroir et qui plaide un peu vite pour un retour aux plaisirs, à commencer par celui de la séduction. Cette situation provoque entre Chevalier et Marquise une identification, facilitée par le fait que les deux personnages se connaissent déjà, que le Chevalier était un ami du défunt. On imagine un retour à la vie, sous les auspices de l'estime et de l'amitié, autour de lectures en commun, avec l'horizon possible d'une relation amoureuse. Il ne faudrait qu'un peu de temps (celui du roman) pour que les deux personnages renoncent honorablement à leur prétention à un deuil éternel. Ce sont des éléments extérieurs qui vont ramener à la violence. Tout d'abord un Comte qui laisse entendre que la Marquise l'écoute « avec douceur » et « sans répugnance » (S2, I, 10) : il n'en faut pas plus que pour que le Chevalier se tienne pour dupe ; l'initiative du pédant Hortensius à qui la présence du Chevalier fait craindre d'être chassé et laisse croire à la Marquise qu'elle a été « refusée » par lui ; celle de Lisette qui a souci de sa fortune et soutient le Comte, pour aller plus vite. Craignant « l'air de rebut », la Marquise en vient à invoquer la défense de sa gloire, « gloire sotte, ridicule, mais reçue, mais établie, qu'il faut soutenir, et qui nous pare ; les hommes pensent comme cela, il faut penser comme les hommes, ou ne pas vivre avec eux » (S2, II, 2). On assiste à un retour en force de l'opinion publique, contre laquelle les deux personnages parviennent, à la fin de l'acte II, à rétablir une relation personnelle. Triomphe fragile cependant : le stratagème franchement libertin mis en place par le Comte provoque chez le Chevalier une crise de rage jalouse qui conduit à une situation absurde et comique du point de vue du spectateur : la Marquise se retrouverait mariée à l'homme qu'elle n'aime pas, et le Chevalier à la sœur d'un rival, qu'il connaît à peine. « Oh je m'y perds, Madame ; je n'y comprends plus rien », s'exclame Lisette. Et la Marquise fait écho : « Ni moi non plus : je ne sais plus où j'en suis, je ne saurais me démêler » (S2, III, 12). Triomphe d'une mécanique galante dominée par les relations de pouvoir.

Le retrait devant l'aveu, dans *La Seconde Surprise*, ne tient pas seulement à l'amour-propre blessé, mais aussi aux exigences du sentiment : à sortir trop vite du deuil, c'est sa propre estime et celle de l'autre que le personnage risque de perdre. En refusant de se déclarer, le Chevalier entend se situer sur un autre plan que le Comte. Pour ceux qui l'entourent, c'est une inutile perte de temps. Pédant, domestiques, mondains, il faut leur échapper.

Le moment décisif dans cette pièce est sans doute celui où, à la scène 14 de l'acte III, attendant le Chevalier, la Marquise dit à Lisette : « Sors, il sera peut-être bien aise de n'avoir point de témoins, d'être seul » (S2, III, 14). La réplique symbolise très fortement le droit à un espace privé où l'on se retrouve enfin seuls. Même si l'aveu passe par un billet clandestinement remis par Lubin, le contraste est évident avec le dénouement de la première *Surprise* où il revenait au chœur des assistants de célébrer le triomphe de l'amour. L'autre différence se trouve dans la mention du notaire, absent de la pièce de 1724.

La société mondaine, obsédée par le jeu amoureux, apparaît donc comme un espace menacé par toutes les violences de l'amour-propre, jusqu'à paralyser l'expression du désir. On retrouvera ces traits d'un univers galant et aristocratique dans ces pièces grises, variations sur l'infidélité que sont *L'Heureux Stratagème* et *Les Sincères*.

C'est de quoi se demander si l'amour ne trouverait pas mieux son compte dans le dispositif traditionnel qui préside le plus souvent à la réalisation des mariages.

Avant d'être une affaire entre personnes, le mariage est une affaire entre familles, qui comporte des enjeux sociaux, économiques et financiers, et où les pères de famille jouent un rôle central[4]. Ce dispositif est mis en œuvre chez Molière dans une configuration caractéristique : le père y organise un mariage contraire aux vœux de l'enfant qui aime ailleurs et s'oppose au projet avec l'aide des serviteurs. Si le père chez Molière se comporte en tyran, c'est qu'il obéit non aux intérêts de la famille, mais à des intérêts purement égoïstes, et en tant que tel, il est agent d'une violence, qui justifie la violence en retour de ses adversaires.

Cette configuration Marivaux la retient dans sa première pièce en 1712, dont le seul titre – *Le Père prudent et équitable* – indique son refus du modèle moliéresque du père. Démocrite est autoritaire (« je veux être obéi », dit-il dès la scène 1), mais il débrouille intelligemment les manœuvres d'un Crispin qui ne vaut pas Scapin et ne voit aucun inconvénient à accorder sa fille à l'homme qu'elle aime, du moment où il est assuré de sa fortune. Bref, le père remplit bien sa fonction.

Le schéma moliéresque ne se retrouve qu'en 1724 avec *Le Dénouement imprévu*. Quelques mois auparavant, Marivaux a donné *La Fausse Suivante*, qui pourrait passer pour une réflexion sur les conséquences de l'absence du père : engagée dans un projet de mariage avec un inconnu par un beau-frère peu attentif, une jeune fille, qui dispose librement de sa fortune, travestie en Chevalier, puis en suivante, démasque le futur mari, un dangereux et cynique libertin, qu'intéresse seulement sa fortune et qui annonce son intention de la séquestrer après le mariage. Une ivresse de vengeance la conduit à séduire sa maîtresse et à le ruiner. La

4. Je renvoie sur ce point à une étude antérieure, « Le père en jeu chez Marivaux », *Op. cit.*, 1996.

violence triomphe dans cette pièce d'où l'amour s'absente, sinon pour la malheureuse qu'égare le travestissement de l'héroïne. C'est l'autre face, économique et féroce, de la société galante. À ce jeu, la fausse suivante n'a ni le temps ni le désir de découvrir l'amour.

De quoi trouver rassurante la disposition traditionnelle où les pères règlent à l'avance la question d'intérêt et la « sortabilité » des partis, l'amour n'étant pas prévu au contrat. Marivaux, dans *Le Dénouement imprévu*, se souvient de Molière : Monsieur Argante, bourgeois de province, y hérite de Monsieur Jourdain l'idée de marier sa fille à un aristocrate parisien, fils d'un ami et désireux de vivre à la campagne. C'est cette dernière idée qui pousse Mademoiselle Argante à le refuser, sans l'avoir vu, plus qu'un amour pour un Dorante qui semble fort tiède : « Mais oui, je l'aime ; car je ne connais que lui depuis quatre ans. [...] Il y a longtemps que nous nous voyons ; c'est toujours la même personne, les mêmes sentiments, cela ne pique pas beaucoup ; mais au bout du compte, c'est un bon garçon... »[5]. Dorante (dont le seul atout est qu'il entend vivre à Paris) suggère un stratagème usé : que Mlle Argante fasse la folle. Elle ne cache pas que le procédé lui « répugne », joue fort mal son rôle et finit par tenir à son père, un moment attendri, un langage vrai : « J'ai de la vertu, je la veux garder. Si j'épousais votre magot, que deviendrait-elle ? »[6]. La scène de leur querelle, assez violente, n'en trahit pas moins un lien affectif entre père et fille. Monsieur Argante n'aura pas à jouer de son autorité. Pour le spectateur, le dénouement est assez peu imprévu : se présentant sous une fausse identité, Éraste sollicite le consentement personnel de Mademoiselle Argante. À peine l'a-t-elle vu qu'elle s'exclame : « Voilà un joli homme ! », faisant écho à la réplique de Silvia dans l'*Arlequin*. Éraste gagne la partie et vivra à Paris. Un coup de désir sans doute, mais préparé par la relation de familiarité entre père et fille, entre père et futur gendre (« mon cher enfant », dit Monsieur Argante) et l'ennui qui menace du côté de Dorante. Le désir qu'a la fille de « monter » à Paris semble bien sa version personnelle du désir de noblesse qui anime son père et constitue en effet la dynamique de son groupe social.

Le choix du père était donc le bon. Et c'est un trait commun à toutes les pièces « familiales » de Marivaux. Dans ces mariages « arrangés », où

5. *Le Dénouement imprévu*, scène 4. On ajoutera que l'auxiliaire de Dorante est non un valet, mais un fermier patoisant et parfaitement grotesque.

6. *Ibid.*, scène 4 et 7.

souvent les futurs ne se sont jamais rencontrés, l'amour survient à point nommé pour couronner le projet. Il est vrai que les pères, contrairement au Monsieur Argante du *Dénouement*, prennent en considération la convenance personnelle et laissent aux intéressés le droit de décider en dernier ressort, le souci du bon mariage s'étendant aussi à la vie privée. Avec *Le Jeu de l'amour et du hasard*, en 1730, vient le temps des bons pères, comme cet Orgon qui professe qu'il faut être « un peu trop bon » pour l'être assez, et qui « ordonne » à sa fille de se décider librement. Les parents des *Serments indiscrets* supporteront avec patience les variations capricieuses des deux futurs, qui se sont engagés, pour le regretter aussitôt, à faire capoter leur mariage. Attitude semblable chez le Comte du *Petit-maître corrigé,* le Marquis du *Préjugé vaincu.* Divination des pères ? De fait, dans tous les cas, il existe une relation d'amitié entre les pères (ancien ami, ami intime, etc...), et la familiarité des parents est explicitement mise en scène dans les *Serments* et dans le *Petit-maître.* Tout se passe comme s'il existait entre parents et enfants une *transitivité de l'affect.* Dans *La Joie imprévue,* on peut imaginer un rapport autrefois plus intime entre Madame Dorville et Monsieur Orgon (défini comme un « gentilhomme de votre ancienne connaissance ») qui ont destiné leurs enfants l'un à l'autre sans savoir qu'ils sont déjà amoureux[7]... La forme extrême de cette transitivité se trouverait dans *L'École des mères*, où Monsieur Damis découvre en son fils un rival, et ne manque pas, en bon père, de s'effacer devant lui. « Oh ! que je vous aimerais si vous n'aviez que vingt ans », dit Angélique[8].

L'union préparée par les pères réduit au minimum la dénivellation entre les deux futurs. Si l'Angélique du *Préjugé vaincu* (qui inverse les données du *Dénouement imprévu*) refuse au nom de sa noblesse d'épouser un riche bourgeois, dont l'identité est inconnue, elle cède aussitôt qu'elle y reconnaît le meilleur ami de son père et le sien propre. La résistance au mariage peut davantage s'appuyer sur un souci de conserver sa liberté et le droit de séduire : la Lucile des *Serments*, satisfaite de son « personnage de déesse » entend que son visage lui appartienne : « si j'étais mariée, ce ne serait plus mon visage »[9]. Son Damis raisonne de même. La présence de la personne même dissipe aussitôt cette position de principe, encore

7. « PASQUIN. – Mais, Monsieur, cette Madame Dorville est-elle bien de vos amies ? MONSIEUR ORGON. – Beaucoup » (*La Joie imprévue*, scène 6).

8. *L'École des mères*, scène 12.

9. *Les Serments indiscrets*, acte I, scène 2.

qu'il faille cinq actes pour les faire revenir de ce qui apparaît comme une tentation mondaine. La tentation est plus marquée dans le *Petit-maître* où Rosimond entend ne rien perdre des bénéfices d'amour-propre que lui procure le libertinage mondain et où se règle un compte entre noblesse provinciale et parisienne, et aussi entre famille et mondanité. L'amour triomphe au terme d'une véritable éducation sentimentale.

On remarquera que les mères n'ont pas chez Marivaux le bonheur des pères. La tyrannique Madame Argante de *L'École des mères*, motivée surtout par l'avantage financier, tente de faire épouser un barbon à sa fille et est l'héritière des pères moliéresques. Plus subtile, celle de *La Mère confidente* choisit également un futur pour sa fille dans sa propre classe d'âge, mais joue habilement sur la morale et l'amour filial pour détourner sa fille d'un enlèvement, et ne consent à accorder sa fille à l'homme qu'elle aime qu'après l'avoir mis à l'épreuve.

Le trait remarquable dans le *Jeu* est que la symétrie entre les deux personnages y atteint une sorte de perfection. Aucune dénivellation entre Silvia et Dorante, qui se ressemblent au point d'avoir la même idée de se déguiser en domestiques. Sinon celle du sexe, qui conférera à Dorante l'autorité conjugale. Ce que redoute Silvia dans le mariage, c'est la brutalité ou la violence que cette autorité pourrait permettre dans la vie privée. Une phrase est à remarquer dans la première scène : « C'est qu'il n'est pas nécessaire que mon père croie me faire tant de plaisir en me mariant... » (J, I, 1). Y aurait-il de fait un plaisir qu'il conviendrait de dissimuler ? Peut-être dans le souci de ne pas blesser un père aimant (« tu sais combien je t'aime ») qu'il faudra quitter, un père dont l'autorité est douce. Insister sur le caractère du futur, ne se soucier que du bonheur en famille, pouvoir dire non, c'est aussi pour Silvia un moyen de marquer sa différence avec une Lisette que sa condition soumet à des déterminations financières et qui est sensible à la beauté physique. Elle le lui dit clairement : « sachez que ce n'est pas à vous à juger mon cœur par le vôtre » (J, I, 1). Le choix personnel est un privilège des « honnêtes gens » qui tiennent à distance le champ – vulgaire – du désir. Silvia ne demande qu'un époux raisonnable et prend en compte les conditions d'une union durable.

Rien de plus raisonnable que l'idée de connaître le prétendant que le père approuve sans réserve.

On ne saurait se dissimuler ce que le stratagème inventé par Silvia a d'agressif. Il peut même paraître étrange que l'instauration d'un couple harmonieux passe par une tromperie initiale. De fait, Dorante se trouve traité en étranger suspect (*hostis...*), comme si son comportement allait fatalement relever d'une dissimulation qu'il s'agit de débusquer. Cette invention a deux conséquences : tout d'abord de faire du père et du frère les complices de la comédie, autrement dit d'accroître la dépendance de Silvia à l'égard de Monsieur Orgon. C'est bien le groupe familial qui entreprend de duper Dorante. Ensuite de soustraire Silvia elle-même (qui pourra voir sans être vue) au jugement de Dorante. Ce dernier ayant eu la même idée, on appréciera la prudence de ces deux personnages soucieux d'éviter le rapport personnel. Faut-il dire que chacun traite l'autre comme une marchandise ? Et qu'il s'agit là d'une opération non seulement d'enquête, mais de maîtrise ?

En dissimulant à sa fille le déguisement de Dorante (révélé par son propre père), Monsieur Orgon vide de tout sens l'enquête que Silvia prétend mener. Marivaux inverse de fait les données traditionnelles de la comédie où amants et serviteurs s'unissaient pour défendre, contre un père tyrannique, les droits de l'amour. Ils sont ici les dupes d'un « bon père » qui s'empare du rôle de fourbe et machiniste.

« Si je le laisse faire, il doit arriver quelque chose de bien singulier », médite Monsieur Orgon. Mario ajoute : « C'est une aventure qui ne saurait manquer de nous divertir, je veux me trouver au début et les agacer tous deux » (J, I, 4). Monsieur Orgon et Mario se donnent un plaisir de voyeur, celui du spectateur de théâtre, mais pas seulement : car ce sont les premiers émois sexuels d'une sœur et d'une fille qu'ils se donnent en spectacle, non sans intervenir, pour mieux se divertir, quitte à lui infliger gêne et souffrance, et à Dorante plus encore. Voir le long interrogatoire que fait subir Monsieur Orgon à Silvia après avoir surpris « Bourguignon » à ses genoux (J, II, 11) et l'humiliation qu'inflige Mario à Dorante en se déclarant son rival, à un moment où ce dernier a déjà révélé son identité à Silvia (J, III, 2). Si Silvia se trouve mise à la gêne, ce n'en est pas moins elle qui suggère à son frère de jouer le personnage de son amant, entrant ainsi elle-même dans le jeu des conduites agressives. Elle ne tient rigueur ni à l'un ni à l'autre de ce qui peut passer pour une effraction de son intimité. C'est de quoi signaler, en toute innocence, la dimension libidinale des relations familiales.

Le jeu de rôles auquel se livrent Silvia et Dorante a deux conséquences. La première est d'instituer une dénivellation imaginaire entre les deux personnages, chacun d'eux s'imaginant le supérieur de l'autre, et n'ayant donc rien à en craindre (rapport analogue *mutatis mutandis* à celui de la fée en face d'Arlequin, du Prince en face de la paysanne, etc.). D'autre part, leur déguisement implique qu'ils ne changent pas seulement de vêtements, mais bien de comportement et de langage (père et frère leur rappellent du reste l'exigence du tutoiement propre à leur condition, à la scène 6 de l'acte I). Il leur faut parler le langage des serviteurs, ou ce qu'ils en imaginent, et donc congédier les bienséances propres à leur caste d'origine. On imagine mal le Dorante « officiel » se déclarer avec une telle fougue à la véritable Silvia et l'entretenir de son « port de reine ». Mais « dire des douceurs » faisant partie du rituel d'approche des serviteurs, il peut s'y livrer sans conséquence à l'égard de Lisette et lui parler de son corps. Car le langage des serviteurs s'autorise l'expression du désir qu'écarte celui des honnêtes gens. Est-ce de parler ce langage normalement interdit qui explique la fulgurante émergence du désir chez ces jeunes gens si bien élevés ? À quoi ils résistent d'autant moins que chacun d'eux s'imagine, au début du moins, pouvoir faire cesser la comédie quand il le désire. On peut penser que la naissance de l'amour doit quelque chose à une libération des convenances, dont ont bien pu rêver ces jeunes gens bien élevés.

Dans *L'Île des esclaves*, l'échange de rôles entre maîtres et esclaves, opéré sous la contrainte, conduisait dans une certaine mesure à reconnaître entre ceux-ci et ceux-là une identification et un certain partage d'affects. Dans le théâtre, l'éveil de l'amour et le mariage sont une ligne rouge entre serviteurs et maîtres que personne ne franchit : on peut épouser un partenaire sans rang et sans fortune, non un domestique[10]. Cette transgression, Marivaux la réserve au roman : Mademoiselle Habert, dans *Le Paysan parvenu*, épousera, non sans mal, son valet paysan. Dans le *Jeu*, c'est avec indignation que Silvia accueille la suggestion de Lisette, qu'elle a pu être sensible aux qualités du pseudo-Bourguignon : « Avec quelle impudence les domestiques ne nous traitent-ils pas dans leur esprit ! Comme ces gens-là nous dégradent ! [...] Écartons l'idée dont cette insolente est venue me noircir l'imagination » (J, II, 8). La violente colère qu'elle éprouve à l'égard de sa suivante est de toute évidence liée à une identification dont elle ne veut à aucun prix. La fameuse formule

10. On approche de cette ligne avec *Les Fausses Confidences* : mais Dorante, fils d'avocat, maître déchu, en position d'intendant n'est pas un serviteur, même si on envisage de lui faire épouser une suivante.

« Ah ! je vois clair dans mon cœur », indique assez qu'elle n'était pas prête à franchir la ligne rouge, ni même à reconnaître une attirance pour un valet. Quant à Dorante, amoureux d'une suivante, il se refuse à croire que la fausse Silvia puisse s'intéresser à Arlequin et envisage même de le dénoncer à Monsieur Orgon.

Avec l'aveu de Dorante, la symétrie entre les personnages touche à sa fin. Dorante dit aimer Lisette « au point de renoncer à tout engagement puisqu'il ne m'est pas permis d'unir mon sort au tien » (J, II, 12). En clair, il ne propose pas le mariage. Un aveu en retour de Silvia terminerait la pièce. Or, à peine éclairée, Silvia est aux prises avec de « nouvelles idées » qu'elle communique à son frère : « il faudra feindre de m'aimer » (J, II, 13). Le projet donne lieu à deux scènes humiliantes pour Dorante (J, III, 2 et 3) avec Mario et Silvia. « Je souffre », dit Dorante. Encore que la scène fasse rire Mario, elle lui inspire aussi de la pitié : « mais je lui crois l'âme en peine, et j'ai pitié de ce qu'il souffre » (J, III, 4). Monsieur Orgon, qui n'est pas fâché de voir Dorante puni de son stratagème, acquiesce au projet de sa fille, qui décide de pousser son avantage[11]. Elle le fait dans des termes d'une remarquable violence, même s'ils sont empruntés au langage galant : « Dorante est vaincu ; j'attends mon captif. [...] Mais il faut que j'arrache ma victoire, et non qu'il me la donne... » (J, III, 4). S'agit-il de faire payer à Dorante la grande peur qu'il lui a donnée ? Ou d'affirmer un pouvoir féminin face à l'autorité dévolue au mari ? À cette victoire de l'amour-propre que diagnostique Monsieur Orgon, Silvia tient assez pour prendre le risque de perdre Dorante, qui est en effet sur le point de partir. Lorsqu'il se ravise, elle dit : « feignons de sortir, afin qu'il m'arrête ; il faut bien que notre réconciliation lui coûte quelque chose » (J, III, 8).

« Que vous importent mes sentiments ? » (J, III, 8), lui dit-elle alors qu'elle s'est déjà félicitée du succès. La scène 8 est sous le signe de la feinte. Il est remarquable que la décision de Dorante (« il n'est ni rang, ni naissance ni fortune qui ne disparaisse devant une âme comme la tienne ») soit emportée par un discours parfaitement factice, où Silvia dresse un portrait émouvant de la suivante abandonnée par l'homme de condition. « L'aveu de mes sentiments pourrait exposer votre raison, et vous voyez bien aussi que je vous les cache », dit-elle, alors qu'elle

11. Ce supplément de maîtrise que se donne Silvia peut faire penser à *La Fausse Suivante*, où l'héroïne, ayant démasqué son libertin, décide de s'en venger, sans se soucier de la souffrance qu'elle inflige à la Comtesse.

cherche précisément cette défaite de la raison et que cette manière de cacher vaut aveu. Dorante en est dupe et fait enfin une proposition de mariage, arrachée en effet de haute lutte. Non sans l'accompagner d'un serment de ne changer jamais.

Dans la scène 4 de l'acte III, Silvia avait déjà voulu voir dans le caractère « unique » de son histoire une garantie pour l'avenir : « Il ne pourra jamais se rappeler notre histoire sans m'aimer, je n'y songerai jamais que je ne l'aime, etc. », et dans ce dénouement un coup du destin : « Dorante et moi, nous sommes destinés l'un à l'autre », flux de paroles traduisant l'ivresse de la victoire, que Mario commente ironiquement : « que ton cœur a de caquet, ma sœur ». Ironie que pourrait bien partager Marivaux, à lire ce qu'il a écrit des moyens d'éviter l'inconstance et de renouveler l'amour, où n'entre pas l'effet magique du souvenir, mais bien l'attention à éviter la répétition[12].

Ce qui est pour Silvia une belle histoire « attendrissante » et pour Monsieur Orgon un « régal charmant » a été pour Dorante un moment de souffrance inutile. Il s'est cru héroïque et en somme l'a été, pour s'apercevoir ensuite qu'il a été manœuvré. À croire qu'une servante pouvait mériter l'amour normalement voué à une fille de bonne famille, il s'est mis en position de faiblesse et a enfreint un des tabous de la société à laquelle il appartient. Il est à la limite du ridicule et aura, en tout, cas bien « diverti » et fait rire toute la famille, Silvia comprise. Il peut sans doute percevoir, après coup, l'artifice du chantage final.

Encore qu'il semble jouir d'une certaine indépendance financière[13], Dorante a pris le risque de l'opposition de son père et du mépris public. Silvia au contraire invite père et frère à participer à la mise à mort de Dorante, qui prend l'allure d'un rituel d'admission, source d'une jouissance collective. La violence exercée contre Dorante célèbre et renouvelle le lien de Silvia avec sa famille d'origine. Et plus particulièrement cet amour du père, auquel l'étranger vient l'arracher. Faut-il penser qu'elle trouve plaisir au spectacle qu'elle a donné à ses proches, et à faire entrer le père sur le territoire de son aventure amoureuse ? Cette question de l'envahissement de la relation amoureuse

12. On notera que le souci de la durée intervient dès l'*Arlequin poli par l'amour* : ayant entendu dire que l'aveu met en péril l'amour (discours de la *doxa* galante), Silvia et Arlequin s'imposent à tout hasard des restrictions, mais finissent par contourner, avec humour, l'interdit en convenant de dire le contraire de ce qu'ils éprouvent. C'est pourtant le début d'une adultération du langage, fondée sur l'espoir d'une maîtrise du hasard et de l'avenir.

13. « ma fortune nous suffit à tous deux » (J, III, 8).

par la figure parentale, Marivaux y reviendra, notamment dans *La Mère confidente* en 1735 et dans *La Vie de Marianne* où Mme de Miran confisque en quelque sorte la jeune fille aimée par son fils[14].

Cet hommage au père se traduit par un détail remarquable. À la fin de la scène 8 de l'acte III, Dorante ne sait pas encore que sa Lisette est Silvia. La scène 9 voit l'entrée de Monsieur Orgon. Or, c'est en s'adressant à lui, et non à Dorante, que Silvia révèle son identité : « Ah ! mon père, vous avez voulu que je fusse à Dorante : venez voir votre fille vous obéir avec plus de joie qu'on n'en eut jamais » (J, III, 9). Alors seulement, Dorante peut prendre conscience que Monsieur Orgon savait tout de l'intrigue.

La scène finale devrait être un moment de pur bonheur. Or, les deux personnages s'appliquent moins à célébrer l'objet aimé qu'à faire leur propre éloge. Silvia : « vous m'aimez, je n'en saurais douter : mais à votre tour, jugez de mes sentiments pour vous ; jugez du cas que j'ai fait de votre cœur par la délicatesse avec laquelle j'ai tâché de l'acquérir » (J, III, 9). Vu la violence dont elle a fait preuve, la délicatesse de Silvia, dans son exercice de maîtrise, est au moins discutable. Dorante : « Je ne saurai vous exprimer mon bonheur, Madame ; mais ce qui m'enchante le plus, ce sont les preuves que je vous ai données de ma tendresse ». Là où on attendrait un *vous* m'enchantez, on trouve un Dorante qui s'enchante lui-même. Ce qui revient à soutenir son héroïsme inutile et à en dire la valeur.

On assiste donc à un retour en force de l'amour-propre, qui accompagne la déconstruction de la belle aventure romanesque amorcée sous le signe de la prudence. Dorante est le seul à succomber à un amour fou qui le ferait s'aventurer dans l'univers, étranger et étrange, des serviteurs. La fin le fait redescendre sur terre, retrouver la fille de Monsieur Orgon, l'univers connu des maîtres et des bienséances, une histoire régie en dernière analyse par un père. On peut se demander si Dorante s'en relèvera et si Silvia, fille de Monsieur Orgon, peut être à la hauteur de l'idéale soubrette amoureuse qui n'a d'existence que fictive.

La fable est rassurante pour les honnêtes gens. Un fils de bonne faille ne saurait *vraiment* s'amouracher d'une soubrette au point de l'épouser. On respire. La ligne rouge, en réalité, n'a pas été franchie.

14. Je renvoie sur cette question à mon étude : « Aux frontières de l'impensé, Marivaux et la sexualité », dans Franck Salaün (dir.), *Pensée de Marivaux*, Amsterdam/New York, Rodopi, coll. « CRIN », 2002.

Le dernier mot de la pièce revient aux domestiques. Il n'est pas indifférent.

Lisette et Arlequin ont, bien entendu, cédé au mirage d'une incroyable ascension sociale. Ils remplissent leur rôle non sans se faire copieusement insulter par leurs maîtres. Si le comportement des maîtres doit quelque chose au modèle offert par les serviteurs, il n'est pas question de le reconnaître. Leur déconvenue éventuelle n'intéresse personne. Lorsque Lisette honnêtement informe Monsieur Orgon des progrès inquiétants qu'elle fait auprès du faux Dorante, il la laisse dans l'erreur et l'engage même à pousser sa pointe, n'exigeant que l'aveu de son identité. Cet aveu donne lieu à une scène joyeuse, marquée par les éclats de rire de Lisette et une déclaration d'amour qui défie les « fautes d'orthographe » : « en changeant de nom, tu n'as pas changé de visage », dit Arlequin (J, III, 6). C'est le seul endroit de la pièce où se manifeste un rire carnavalesque dépourvu d'agressivité.

Dans la scène 9 et dernière de l'acte III, Arlequin et Lisette font un bilan plaisant de leur aventure. « Il n'y a que toi qui gagnes à cela », dit Lisette. À quoi Arlequin répond : « Je n'y perds pas : avant notre reconnaissance, votre dot valait mieux que vous ; à présent vous valez mieux que votre dot ». Le contraste est saisissant entre le discours des maîtres qui ne songent chacun qu'à se faire valoir et cette parole qui reconnaît la valeur de l'autre, de la personne elle-même, distinguant le registre de l'être de celui de l'avoir, dont les maîtres, en somme, ne parviennent pas à se déprendre. L'*autre monde* des domestiques est-il le moins heureux ?

Dans la remarquable mise en scène que Michel Raskine, en 2009, a réalisée du *Jeu de l'amour et du hasard*, cette fin avait été très bien mise en valeur. Après la dernière réplique de Dorante, le metteur en scène introduit, en manière de prolepse, un bref quatrième acte muet qui évoque la vie conjugale de Silvia et Dorante en s'inspirant du tableau des couples fourni par Silvia dans la première scène de la pièce. Elle, installée sur une duchesse, vêtue d'une luxueuse robe d'intérieur, fume et lit un livre. Lui, fumant aussi, en costume de soirée, vient s'asseoir à côté d'elle, et se prépare à sortir. Ils ne se regardent pas et n'échangent pas un mot. C'est là fournir sur le mode critique une réponse à l'hypothèse sur l'avenir produite par Sivia à la scène 4 de l'acte III. Au premier plan à gauche, en avant-scène, Monsieur Orgon est installé, immobile, sur un canapé, imposant sa présence. Après un long silence, Arlequin et Lisette, à l'avant-scène, au centre, viennent dire leurs répliques en s'étreignant, dans un corps à corps qui n'a rien d'un combat[15].

L'histoire prend place dans l'évolution générale des mœurs, où la famille nucléaire concurrence l'ancienne disposition tribale. Avec la disparition de l'obstacle constitué par le père chez Molière, l'intérêt se concentre sur l'élaboration du couple conjugal. Nul besoin que le père impose ici sa volonté ou sa loi. Le sentiment suffit. L'ordre n'est pas menacé. Ce dispositif nouveau parvient-il à conjurer la violence ? De fait, elle apparaît de façon sans doute plaisante dans le double piège que se tendent les futurs, puis dans la manière dont Silvia ensuite s'assure la maîtrise de Dorante pour le soumettre au désir de son père. Opération à laquelle le père prend une participation active, sans cacher le plaisir qu'il y trouve.

Ainsi se trouve conjurée la tentation d'une révolte contre un système patriarcal dont Molière avait mis en évidence les dysfonctionnements. Échappant aux conflits que suscitent dans les *Surprises* la rencontre de l'inconnu et les pratiques de l'amour mondain, heureuse dans une famille d'origine à laquelle se limite son horizon, Silvia semble ne songer qu'à répéter cette expérience et n'inventer le stratagème du déguisement que pour mieux épouser – en personne – le projet du père, qui aura réglé au mieux, on n'en doute pas, les aspects économiques et financiers de l'union. L'épreuve infligée à Dorante (et la comédie qu'elle suppose) ramène de fait aux comportements agressifs de la société galante. Est-ce manière de se prémunir contre la tyrannie du mari évoquée dans la première scène de la pièce ? Ou de faire payer à Dorante le trouble qu'il lui a fait connaître et la nécessité de se déprendre de sa tribu d'origine ? C'est de fait replacer la relation de pouvoir à l'intérieur de l'expérience amoureuse et conjugale. Le passage de la mondanité à l'univers familial ne supprime pas la violence, il la déplace.

15. Spectacle créé le 26 février 2009 au théâtre du Point du Jour à Lyon. La mise en scène, qui a influé sur cette étude, mériterait de plus amples commentaires. Retenons seulement que Michel Raskine a rendu sensible l'omniprésence du regard des uns sur les autres en maintenant sur le plateau, à distance, les acteurs qui normalement auraient dû sortir de scène.

Le sublime dans la comédie

Jean Dagen
Université Paris-Sorbonne

Que Marivaux se soit jamais inquiété de la poétique de la comédie selon Aristote, rien ne le donne à imaginer. En bon moderne qu'il ne cesse d'être, c'est-à-dire nécessairement en « philosophe », il fait abstraction des lois de l'esthétique classique. S'il a besoin, non pas de modèles, mais d'exemples propres à illustrer ses conceptions personnelles, il se tourne vers ses contemporains : Crébillon le tragique et La Motte. Les schémas de pièces dont il lui arrive de s'inspirer semblent provenir du théâtre vivant, d'auteurs récents qui ont occupé ou occupent la scène aux premières années du XVIIIe siècle[1]. Quelque prix qu'on attache à son originalité – et elle s'impose à nous jusqu'en ce début du XXIe siècle –, il faut se garder de le croire étranger ou indifférent à ce qui se fait au théâtre sous ses yeux : tragédie ou comédie, Foire ou Italiens[2]. Ce qui conduit à cette remarque qu'on voudra bien tenir pour déterminante : quand Marivaux réfléchit sur les conditions de l'effet dramatique, il dissèque une scène de l'*Électre* de Crébillon père et il ne commente pas le tragique violent dont l'auteur d'*Atrée et Thyeste* et de *Rhadamiste et Zénobie* a la réputation d'être devenu le spécialiste – réputation largement imméritée, au moins aux yeux de Marivaux lui-même –, mais s'intéresse à la rencontre d'Électre et d'Oreste, aux premières scènes du quatrième acte, à la montée progressive d'un pathétique contenu et intellectualisé. Marivaux s'est essayé de son

1. Sur les comédies dont Marivaux a pu s'inspirer pour construire ses propres schémas dramatiques, voir les éditions du *Théâtre complet,* éd. Frédéric Deloffre et Françoise Rubellin, aux Classiques Garnier, et éd. Henri Coulet et Michel Gilot dans la Pléiade.

2. On ne saurait rendre dans ces notes l'hommage dû à ceux qui ont contribué à notre connaissance du théâtre du XVIIIe siècle et du théâtre de Marivaux. Nous renvoyons une fois pour toutes aux amples bibliographies établies soit par Françoise Rubellin (*Marivaux dramaturge*, Paris, Champion 1996), soit par Henri Coulet et Michel Gilot (*Théâtre complet*, éd. cit., t. II). Q'il nous soit permis cependant de retenir les noms de deux spécialistes dont les travaux nous ont été particulièrement précieux, Henri Coulet et Annie Rivara, qui s'est montrée plus que personne attentive à la conception marivaudienne du sublime.

côté à la tragédie, mais comprend, tout le donne à penser[3], que ce genre n'est pas le sien. Disons mieux, il comprend qu'il n'y a pas, à proprement parler de genres distincts, qu'il y a le théâtre, construction dramatique et processus de tension émotionnelle, rapports calculés du spectateur avec les personnages de l'intrigue, le tout, fondé en « humanité », composant ce qu'on nomme « comédie », où coexistent ce qu'on désigne comme « tragique » – Marivaux n'use guère de ce terme – et ce qui présente les caractères du « comique », énergie libre et libératrice. Fontenelle enregistre l'épanouissement de ce nouvel art théâtral qui ne sépare pas mais tolère, revendique la combinaison graduelle de registres différents et compatibles : quand il prend acte de cette poétique moderne, Fontenelle mesure sa valeur à la qualité du théâtre des années 1720-1740 ; l'amalgame le plus parfait, il l'a découvert chez Marivaux[4]. La production dramatique de Marivaux répond donc à une poétique aussi maîtrisée et conceptualisée qu'elle est neuve : neuve d'ailleurs au point que ses adversaires, fidèles la plupart à un Molière vénéré comme modèle indépassable, ne désarment pas tout au long du siècle.

Certes, la critique n'a pas manqué de le déplorer, Marivaux ne munit pas ses pièces de préfaces justificatives et protectrices : dédain peut-être envers ceux qui continuent d'affirmer complaisamment leur respect pour une littérature normée selon l'esprit classique, dédain dont ne se prive pas l'écrivain dans ses écrits critiques et philosophiques. Mais s'il paraît avoir choisi de faire silence sur ses pièces, le dramaturge estime sans doute, et à juste titre, qu'il s'est suffisamment expliqué : dans ses pièces mêmes puisque, comme le romancier qu'il fut d'abord et continue d'être intervient ouvertement dans son récit afin de ne rien dissimuler de l'art, c'est-à-dire des artifices auxquels il recourt et veut faire savoir qu'il recourt, l'écrivain de comédies, de manière nécessairement plus discrète, laisse apercevoir son rôle dans le mécanisme dramaturgique, dans la conception des rapports du spectateur avec l'œuvre et les personnages, dans le dévoilement d'un sens. Il est remarquable que cette caractéristique d'une comédie qui consent à se donner pour ce qu'elle est, ait fait l'objet d'une théorie élaborée *a priori* par Marivaux à la veille de cette longue séquence de production théâtrale inaugurée en 1720 par *L'Amour et la Vérité* et

3. Voir Jean Dagen, « Marivaux et la tragédie », *Littératures classiques*, n° 52, 2004.

4. Voir Jean Dagen, « Fontenelle, Marivaux et la comédie moyenne », dans les actes du colloque *Nivelle de la Chaussée, Destouches et la comédie nouvelle au XVIIIe siècle*, à paraître aux PUPS en 2010.

Arlequin poli par l'amour : le *Nouveau Mercure* a publié en 1719 un essai intitulé *Sur la pensée sublime*[5]. « Sublime » élude « beau » (on verra que la chose est délibérée) et toute considération sur la métaphysique du beau, spéculation à laquelle sacrifie encore un Diderot, alors que Marivaux ne cesse de confesser une certaine répugnance envers la beauté[6]. Traiter du « sublime » dispense encore de parler de tragique et de comique, même si l'essai emprunte ses exemples à des tragédies et est de la même année que *La Mort d'Annibal.* Quant aux expressions de « pensée sublime » et d'« idée sublime », elles signalent la part du conceptuel dans l'effet littéraire, annoncent la conjonction, la communion envisagée comme finalité de l'intelligible et de l'affectif, du rationnel et du sensible : la conception de l'œuvre s'éclaire de vues philosophiques dont l'essentiel nourrit la réflexion *Sur la clarté du discours*, exactement contemporaine de la réflexion sur le sublime. Ces remarques préliminaires engagent à ne pas s'attarder à une analyse formaliste des comédies, à ne pas revenir sur la distinction, vaine selon Marivaux, de la raison et du sentiment, à ne pas s'arrêter à la thèse obstinément proclamée qui veut que le texte de théâtre ne soit pas texte de littérature. Cette dernière proposition est rigoureusement incompatible avec les vues de Marivaux, exposées dans les deux essais de 1719 et prolongées, confirmées dans les feuilles du *Spectateur français*, publiées de 1721 à 1724, au temps de *La Surprise de l'amour*, de *La Double Inconstance* et du *Prince travesti.* Il est permis de corroborer les pensées sur le *Sublime* par celles du *Spectateur* antérieures à *La Seconde Surprise* (1727) et au *Jeu de l'amour et du hasard* (1729). Le théâtre de Marivaux ne perd rien de son charme et gagne en substance si l'on consent à l'appuyer sur une idée de l'homme constamment entretenue et vivifiée d'écrit en écrit, sur une « critique » fort explicite des forces de l'esprit, esprit joignant intelligence et sentiment dans une unité du moi sans cesse et idéalement refaite. Le concept de sublime ne se comprend pas hors de cette perspective philosophique, l'écrivain de théâtre qu'est, entre autres métiers, Marivaux n'imaginant manifestement pas d'écrire des comédies, notamment, sans que celles-ci développent un sens accordé à cette « philosophie ».

5. *Sur la pensée sublime*, dans Marivaux, *Journaux et œuvres diverses*, éd. F. Deloffre et M. Gilot, Paris, Garnier, coll. « Classiques Garnier » 1969, p. 56-72.

6. Voir *Le Cabinet du Philosophe*, dans *Journaux et œuvres diverses*, éd. cit., p. 348-349.

Ce n'est pas sans raison sérieuse, et qui ne tiendrait pas seulement à des considérations d'esthétique littéraire, que Marivaux propose de redéfinir les notions de clarté et de sublime ; s'il apparaît indispensable de repenser en même temps, d'un même mouvement, ces deux notions, il doit y avoir quelque motif impérieux. En fait, une telle démarche ne peut surprendre de la part de l'auteur du *Télémaque travesti* et de l'*Homère travesti* : Fénelon est le plus parfait adepte du sublime dévot, d'un mysticisme biblique dont ne peuvent que s'approcher les Anciens ; Homère passe dans les esprits conformistes pour le modèle indépassable du sublime épique. Marivaux prend donc résolument parti. Ceux qu'il récuse, Boileau et son Longin, Fénelon et ses *Dialogues sur l'éloquence,* les deux Dacier fortifiés des traités des pères Rapin et Le Bossu, n'ont cessé depuis quarante ans de prôner la même doctrine : une littérature capable de prendre possession des âmes soit par une sorte de coup de force, comme par « un foudre », le tonnerre et les éclairs[7], soit par un effet irrésistible d'intussusception, analogue à cette simplicité véhémente de la grâce porteuse de persuasion[8] ; une telle littérature soucieuse d'élever l'esprit doit lui laisser beaucoup à penser dans l'ordre du grand et du divin – ce sont les mots habituels de Boileau ou de Mme Dacier[9] ; il faut prendre « divin » à la lettre puisque le verbe du Dieu créateur, l'Esprit Divin qui passe dans la parole de Moïse est donné pour le maître et le modèle du sublime[10]. Genèse et Évangile sont les références constantes de ces littérateurs adeptes d'une poésie capable, à la faveur d'une illumination incontrôlable, de mettre l'âme au bord du merveilleux ou du miraculeux : au-delà de toute analyse stylistique, le sublime s'impose en tant que simplicité absolue, naturel radical et transcendant, annonçant le caractère indéfinissable du divin qui éblouit, transporte, emporte et défie la connaissance. Le sublime ne se laisse appréhender que par la lecture et surtout l'imitation de l'Écriture sainte et des grands Anciens, d'Homère avant tout, de l'indépassable *Iliade* aussi proche qu'il

7. Voir Boileau, *Œuvres complètes,* éd. Antoine Adam, Paris, Gallimard, coll. « Bibliothèque de la Pléiade », 1966, p. 342 et 389.

8. Voir Fénelon, *Dialogues sur l'éloquence,* dans *Œuvres*, éd. Jacques Le Brun, Paris, Gallimard, coll. « Bibliothèque de la Pléiade », t. I, 1983, p. 64-68 notamment.

9. « La marque infaillible du sublime, c'est quand nous sentons qu'un discours nous laisse beaucoup à penser, qu'il fait d'abord un effet sur nous auquel il est bien difficile, pour ne pas dire impossible, de résister » (*Traité du sublime,* dans Boileau, *Œuvres complètes*, éd. cit., p. 348).

10. *Réflexions critiques*, Réflexion X, dans Boileau, *Œuvres complètes*, éd. cit., p. 554.

se peut de l'éloquence de Moïse et de celle de Jésus : les commentaires de Mme Dacier montrent qu'il est véritablement impossible d'expliquer clairement l'emprise supérieure de la poésie homérique, le critique ne peut que s'exclamer, « traits sublimes », « force de poésie admirable » dont Longin marque la « sublimité », « poésie toute divine »[11] ; toute raison fait place à l'extase.

On se croirait loin de Marivaux et de son théâtre. On est au cœur de la réflexion critique qu'il décide d'opposer à la tradition classique. Il est même possible de deviner son cheminement à partir de ce qui le relie à La Motte : lequel, dans son *Discours sur la poésie*, a contesté la pertinence d'un vers du récit de Théramène[12]. Sacrilège que de s'attaquer à Racine, Boileau réplique et justifie le poète dans sa Réflexion XI[13]. En 1717 (la date importe pour Marivaux), La Motte répond au magister défunt et persiste, alléguant contre les vers trop ornés de Théramène la vraisemblance psychologique propre au texte de théâtre, demandant de la « méthode » dans le recours au poétique, préconisant un sublime raisonnable[14]. Il ne fait que maintenir sa définition du *Discours sur la poésie* : « Je crois que le sublime n'est autre chose que le vrai et le nouveau réunis dans une grande idée, exprimés avec élégance et précision »[15]. Parole de moderne : l'opposition de fond ressort en douceur du rationalisme de La Motte, d'expression modérée, mais assez déterminé pour convenir à l'auteur des essais jumeaux sur la clarté et le sublime.

Revenons à l'argument que Boileau, dans sa onzième Réflexion, jugeait irrécusable en faveur du sublime racinien. Il l'emprunte à Longin : « lorsqu'un endroit d'un discours frappe tout le monde, il ne faut pas chercher des raisons, ou plutôt de vaines subtilités, pour s'empêcher d'en être frappé »[16]. On n'est pas étonné de voir La Motte, en judicieux

11. Anne Dacier, *Des causes de la corruption du goût*, Paris, Aux dépens de Rigaud, 1714, p. 496, 504-506, 511-512, 518 et *passim.*

12. Antoine Houdar de La Motte, *Discours sur la poésie en général et sur l'ode en particulier*, dans *Œuvres de Monsieur Houdar de La Motte,* Paris, Prault l'aîné, 1754, t. I, p. 27. Voir également Houdar de La Motte, *Textes critiques*, éd. Françoise Gevrey et Béatrice Guion, Paris, Champion, 2002, p. 85 (avec la collaboration de Jean-Philippe Grosperrin pour tout ce qui concerne le théâtre).

13. Boileau, *Réflexions critiques*, éd. cit., p. 559.

14. *Réponse à la onzième Réflexion de Monsieur Despréaux sur Longin*, dans La Motte, *Œuvres*, éd. cit. t. V, 6e vol., p. 84-96.

15. La Motte, *Discours sur la poésie*, éd. cit., p. 35. Les termes de la définition, « vrai » et « nouveau » font eux-mêmes l'objet de définitions dans les p. 35-38.

16. Boileau, *Réflexions critiques*, éd. cit., p. 561.

fontenellien, ne pas accorder de crédit à l'approbation générale, la supposât-on, chose très improbable, universelle. Il objecte qu'on « ne trouverait guère de sublime par cette voie »[17] : les hommes diffèrent tant les uns des autres et les circonstances sont si changeantes que rien de sûr ne peut se fonder sur pareil critère. Tous les esprits ne sont pas sensibles à la même qualité de sublime : ce qui suppose pour l'écrivain de théâtre une difficulté double : quelle peut être la vraie nature du sublime, quel objet doit-il se proposer, et comment peut-il se proportionner à des perceptions inégales ?

Il est remarquable que Marivaux, dans son essai *Sur la pensée sublime*, à la fois privilégie, avec une insistance qu'on n'a pas assez soulignée, la considération du spectateur et refuse de limiter le sublime à la portée d'un jugement collectif, d'une opinion ou d'une croyance. C'est que le sublime ne se constate pas, il se construit ; qu'il est objet et a vertu de connaissance loin de relever du merveilleux ; qu'il n'est pas un donné brut : Boileau préfère simple, au sens de primitif, de naturel comme sont naturels des phénomènes tels que le tonnerre et la foudre ; qu'il n'est pas le produit de l'enthousiasme, de ce génie absolu qui inspire Moïse et Homère, mais d'une activité artisanale. Certes, il n'a de valeur qu'autant qu'il est ressenti, mais les conditions à respecter pour qu'il soit perçu, senti, apprécié et connu, déterminent la méthode de fabrication. À ces conditions répond une technique philosophiquement fondée sur une idée de l'homme, l'homme saisi comme objet strictement anthropologique, membre d'une communauté qu'on peut dire universelle et irrémédiablement diverse dans ses individualités. L'homme de Marivaux se définit par des aptitudes, non par une essence munie de garantie métaphysique. L'art qui lui parle, qui lui parle si bien qu'il le dira sublime, se connaît et se donne à connaître dans l'œuvre qu'il produit. L'œuvre ne veut plus être ce monument détaché de son créateur, cette création qui, dans sa perfection, accomplit sa nature, comme la tragédie idéalement simple qu'annonce la Préface de *Bérénice*[18] : Marivaux se détourne de l'image d'une Beauté immobile, intemporelle, sans défaut : *Le Cabinet du Philosophe* montre avec humour qu'on se lasse vite d'admirer avec transports et exclamations la Beauté absolue[19].

17. La Motte, *Réponse à la onzième Réflexion de Monsieur Despréaux sur Longin*, éd. cit., p. 89.

18. Préface de *Bérénice*, dans Racine, *Œuvres complètes*, éd. Georges Forestier, Paris, Gallimard, coll. « Bibliothèque de la Pléiade », t. I, 1999, p. 450-451.

19. Voir *Le Cabinet du Philosophe*, éd. cit., p. 347-348.

Dans l'analyse de Marivaux, l'auteur « qui s'est mis à la place du personnage » et acquiert de cette manière « des idées d'une ressemblance franche, foncière et générale » avec celles qu'elles peuvent éveiller chez le spectateur, a pu produire « un trait sublime », mais ne saurait prétendre qu'il sera « senti avec le même plaisir » par tous. Les spectateurs « sentent ce que chaque personnage paraît sentir, leur âme est comme l'*écho* qui répond à la sienne, mais qui répond plus ou moins exactement, avec plus ou moins d'étendue, dans tel ou tel spectateur »[20]. Au terme d'une ample comparaison avec ce que sont les variations du goût en cuisine, vient cette conclusion : « ce sont des préférences que l'âme au gré de ses organes fait d'un sentiment à un autre, de qui vient l'impossibilité qu'un trait sublime se concilie l'admiration de tous les honnêtes gens ensemble »[21]. Exemples à l'appui, Marivaux observe qu'il y a gradation dans la perception du sublime : l'homme « épais » n'aperçoit pas au même degré que l'esprit « délicat » la multitude des ressorts composant le mécanisme psychologique. Toutefois, et c'est capital, si le premier n'a de ce qui est exprimé qu'un sentiment global, « non déployé »[22], il est bien sensible aux « motifs exposés par le poète et les sent vrais » dès lors qu'ils correspondent en effet à ce que l'auteur transmet de la vérité du personnage.

Il faut mesurer la signification de ces vues, démontrer qu'elles intéressent directement la conception marivaudienne de la comédie. La première exigence est donc que l'auteur se donne un sujet tel quc, fût-ce à des degrés divers, il atteigne l'intelligence et la sensibilité de tout homme : intelligence et sensibilité exprimant un fonds commun à tout participant de l'espèce, ainsi que le redit *Le Spectateur français* et que le confirme le texte plus tardif et proprement philosophique des *Réflexions sur l'esprit humain*[23]. Le « sublime de sentiment » que Marivaux, nous y reviendrons, distingue du « sublime de pensée », « c'est donc cette matière qui traite, ou plutôt qui peint le cœur en général »[24]. Marivaux insiste : « Tous les hommes peuvent être amoureux, vindicatifs, jaloux, perfides, vains, superbes, hypocrites. Ils sont tous susceptibles de sentiments vicieux, lâches et vertueux, suivant la nature des impressions qui les

20. *Sur la pensée sublime*, éd. cit., p. 67.
21. *Ibid.*, p. 69.
22. *Ibid.*, p. 71.
23. Dans *Journaux et œuvres diverses*, éd. cit., p. 471-492.
24. *Sur la pensée sublime*, éd. cit., p. 59.

frappent le plus dans l'occasion »[25]. Banalités apparemment. En fait, il s'agit de justifier le caractère communément humain, par là « général » et, si l'on veut, banal, des actions et des enjeux dont il convient de faire les sujets de romans ou de comédies. Le choix importe particulièrement au dramaturge tenu par ses principes de ne pas imiter ceux qui font des tragédies sur des données historiques ou mythologiques, ceux qui font des comédies de situations propres à un moment de l'histoire sociale, *Turcaret* ou *Le Légataire universel.* Les deux *Surprises* et *Le Jeu de l'amour et du hasard* sont à cet égard exemplaires. La naissance et l'aveu de l'amour, la constance des amants : imagine-t-on thèmes plus rebattus ? Sont-ils différents dans *La Double Inconstance* et *Le Prince travesti,* pour s'en tenir à la période que clôt le *Jeu* ? Il est vrai que dans cette dernière pièce la considération du rang social intervient dans l'intrigue, comme dans *L'Île des esclaves,* mais en tant que composante inévitable de toute organisation humaine (cela appelle des remarques sur lesquelles il faudra revenir). La hiérarchie sociale n'est pas plus caractéristique d'un moment de l'histoire que ne l'est le goût de la richesse : la puissance de l'or assure *Le Triomphe de Plutus,* elle contribue dans bien des comédies au succès ou à l'échec de l'entreprise amoureuse. Avec ce dernier exemple, on s'aperçoit du risque encouru par Marivaux : à ne retenir que des sujets d'intérêt général, il incline à conférer à ses personnages une valeur symbolique. Il y tend si bien qu'il s'autorise l'allégorie[26] : *L'Amour et la Vérité* ou, dans *Le Cabinet du Philosophe, Le Chemin de la Fortune.* Le titre de ses comédies signale souvent le parti pris de l'auteur, illustré ailleurs par *Le Bilboquet* ou *Le Miroir.* Il ne serait pas trop malaisé de faire ressortir ce qu'il y a d'emblématique dans tel personnage de comédie, dans la Silvia du *Jeu* entre autres. Mais à souligner la signification abstraite de ce théâtre, on négligerait ces subtilités et délicatesses dont Marivaux entend faire la riche substance des êtres qu'il invente. On oublierait aussi, et sans doute l'oublie-t-on plus facilement encore, tout ce dont le dramaturge se prive en détachant l'intrigue, autant qu'il le peut, d'un contexte historique qui serait essentiellement contemporain. En ne conservant que l'indispensable, ce qui rend l'action possible et compréhensible, il s'interdit un pittoresque, un jeu d'allusions, de portraits, de détails, de

25. *Ibid.*, p. 67.

26. Le commentaire du *Triomphe de Plutus*, dans le *Théâtre complet* de Marivaux (éd. H. Coulet et M. Gilot, Paris, Gallimard, coll. « Bibliothèque de la Pléiade », t. I, 1993, p. 1088), veut démontrer que la pièce est moins allégorique que symbolique : il n'est pas sûr que la distinction soit en l'occurrence probante.

bons mots, tout un attirail grâce auquel ses rivaux font florès. De toute évidence Marivaux s'impose une gageure ; à la bien mesurer, à en saisir toute la portée, on comprend mieux le reproche de Voltaire : littérature « métaphysique ».

Selon la même logique que nous voyons également à l'œuvre dans ses écrits théoriques et dans son théâtre, Marivaux se défend de pratiquer ce qu'il nomme « sublime de pensée », lequel peut être assimilé à ce qu'il désigne plus loin comme un « sublime de la façon de l'esprit auteur »[27]. Retenons ici l'un des deux aspects de ce sublime de pensée : il est difficile d'ignorer les réserves à demi formulées à l'égard de cette forme d'esprit « qui cherche à voir des côtés singuliers et qui s'excite oisivement à des tours d'imagination »[28]. La critique se précise en deux étapes : d'abord il est dit que le sublime ainsi produit est le fait d'« un auteur qui se fait devenir », qu'il est « l'effet des impressions qu'il [l'auteur] appelle à lui, qu'il cherche »[29], et qu'il ne serait pas faux de juger artificielles ; l'allusion devient ensuite plus claire : « Quelques hommes, charmés de voir les singularités de leur âme saisies de cette dernière façon et tirées du caractère général, ont peut-être pour ce motif, préféré Corneille à Racine, sans songer que la simple connaissance des caprices de la nature est bien moins vaste que le sentiment continu de sa méthode générale »[30]. La Motte déjà stigmatisait chez Corneille le goût de l'exceptionnel, sa préférence pour les figures rares de l'histoire. Le jugement de Marivaux a une signification plus large : en peignant « les différences du cœur, on en fait des « objets métaphysiques » ; ces « exceptions du sentiment général » se révèlent plus curieuses qu'instructives : qu'y voit-on que « hauteur, dans le fond, grotesque, hors de la ligne du vrai d'usage » ? Nommons-les « *fanatismes de sentiment,* dans ceux dont l'âme se tourne de ce côté »[31]. Fanatisme donc tout comportement échappant à la sensibilité commune, objets métaphysiques ces figures originales que la curiosité seule veut connaître : c'est La Bruyère autant et plus que Corneille que Marivaux vise ici. Il invite, s'invite à se détourner d'une littérature fondée sur l'examen de types humains, de « caractères » artificiellement isolés dans leur étrangeté

27. *Sur la pensée sublime*, éd. cit., p. 66.

28. *Ibid.*, p. 58.

29. *Ibid.*, p. 59.

30. *Ibid.* « Tirer de » signifie bien, selon Littré, « faire sortir de », mais avec cette nuance critique, qu'ignore la note 213 des *Journaux et œuvres diverses*, éd. cit., qu'on sort du général pour privilégier, sans doute indûment, des « singularités », du bizarre ou de l'accidentel.

31. *Ibid.*

et leur pittoresque facile. Grotesque cette manière de peindre seulement des originaux, condamné désormais cet essentialisme classique dont, avec Marivaux et après lui, va se délivrer le moraliste du XVIIIe siècle, un Vauvenargues notamment, marqué lui aussi par la pensée de Fontenelle. Un personnage ne se confond pas avec sa passion dominante, sa folie, quelque extravagante manie. Ces travers, ces déformations ne peuvent susciter au théâtre la compréhension participante du spectateur ; elles n'ont un rôle dans la comédie que Marivaux invente que secondaire, en réponse éventuelle à une situation singulière.

Chaque personnage est, pour ainsi dire, homme en puissance, doté des capacités invariablement dévolues à tout représentant de l'espèce, avec des différences individuelles qui ne sont que de degré et dépendent beaucoup des dispositions du corps, des « organes ». Et chacun n'agit qu'autant qu'il en est besoin afin d'affirmer, de développer, de sauvegarder ce qui constitue sa dignité personnelle. Il en résulte que la condition, le rang social, l'état ont autant d'importance dans la pièce, sans plus, que les circonstances dont en réalité elles font partie : ce cadre occasionnel, nécessaire à la construction de l'intrigue n'a d'autre fonction que de permettre la manifestation d'un sens qui, précisément, révèle le caractère accessoire de ce conditionnement ; ce qui ressort avec une force particulière de *L'Île des esclaves* comme du *Jeu*. En quoi la Silvia du *Jeu* diffère-t-elle foncièrement de la Comtesse de *La Surprise de l'amour* et de la Marquise de *La Seconde Surprise* ? En quoi le Lélio de la première *Surprise* diffère-t-il foncièrement du Chevalier de la seconde et du Dorante du *Jeu* ? Mieux, Marivaux donne à comprendre à la faveur des mécanismes de théâtre comment on passe humainement de l'image et du comportement des valets et suivantes à l'image et au comportement des maîtres. Ce qui s'interpose entre condition humaine – ce qu'exprime le « sublime de sentiment » ou le « sublime de la nature » – et autonomie personnelle, c'est ce qu'il revient à la comédie de résorber comme obstacle de circonstance ou, si l'on veut, de hasard. Ainsi se trouve parfaitement désigné l'enjeu de l'œuvre de théâtre.

L'amour s'impose évidemment comme le sujet le plus universel[32], étranger qu'il est au fond à l'histoire, très propre, comme épreuve

32. Voir *Journaux et œuvres diverses,* éd. cit., p. 139 : « C'est de l'*Amour* dont il s'agit. Eh bien, de l'amour ! le croyez-vous une bagatelle, messieurs ? Je ne suis pas de votre avis, et je ne connais guère de sujet sur lequel le sage puisse exercer ses réflexions avec plus de profit pour les hommes ».

inévitable, à engager l'individu dans une action qui met en péril liberté et dignité personnelles. Comment surmontera-t-il la crise provoquée par la naissance et l'emprise du sentiment ? l'existence de l'autre, l'adversaire bien aimé, peut-elle devenir compatible avec l'exigence de liberté de chacun des partenaires ? Cette compatibilité apparaît toujours comme problématique, de même que l'est toute relation avec autrui, à traiter forcément comme conflit de pouvoir (ce qui conduirait aux réflexions politiques menées par les contemporains de Marivaux, aux prises avec les thèses héritées du siècle précédent : Montesquieu par exemple). La relation amoureuse, constamment privilégiée par Marivaux, prend naturellement une signification symbolique. Elle illustre par excellence la forme de ces confrontations constitutives des rapports sociaux, analogue dans son développement à d'autres types de conflits de pouvoirs auxquels elle se combine, ceux qui prennent notamment un tour politique : dans *Le Prince travesti* en particulier ou *Le Triomphe de l'amour.* À partir de ces données qu'on dira élémentaires, comment procède le dramaturge, de quelles ressources use-t-il et selon quelle méthode ?

Puisque le sublime doit être la manifestation intellectuelle et émotive du vrai, Marivaux met sans façon à le faire émerger tout ce dont dispose de procédés le jeu théâtral. L'artifice ne sera pas caché, affiché au contraire comme le double stratagème du *Jeu.* Le Baron de *La Surprise de l'amour* se charge de relever avec la vivacité excessive d'un journaliste – « je le ferai mettre dans la gazette » – épris de l'exotisme à la mode, ce « hasard le plus bizarre qui soit arrivé » (S1, I, 8) : la rencontre de deux rebelles à l'amour, le sujet même de la pièce ; il n'y manque, mais n'y manque justement pas, que le rôle dévolu au Baron même. Il faut que le public n'ignore rien de la fiction, qu'il discerne la fonction d'Hortensius dans *La Seconde Surprise de l'amour*, les signaux que lancent ses entrées et sorties, la sortie définitive signifiant mariage ; averti du stratagème, « tout commun qu'il est » (S2, III, 5) du Comte, il voit le dénouement suspendu à un ultime subterfuge, le billet perdu et retrouvé du Chevaler (récit farcesque de Lubin ; S2, III, 13). Avec les interventions dans des tonalités différentes, mais sur un même thème, de Pierre et Jacqueline, de Colombine et Arlequin, de la Comtesse et Lélio, le refus arbitraire et sans cesse moins crédible de l'amour, postulat de base de *La Surprise de l'amour*, devient l'annonce de retournements immanquables auxquels « prélude » l'épreuve romaine et faussement ludique du cercle (S1, I, 8) : visibilité intégrale du montage dramatique. On multiplierait à plaisir les preuves : ainsi des entrées des personnages réglées comme papier à musique, dans *La Seconde Surprise* aux charnières de I, 8 et 9, de I, 9 et 10, de II, 6 et 7, de III, 3 et 4, ou dans le cours même des scènes, dans II, 9, que reprend le *Jeu*, III, 8. Tous les dispositifs d'anticipation, les confidences, le double jeu à découvert d'une Lisette (S2), tout fait le spectateur témoin de l'agencement de la pièce, tout l'informe des habiletés de l'auteur et le met en état de précéder les déclarations des personnages. Pareille géométrie dramatique, parfaitement à claire-voie, empêche aussi de méconnaître l'existence impérieuse d'un *deus ex machina*. Si bien prévenu, le spectateur bénéficie d'une position et d'un point de vue assez désengagés pour qu'il ne se prenne pleinement ni au comique, ni au pathétique, ni ne se refuse aux glissements de registre à registre, selon les couleurs de la palette théâtrale, et que soient préservés les droits de l'humour : un humour incarné en même temps, et comme pour y inciter, par des acteurs de la pièce, Monsieur Orgon et Mario dans le *Jeu*.

Ce qu'il s'agit d'installer en livrant les secrets de fabrication, en dénonçant l'appareil technique, c'est la logique propre d'un discours qui traverse situations et personnages. Comme il se le proposait déjà dans la Préface de son *Homère travesti*[33] en des termes qui ne laissent rien à désirer, comme il le répète au sujet du *Romulus* de La Motte[34], Marivaux préfère à tout autre le « sublime de continuité », il le présente comme son objectif essentiel. Opposé au « sublime de pensée » et au « sublime de l'esprit auteur », tenus également pour produits d'un « jeu de réflexion trop combiné », analyse tout intellectuelle d'un savant de profession et de système, il développe le sujet exposé comme un « indivisible tissu de parties »[35]. Le modèle, analysé avec une justesse exemplaire, en est aux scènes 1 et 2 du quatrième acte de l'*Électre* de Crébillon. Ce sublime de continuité, on peut l'observer dans la succession des scènes et des actes, on peut en suivre le subtil déploiement dans les scènes principales des comédies. La scène 7 de l'acte II de *La Surprise de l'amour*, conduisant de la guerre des sexes, mais traitée en termes généraux, à des offres réticentes d'amitié, puis au démenti des révélations de Colombine sur l'attirance réciproque des deux pseudos antagonistes, Lélio et la Comtesse, enfin à l'aveu à peine crypté du premier, donne parfaitement à percevoir le style

33. Voir Marivaux, *Œuvres de jeunesse*, éd. F. Deloffre et C. Rigault, Paris, Gallimard, coll. « Bibliothèque de la Pléiade », 1972, p. 961-962.

34. *Le Spectateur français*, dans *Journaux et œuvres diverses*, éd. cit., p. 123.

35. *Sur la pensée sublime*, éd. cit., p. 60.

de progression, par éclaircissements successifs accompagnés de retours partiels, caractéristique de la comédie de Marivaux. Cet art de cultiver un devenir de la pensée suspendu à l'évidence de moins en moins éludée du sentiment engendre de I, 7 à II, 7 et 9 de *La Seconde Surprise de l'amour,* sans que les interventions de Lubin, Hortensius et Lisette interrompent véritablement le mouvement, une tension si bien ménagée qu'elle met les héros, avant le troisième acte, tout au bord du dénouement. Les trois dialogues de Silvia et Dorante (J, I, 6 ; II, 9 ; III, 8) développent jusqu'au risque de rupture l'effet « sublime », manifestation intense et retardée du « vrai », produit d'un long travail qui le fait enfin émerger dans la clarté du discours.

Les pages « sur la pensée sublime » redisent à satiété, c'est un refrain de Marivaux, que la vérité psychologique de ces confrontations et des devenirs intérieurs qu'elles mettent peu à peu au jour ne peut se traduire sur la scène en comptes rendus objectifs, reprenant les analyses catégorielles des passions – on devine qui est visé par cette critique. Il faut que le parcours dramatique épouse le mouvement naturel des âmes, tel que l'auteur l'a retrouvé en lui-même, selon la connaissance qu'il sait se donner « de ce qui se fait en nous, non par nous »[36]. Ce savoir, « matière » de l'expérience dramatique, s'acquiert au fil de scènes où il s'élabore constamment, mais selon des processus et dans des langages différents, conformes aux personnages en présence. Ce qui a le double mérite d'entretenir l'unité d'action et de conception dans des tonalités aussi variées qu'est variée la condition des personnages. Ainsi, Marivaux introduit aussi bien avec ses valets et suivantes des propos qu'on entend à la Foire ou aux Italiens, dans des scènes où la dignité blessée des maîtres s'en tient à l'honnêteté de propos noblement codés. Il démontre par là qu'il se joue des catégories et pratique librement tous les genres de la gamme dramatique[37]. Particulièrement dignes d'intérêt sont les variations de ton, les nuances ou contrastes du parler des Colombines et Lisettes, en conversation avec leurs maîtresses. Grâce à de pareilles modulations, la comédie répond à l'obligation de respecter les sensibilités inégalement affinées des spectateurs et à rendre le sublime perceptible dans sa continuité à des degrés de netteté et de sentiment variables. Cette science, partout manifestée et clairement revendiquée par Marivaux de

36. *Ibid.*

37. Voir les répliques d'Arlequin dans *La Surprise de l'amour*, II, 5 ou dans le *Jeu*, *passim.*

ce qu'il nomme lui-même la « gradation » régit donc l'expression comme la nature des sentiments, l'architecture des pièces et les changements de registres, conformément à la poétique générale du sublime. C'est dans le dévoilement minutieux des mouvements d'âmes engagées ensemble dans une même expérience que se rencontre le sublime, ainsi lié à la découverte graduelle de vérités intimes d'autant plus intenses et intensément perçues par le public qu'elles affleurent, puis se déploient dans une structure dramaturgique dont rien n'est caché de ce qu'elle a d'artificiel : sans doute d'une telle opération traitée comme une gageure, qu'elle est de fait, résulte-t-il cette évidence complémentaire qu'il n'y a pas moins de vérité à donner à voir l'artifice ; l'art dira-t-on plutôt dans sa nudité, libère, cautionne en quelque sorte l'accès au vrai.

« Le sublime est à l'âme le point de vue le plus frappant de toute nature de pensées. Celui dont l'esprit se tourne à cette façon de voir n'aperçoit rien dont il ne saisisse le vrai original »[38]. Il faut relire cette page où s'amorce toute la réflexion sur la nature du sublime pour y discerner les principes d'une philosophie morale. Le sublime est le meilleur « point de vue » parce qu'il fait saisir dans son unité originale et complète la vérité morale de l'individu considéré. Cette unité, que l'écrivain doit épouser pour la faire parler[39], elle se traduit en sentiment : « et qu'est-ce que ce sentiment ? c'est un instinct qui nous conduit et qui nous fait agir sans réflexion, en nous présentant quelque chose qui nous touche »[40]. Or, dire « instinct » c'est, selon Marivaux, dire connaissance, connaissance intuitive, connaissance immédiate et sûre qui n'a besoin que d'être déployée pour « prouver la vérité des choses qu'elle aperçoit nettement, en montrant un mystère obscur des dépendances qu'elles ont avec d'autres »[41]. On comprend que dans l'instantanéité des dialogues, le « poème dramatique », ainsi que le nomme Marivaux, doit destituer l'expression directe du « sentiment », et si ce sentiment est connaissance, et il l'est sans toujours le savoir, il n'apparaît tel que pour le témoin extérieur ou pour le personnage lui-même, lorsqu'il se rend capable de faire retour sur ses propos et états d'âme spontanés. Le sublime suppose

38. *Sur la pensée sublime*, éd. cit., p. 57.

39. « Il devient lui-même la personne dont il parle » (*ibid.*, p. 64).

40. *Journaux et œuvres diverses*, éd. cit., p. 256.

41. *Sur la pensée sublime*, éd. cit., p. 71-72. Il faut assimiler cet « instinct » à ce que Marivaux nomme constamment « bon sens » mode naturel et immédiat de connaissance et de jugement, dont la rationalité se montre dans le temps de l'analyse.

donc la complexité, le caractère relativement obscur, c'est-à-dire en attente de clarification et de résolution, des réactions multipliées au fil d'échanges à forte teneur existentielle par des personnages entièrement possédés de leur « sentiment ». Marivaux dit parfaitement quel prix il attache à ces « délicatesses d'âme » dans son admirable analyse de l'*Inès* de La Motte[42]. Ses commentaires, comme ceux qu'il consacre à diverses tragédies de Crébillon, ne laissent aucun doute sur sa volonté de réformer le langage théâtral. Rien de pire et qui touche moins que des dialogues qui expliquent, substituant à l'expression intense d'intuitions émotionnelles, à l'actuel, à l'immédiat, une réflexion sur les causes, la décomposition des sentiments, pensées non éclaircies, en raisons et objectifs (conformément au système aristotélicien des causalités !). La Comtesse de *La Surprise de l'amour* va jusqu'à prétendre, dans une sorte de défi à la psychologie causaliste, qu'elle ne se connaît pas de motif de changer de sentiment envers les hommes au moment où il est patent qu'elle en change envers l'homme qu'elle veut croire aussi inchangé qu'elle : « vous n'avez pas changé de sentiments, n'est-il pas vrai ? d'où vient donc que j'en changerais ? » (S1, II, 7). Réplique vraiment caractéristique : de même nature les échappatoires dont use la Marquise de *La Seconde Surprise de l'amour* qui, jouant des confidences compromettantes de Lisette, exige qu'on la sache aimée pour se sauver du reproche, insupportable à sa dignité, d'aimer de son côté (S2, II, 6) ; prolongée en présence du Chevalier sa bizarre et nécessaire dialectique accule son interlocuteur à une déclaration, il est vrai conditionnelle (S2, II, 7). Les « je ne sais où j'en suis » marquent le moment où cette casuistique sincère, en panne d'arguties protectrices, n'a d'autre ressource que de se connaître pour ce qu'elle est, qu'évidemment elle n'ignorait qu'à demi.

C'est un trait dominant de cette comédie que de masquer jusqu'au dénouement les motivations véritables auxquelles obéissent les personnages. Le sublime tient justement à cette forme de pudeur, pudeur pour ainsi dire intellectuelle mais dont le spectateur est invité à deviner la justification : il est assez dit dans les dialogues pour que la logique intérieure des personnages soit compréhensible (on connaît en effet le principe de Marivaux : il n'y a pas d'indicible, seulement des vérités si fines qu'il est difficile, et pour le dramaturge préférable, de ne pas les produire dans une parfaite clarté). Ainsi dans *La Seconde Surprise* : est-il expressément dit de la bouche de la Marquise pourquoi cette jeune

42. Voir la vingtième feuille du *Spectateur français*, éd. cit., p. 224-231.

veuve diffère d'avouer ce qu'elle éprouve pour le Chevalier ? Suivons le cheminement discret qui s'ouvre avec la scène initiale de la toilette : toilette de la belle qui ne veut pas croire qu'elle l'est, car le croire c'est se disposer à l'amour, ce que Lisette gaillardement suggère (S2, I, 1). Voilà cette même Marquise assurée de ne pas déplaire (S2, II, 7), bien ardente à s'éprendre, d'amitié seulement, mais d'une amitié « surprenante » : le Chevalier n'eût jamais cru que « l'amitié pût aller si loin » ; « l'amour est moins vif », observe-t-il, et la Marquise d'ajouter : « Et cependant il n'y a rien de trop » (S2, II, 9). Rien de trop ? Qu'est-ce à dire[43] ? La réserve de la femme s'explique et prend fin après la lecture du billet et l'ultime question du Chevalier : « Je rougis, Chevalier, c'est vous répondre » (S2, III, 15). Quiconque a lu l'histoire d'Eléonor qui « rougissait » à la pensée d'un mariage secret[44] ou la page du *Cabinet du Philosophe* sur le sens réel des mots d'amour[45] comprend que la Marquise a pris trois actes pour accepter le mariage, c'est-à-dire de répondre au désir du Chevalier et se prêter à ce qui ne relève plus de l'amitié mais consacre son souci de plaire. Bien des anecdotes du *Spectateur français* roulent sur ce que représentent pour la femme la tentation et le risque de l'amour physique : que cette pensée soit au cœur du sublime de comédie, sans qu'il soit possible, poétiquement parlant, d'en arguer ouvertement, la chose est logique. Il n'est question que de cela à la première scène du *Jeu* : un « bel homme » Dorante ? tant pis, dit Silvia, mais Lisette exprime le fond du sentiment féminin en concluant ; « Un mari ? c'est un mari ». Silvia se réjouit du « coup » de séduction qu'elle se promet de ses « charmes » déguisés (J, I, 4) et ne cesse de laisser paraître le trouble qui l'agite et la met « en feu » aux conseils de Lisette et aux soupçons ironiques de son père et de son frère : les échanges sans mystère d'Arlequin et Lisette éclairent indirectement les émois plus qu'à demi déclarés des maîtres. Dans la dernière scène, Silvia se peint en amante séduite et délaissée par un « homme de condition » qui ne l'aurait prise que pour « amusement », puis se félicite de la défaite de Dorante, preuve d'une telle tendresse qu'elle sera garante du bonheur indéfini des époux. Toute la signification de pareils propos, analogues à ceux du Chevalier et de la Marquise (S2, III, 15), s'éclaire des réflexions du spectateur français : le « cœur », lit-on, « n'est pas à nous », il a ses

43. Admettons que la note 4, p. 511 du *Théâtre complet*, éd. cit., t. I, p. 1056, manque le sens de la réplique. Henri Coulet la supprime dans son édition des deux *Surprises* (Paris, Gallimard, coll. « Folio théâtre », 2005).

44. *Journaux et œuvres diverses*, éd. cit., p. 168.

45. *Ibid.*, p. 337.

caprices dans le mariage même ; que devient donc l'« amour-propre » quand mari et femme cessent de s'aimer ? L'auteur explique comment le ménager et sauver l'amour par la fierté de se rendre fidèle[46]. Les personnages de comédie ont besoin de se rendre assurés de la durée de l'amour qu'ils découvrent et dans lequel va se compromettre leur liberté. Ainsi, l'idée du mariage redouble l'inquiétude résultant de la naissance ou de la renaissance du désir. Si l'on admet, comme Marivaux y invite, que l'expérience amoureuse porte un sens général, fait accéder à une réflexion universellement humaine, alors le sublime traduit l'angoisse de l'individu menacé dans son autonomie par l'emprise d'un pouvoir venu de l'extérieur. Autrui, fût-il objet d'amour, surtout s'il est objet d'amour, est d'abord, en dépit, des mouvements du cœur, connu comme ennemi virtuel du moi. De là la nécessité de clairement connaître ce qu'enveloppe le sublime. De là l'obligation de savoir ce que c'est que ce moi et de le doter d'une morale qui lui convienne[47].

Or, de morale la comédie n'a que faire. Sauf à la mettre en scène pour s'offrir le plaisir de la moquer et de la rejeter : Hortensius et Sénèque en portent témoignage. On a déjà vu Marivaux se désintéresser des « objets métaphysiques »[48] : les notions abstraites ne touchent pas le spectateur. Que l'homme soit « assortiment de vices comiques avec les plus estimables vertus », peu me chaut dit le dramaturge ou son substitut, « ce n'est point mon affaire de réfléchir là-dessus »[49]. Ce qui pourrait relever du discours moral n'a sa place au théâtre qu'en tant qu'argument d'opportunité ou par dérision. Dans *La Surprise de l'amour*, Lélio (I, 2), la Comtesse (I, 7), le Baron (I, 8) posent au moraliste, mais on sait quel crédit prêter à leur doctrine. Ni traité d'une morale gravement déduite, ni « doctrine », hardie ou non, ne sont jugées compatibles avec l'esprit de vérité[50], à plus forte raison cela répugne-t-il à qui cultive l'effet de sublime. La logique dramatique vise à déconcerter les raisonneurs, à détisser les théories dont se sont d'abord noblement affublés les

46. *Ibid.*, p. 201-202.

47. Le jeune héros, désormais seul et sans ressource de la vingt-cinquième feuille du *Spectateur français* s'est trouvé réduit à cette interrogation : « il n'allait plus me rester que moi pour moi-même, et qu'est-ce que c'était que ce moi ? » Il ajoute ensuite : « je n'avais plus que des ennemis dans le monde, car n'y tenir à qui que ce soit, c'est avoir à y combattre tous les hommes, c'est être de trop partout » (*ibid.*, p. 261-262). Ainsi en va-t-il des principaux héros du roman marivaudien.

48. *Sur la pensée sublime*, éd. cit., p. 59.

49. *Ibid.*, p. 192.

50. Voir *ibid.*, p. 139 et 208.

personnages : c'est par là que commence le triomphe du sentiment, avec l'aval, difficilement acquis, de l'esprit.

Puisqu'on ne saurait douter de la nocivité des principes prétendument établis par ces « faiseurs de systèmes » qu'on nomme, à tort, « philosophes », il ne faut que s'en remettre de son jugement et de sa conduite à ces « lumières naturelles »[51] qui prennent la forme d'un instinct, d'un sentiment, d'un bon sens intuitif qu'on a le droit de tenir pour l'équivalent d'une raison immédiate. L'expérience à laquelle est livré le personnage de Marivaux consiste donc à confirmer par le jugement le consentement au désir impérieux qui part du « cœur » : épreuve souvent douloureuse pour un « moi » qui ne se connaît justement qu'au prix de cette épreuve. Comme Marivaux, qui sait définir une nature humaine mais refuse l'idée d'un moi substantiel et se défend de spéculer sur l'existence de l'âme, n'a pas à inscrire le destin individuel dans une nécessité providentielle, il montre, au théâtre et dans ses essais, que chaque aventure met dans l'obligation de restaurer la cohérence du moi contre les provocations du hasard. Il s'agit chaque fois de rétablir et de vérifier l'accord de ce qui en chacun est affectivité, sensibilité, avec ce qui est esprit, intelligence, raison. La dignité personnelle, liberté et autonomie est à ce prix, comme le démontre *L'Indigent Philosophe*[52]. En somme, une comédie ne dure que le temps qu'il faut pour connaître et assumer un mouvement premier, passion, transport, désir, lequel ne peut-être trompeur si celui qui le ressent est digne de son « humanité » : et il faut bien qu'il le soit dès son intuition initiale pour se révéler tel au dénouement. À la rigueur, cela peut ne prendre que le temps d'une représentation, trois actes ou même un seul. Ainsi, la loi du théâtre vérifie, à moins qu'elle ne s'en inspire, la philosophie de cette dame âgée qui confie son *Mémoire* au *Spectateur* : elle conçoit la vie comme composée de moments successifs, présents d'une réalité si éphémère qu'aussitôt passés ils deviennent « rêve », se joignant à ce « rêve perpétuel » qu'est en vérité la vie. La comédie représente un de ces moments, chacune oblige à ressaisir la qualité de son moi morcelé. Mieux vaut ne pas imaginer l'au-delà de la pièce, ni supputer l'avenir des amours au lendemain du mariage. Il n'est pas donné à tous les hommes, répète Marivaux, de renouveler sans faiblesse l'effort de pensée, cœur et esprit d'accord,

51. *Ibid.*, p. 232-235.

52. Voir notre article « Que philosopher c'est apprendre à rire », à paraître dans *Le Rire ou le modèle : le dilemme du moraliste,* aux Éditions Champion.

capable de sauver l'honneur de la personne de ces agressions qui font la « matière sociale ».

Avec l'appoint des discours, préfaces, essais précédant ou accompagnant l'œuvre dramatique, la réflexion « sur la pensée sublime », qui marque au demeurant par la seule reprise du mot spécifique la volonté très délibérée de rompre avec une certaine esthétique, éclaire et dans leur forme et dans leur substance les comédies de Marivaux. On comprend mieux pourquoi ce qui préoccupe au premier chef le dramaturge c'est d'émouvoir le spectateur d'une sympathie compréhensive envers les héros de la pièce tout en le persuadant que, choyé d'un auteur qui ne lui cache rien de ses habiletés poétiques, il lui incombe de découvrir l'intelligible où n'est produit que du sensible. Il faut se projeter au-delà de l'anecdote et des mots actuellement prononcés afin de mesurer l'enjeu véritable de ce qui se joue. Il peut ainsi admettre que, si ce qu'on eût désigné comme comique et ce qu'on eût désigné comme tragique se succèdent de scène en scène, voire coexistent, c'est que l'invention théâtrale n'a que faire de distinctions de genres dès lors que les architectures et registres disponibles répondent à la variété des formes désormais pratiquées et se rapportent à la gamme entière des effets dramatiques. Il en résulte que le sublime vient manifester l'authenticité de ce qu'éprouve le spectateur, par sympathie et intelligence de ce que ressent le personnage, sentiments irrévocables et inavouables qui exigent d'être éclaircis et assumés. Mieux encore, il doit, ce spectateur, appréhender dans ces pièces une pensée qui les porte et n'en justifie pas seulement la forme. La réflexion théorique, dont Marivaux n'est pas avare, dont nous avons privilégié l'essai *Sur la pensée sublime* avec les feuilles du *Spectateur français* traitant explicitement ou non du théâtre, rend compte autant que de sa poétique, de la logique intellectuelle et des conceptions morales qu'illustrent les échanges écrits pour la scène. On ne peut se priver de considérer cette réserve conceptuelle comme constituant, et de l'aveu même de l'écrivain (Marivaux ne veut pas être ce professionnel de la littérature et de la pensée qu'est à ses yeux l'« auteur », prisonnier de traditions), comme constituant en effet une philosophie, mais différente de celles dont on hérite vers 1720, une philosophie moderne, cohérente et substantielle, quoiqu'affranchie du philosophique. Philosophie avancée avec tant de discrétion et de subtilité qu'on feint souvent de la négliger : serait-elle moins consistante, son théâtre ne serait pas resté neuf à nos yeux.

Bibliographie

I. Éditions de Marivaux

Théâtre complet, éd. Frédéric Deloffre et Françoise Rubellin, Paris, Garnier, coll. « Classiques Garnier », 1989-1992, 2 vol. (reprise en Pochothèque en 2000).

Théâtre complet, éd. Henri Coulet et Michel Gilot, Paris, Gallimard, coll. « Bibliothèque de la Pléiade », 1993-1994, 2 vol.

Journaux et œuvres diverses, éd. Frédéric Deloffre et Michel Gilot, Paris, Garnier, coll. « Classiques Garnier », 1988.

Œuvres de jeunesse, éd. Frédéric Deloffre et Claude Rigault, Paris, Gallimard, coll. « Bibliothèque de la Pléiade », 1972.

Le Jeu de l'amour et du hasard, éd. Jean-Paul Sermain, préface de Catherine Naugrette-Christophe, Paris, Gallimard, coll. « Folio théâtre », 1994.

La Surprise de l'amour, suivie de *La Seconde Surprise de l'amour*, éd. Henri Coulet, Paris, Gallimard, coll. « Folio théâtre », 2005.

II. Références citées

Arland, Marcel, *Marivaux*, Paris, Gallimard, 1950.

Bonhôte, Nicolas, *Marivaux ou les Machines de l'opéra*, Lausanne, L'Âge d'homme, 1974.

Coulet, Henri, « Quelques réflexions sur la parole dans les comédies de Marivaux », *L'École des lettres*, n° spécial Marivaux, *La Double Inconstance* et *Le Jeu de l'amour et du hasard*, dir. Françoise Rubellin, février 1997, n° 8, p. 159-165.

Coulet, Henri et Gilot, Michel, *Marivaux. Un humanisme expérimental*, Paris, Larousse, 1973.

Courvillle, Xavier de, *Un apôtre de l'art du théâtre au XVIII*e *siècle, Luigi Riccobini dit Lélio*, t. II, *1716-1731 : L'expérience française*, Paris, E. Droz, 1945.

Dacier, Anne, *Des causes de la corruption du goût*, Paris, Aux dépens de Rigaud, 1714.

Dagen, Jean, « Marivaux et la tragédie », *Littératures classiques*, n° 52, 2004.

—, « Fontenelle, Marivaux et la comédie moyenne », dans les actes du colloque *Nivelle de la Chaussée, Destouches et la comédie nouvelle au XVIII*e *siècle*, à paraître aux PUPS en 2010.

D'ALEMBERT, Jean Le Rond, *Éloge de Marivaux*, dans Marivaux, *Théâtre complet*, éd. F. Deloffre et F. Rubellin, Paris, Garnier, coll. « Classiques Garnier », t. II, 1992.

DEGUY, Michel, *La Machine matrimoniale ou Marivaux*, Paris, Gallimard, 1986.

DELOFFRE, Frédéric, *Une préciosité nouvelle. Marivaux et le marivaudage*, seconde édition revue et mise à jour, Paris, Armand Colin, 1967.

DÉMORIS, René, *« Les Fausses Confidences » de Marivaux. L'être et le paraître*, Paris, Belin, coll. « Lectures de… », 1987.

—, « Le père en jeu chez Marivaux », *Op. cit.*, 1996.

—, « Aux frontières de l'impensé, Marivaux et la sexualité », dans Franck Salaün (dir.), *Pensée de Marivaux*, Amsterdam/New York, Rodopi, coll. « CRIN », 2002.

DORT, Bernard, « À la recherche de l'amour et de la vérité. Esquisse d'un système marivaudien », *Les Temps modernes*, janvier-mars 1962 (repris dans *Théâtres*, Paris, Éditions du Seuil, coll. « Points », p. 25-59).

—, *Théâtres*, Paris, Éditions du Seuil, coll. « Points », 1986.

FORSANS, Ola, *Le Théâtre de Lélio. Études du répertoire du Nouveau Théâtre-Italien de 1716 à 1729*, *SVEC*, 2006 :08.

FRANTZ, Pierre, « L'étrangeté de *La Double Inconstance* », *Europe*, novembre-décembre 1996.

GAZAGNE, Paul, *Marivaux par lui-même*, Paris, Éditions du Seuil, 1954.

GOLDZINK, Jean, *Comique et comédie au siècle des Lumières*, Paris, L'Harmattan, 2000.

—, « Théâtre et subversion chez Marivaux », dans Franck Salaün (dir.), *Marivaux subversif*, Paris, Desjoncquères, coll. « L'esprit des lettres », 2003.

GOUBIER, Geneviève (dir.), *Marivaux et les Lumières. L'homme de théâtre et son temps*. Aix-en-Provence, Publications de l'université de Provence, 1996.

GREENE, E.J.H., « Vieux, jeunes et valets dans la comédie de Marivaux », *Cahiers de l'Association internationale d'études françaises*, XXV (1973), p. 177-190.

JOUSSET, Philippe, « Physique de Marivaux. Dramaturgie et langage dans *La Surprise de l'Amour* », *Revue Marivaux*, 5, 1995, p. 29-54.

LA MOTTE, Antoine Houdar de, *Discours sur la poésie en général et sur l'ode en particulier*, dans *Œuvres de Monsieur Houdar de La Motte*, Paris, Prault l'aîné, 1754, t. I, p. 13-60.

—, *Textes critiques*, éd. Françoise Gevrey et Béatrice Guion, Paris, Champion, 2002.

LARROUMET, Gustave, *Marivaux, sa vie et ses œuvres* [1882], Genève, Slatkine, 1970.

Leal, Juli, « Marivaux aujourd'hui : côté cour », *Revue des sciences humaines*, n° 291, « Marivaux moderne et libertin », textes réunis par Lydia Vasquez, 3/2008, p. 123-135.

—, « Marivaux, côté cinéma », *Revue des sciences humaines*, n° 291, « Marivaux moderne et libertin », textes réunis par Lydia Vasquez, 3/2008, p. 137-153.

Martin, Christophe, « "Voir la nature en elle-même". Le dispositif expérimental dans *La Dispute* de Marivaux », *Coulisses*, revue de théâtre de l'université de Franche-Comté, n° 34, octobre 2006.

Moureau, François (éd.), *Le Cahier d'esquisses de Marivaux et autres textes*, Paris, Klincksieck, 1992.

Pavis, Patrice, *Marivaux à l'épreuve de la scène*, Paris, Publications de la Sorbonne, 1986.

Porcelli, Maria Grazia, *Le figure dell'autorità nel teatro di Marivaux*, Padova, Unipress, 1997.

Rousset, Jean, « Marivaux ou la structure du double registre », dans *Forme et signification. Essai sur les structures littéraires, de Corneille à Claudel*, Paris, José Corti, 1962.

—, « Une dramaturge dans la comédie : la Flaminia de *La Double Inconstance* », *Rivista di Letterature moderne e comparate*, vol. XLI, fasc. 2, 1988.

Rubellin, Françoise, *Marivaux dramaturge*, Paris, Champion, 1996.

Sainte-Beuve, Charles-Augustin, « Marivaux », dans *Les Grands Écrivains français, XVIII*e *siècle. Romanciers et moralistes*, éd. Maurice Allem, Paris, Garnier, 1930 (repris de *Causeries du lundi*, Paris, Garnier frères, t. VIII, 1854).

Sermain, Jean-Paul, *Métafictions (1670-1730)*, Paris, Champion, 2002.

Sgard, Jean, « Le coup de théâtre », dans Mario Matucci (dir.), *Marivaux e il teatro italiano*, Pisa, Pacini, 1992.

Verhoeff, Han, *Marivaux ou le Dialogue avec la femme. Une psycholecture de ses comédies et de ses journaux*, Orléans, Paradigme, 1994.

Table des matières

3. Esthétiques

Achevé d'imprimer sur les presses de la SEPEC
1 rue de Prony - 01960 PERONNAS

www.sepec.com
Tél : +33 (0)4 37 62 11 06

Dépôt légal : octobre 2009